싸우는
심리학

싸우는 심리학

한국 사회를 읽는 프레임, 에리히 프롬 다시 읽기

초판 1쇄 발행 2014년 10월 20일
개정판 1쇄 발행 2022년 6월 3일
개정판 3쇄 발행 2023년 8월 5일

지은이   김태형
펴낸이   이영선
책임편집   김선정

편집   이일규 김선정 김문정 김종훈 이민재 김영아 이현정 차소영
디자인   김회량 위수연
독자본부   김일신 정혜영 김연수 김민수 박정래 손미경 김동욱

펴낸곳 서해문집 | 출판등록 1989년 3월 16일 (제406-2005-000047호)
주소 경기도 파주시 광인사길 217 (파주출판도시)
전화 (031)955-7470 | 팩스 (031)955-7469
홈페이지 www.booksea.co.kr | 이메일 shmj21@hanmail.net

한국 사회를 읽는 프레임
에리히 프롬 다시 읽기

김태형 지음

싸우는
심리학

Erich Fromm
Psychology against the sick world,
bring a new age for Human

서해문집

아브라함이 소돔의 운명에 관하여 하느님에게 간청하면서 하느님의 공의에 도전하였을 때, 그는 만약 열 명의 의인이 있으면 소돔을 용서해달라고 빌었다. 그러나 그 이하로는 말하지 못했다. 열 명의 의인도 없다면, 즉 정의의 이념이 구현된 가장 작은 집단이라도 존재하지 않는다면 아브라함조차 그 도시가 구원받기를 기대할 수 없었던 것이다.

— 에리히 프롬,《불복종에 관하여》에서

오늘, 사랑과 혁명의
심리학자 에리히 프롬을
다시 읽는다

오늘날의 시점에서 심리학자 에리히 프롬의 이론은 여전히 유효한가?
이 질문에 대한 대답은 '유효할 뿐만 아니라 더 중요해졌다'라고 말할 수
있다.

　오늘날 자본주의 세계는 심각한 위기를 맞이하고 있다. 흔히 양극화로
지칭되는 자본주의 세계의 불평등 수준은 인류 역사상 최고 수준을 돌파
한 지 오래다. 국제구호기구 옥스팜의 2019년 보고서에 의하면, 전체 인
류 가운데 상위 1%의 부자가 가진 재산이 나머지 99% 인류가 가진 재
산의 2배가 넘는다. 또한 세계 최상위 부자인 2,000여 명이 가진 재산이
세계 인구의 60%인 46억 명의 재산보다도 많다. 이러한 극단적인 불평
등은 자본주의 사회를 지속 불가능하게 만드는 주요 원인이다. 즉 무정
부적인 과잉생산과 수요부족 간의 모순으로 인한 만성적인 경제위기와
경기침체, 심각한 사회 분열과 갈등, 각종 사회병리 현상과 대중의 정신

건강 악화, 그리고 행복지수의 하락 등에는 극단적인 불평등이 놓여 있다는 것이다.

이와 더불어 무제한적인 이윤추구 욕망이 강요하는 끊임없는 생산과 팽창으로 인해 자본주의 세계는 지구의 환경을 심각하게 파괴함으로써 미증유의 재난을 자초하고 있다. 예를 들면 나날이 심각해지는 환경 파괴와 기후위기, 코로나 사태로 대변되는 세계적 규모의 감염병 등은 인류의 생존을 심각하게 위협하고 있다.

에리히 프롬은 일찍이 이런 사태를 예견했고, 그것을 해결할 처방전을 제시했다. 그는 인간 본성에 관한 독창적인 이론을 제시하면서, 자본주의 제도가 인간 본성에 맞지 않으며 지속 불가능한 사회제도라고 선언했다. 즉 자본주의가 사랑과 자유 같은 인간 본성의 실현을 지속적으로 방해함으로써 사람과 사회를 병들게 하고 불행하게 만드는 주범이라고 주장한 것이다. 인류가 과거보다 물질적으로는 더 풍요로워졌지만 오히려 더 불행해졌다는 '풍요의 역설'은 그의 주장이 옳았다는 것을 시사해준다.

오늘날의 시점에서 볼 때 에리히 프롬은 빛나는 통찰력을 가진 지식인이었을 뿐만 아니라 훌륭한 선각자이자 예언가였다고 말할 수 있을 것 같다. 그는 인간 본성에 맞지 않는 자본주의 제도는 인간을 행복하게 해줄 수 없으므로 하루라도 빨리 인류가 자본주의 제도를 변혁하여 인본주의적 사회주의를 건설해야 한다고 역설했다. 여기서 프롬이 말하는 인본주의적 사회주의는 과거의 소련식 사회주의와는 다르다. 그는 살아생전에 소련이 사회주의의 길을 이탈했다, 즉 '인간해방'이라는 사회주의의 대의를 배신했다고 비판하면서, 소련은 망할 수밖에 없다고 단언했다. 역사가 증명해주듯이 그의 예언은 적중했다.

프롬은 또한 일찍이 자본주의의 위기를 완화하고 더 나은 미래로 나아가기 위해서는 기본소득제(프롬은 '최저생계비 제도'라고 표현했지만 내용은 동일하다)를 도입해야 한다고 주장하기도 했다. 비록 기본소득제를 전면적으로 실시하고 있는 나라는 없지만 오늘날 기본소득제가 세계적 범위에서 활발하게 논의되고 있는 현실은 그의 이론이 과거형이 아닌 현재진행형이자 미래지향형임을 확인해준다.

에리히 프롬은 심리학 분야를 넘어 인류의 지성사에도 큰 흔적을 남긴 위대한 심리학자였다. 그는 '사람은 사회적 존재'라는 진리에 기초해 심리학 이론을 전개했던 최초의 심리학자이자 유일한 심리학자였다. 그럼에도 그가 오늘날 주류 심리학계에서 크게 환영받지 못하는 것은 역설적으로 그의 이론이 너무나 과학적이고 민중적이어서다.

최근에 드라마 〈오징어 게임〉이 세계적으로 큰 인기몰이를 했던 것은, 오늘날의 현실이 '오징어 게임'이라는 것을 사람들이 정확히 알고 있다는 사실과 떼어놓고 생각할 수 없다. '오징어 게임'에 참여한 사람들은 서로를 불신하고 증오하며 서로를 속이고 괴롭히며 공격하여 죽인다. 그렇다면 이 게임에 참여한 개개인들이 원래부터 심리적으로 문제가 있거나 악해서인 것일까? 아니면 게임의 규칙이 이렇게 만든 것일까? 기성의 주류 심리학은 전자라고 강변한다. 즉 오징어 게임의 난장판은 개개인의 심리 탓이라는 것이다. 반면에 에리히 프롬은 후자라고 말한다. 오징어 게임의 잔인한 규칙, 즉 '사회'가 사람들을 악하게 만든다는 것이다. 따라서 그는 사람들이 서로 사랑하고 위해주면서 화목하게 살아가려면 사회를 변혁해야만 한다고 외쳤다. 이런 점에서 그의 심리학 이론은 (일부 한계에도 불구하고) 지금까지의 심리학 이론 가운데 가장 과학적이고 민중적이다.

　자본주의 세계가 심각한 위기와 격변기를 맞이하고 있는 오늘날, 에리히 프롬은 다시 소환될 수밖에 없다. 그가 인류의 진보를 위해, 심리학의 발전을 위해 남긴 발자국이 너무나도 선명하기 때문이다.

2022년 봄
심리학자 김태형

제2부

인간의 동기

제3부

자본주의와 인간 심리

제5부

병든 세상을 변혁하라

프로이트와
마르크스의
후계자

사람은 사회적 존재이다

———————————

———————————

사회적
존재

존재가 의식을 규정한다

————————————

——————————————

————————————

인간의
본성

인류의 탄생은 곧 사회의 탄생이다

—————

—————————

————————

—————————

—————————

————————

——————————

사회적
존재

제1부

"사람한테 더 중요한 것이 생물학적 동기일까요,
아니면 사회적 동기일까요?"라고 질문하면 답이
반반 정도로 갈린다. 그러나 질문을 약간 바꿔서
"여러분은 생물학적 동기를 실현하기 위해서 살아가나요?
아니면 사회적 동기를 실현하기 위해서 살아가나요?"라고 물으면
90퍼센트 이상이 사회적 동기라고 대답한다.

1 프로이트와 마르크스의 후계자

사람은 사회적 존재이다

　에리히 프롬Erich Fromm(1900~1980)은 심리학의 여러 분야에서 다양한 업적을 남긴 학자이다. 그중에서 단연 으뜸은 사람을 '사회적 존재'로 바라보는 길을 열어놓은 것이다. '사람을 어떤 존재로 보는가'는 심리학의 근본 문제인데, 사람을 동물과 본질적으로 동일한 생물학적 존재로 보는가 아니면 동물과는 질적으로 다른 사회적 존재로 보는가에 따라 심리학 이론이 결정적으로 달라지기 때문이다.

　물론 요즘에는 사람이 사회적 존재임을 노골적으로 부정하는 심리학자는 거의 없다. 그러나 대부분의 심리학자들은 사람을 사회적 '동물'이라고 주장한다. 즉 사람은 생물학적 존재이기도 하고 사회적 존재이기도 하다는 것인데, 사실 이런 견해는 사람을 생물학적 존재로 보는 견해와 본질적으로 다르지 않다. 왜냐하면 그것은 사람을 이성을 가진 동물, 즉 지적으로 아주 뛰어난 동물로 보는 것으로서, 사람의 본질을 '생물학적 존재'로 이해하는 것이기 때문이다. 사람이 사회적 존재임을 인정하는 진화심리학자들이 여전히 사람의 자기희생적인 행동을 무리 동물에서 볼 수 있는 종족 생존을 위한 맹목적인 방어 행동으로, 남성들이 바람을 피우는 것을 수컷의 종족 번식 본능 따위로 설명하는 것은 이 때문이다.

결론적으로 '사람은 사회적 존재이다'가 아니라 '사람은 생물학적 존재인 동시에 사회적 존재이다'라고 말하는 심리학은 '사람 = 동물 + 컴퓨터(여기에서 방점은 동물에 찍혀 있다)'라는 등식을 주장하는 것일 뿐이다. 다시 말해, 사람은 기본적으로 동물적 본능에 의해서 좌우되지만 이성적 사고 능력을 가지고 있다 보니 동물보다는 복잡하고 세련되게 사고하고 행동하는 것이라는 것이다. 불행하게도 지금까지의 심리학은 대부분 이런 견해에서 벗어나지 못하고 있다. 사람의 기본적인 동기를 생물학적 욕구인 성욕이라고 생각했던 프로이트의 정신분석학, 서커스 동물 조련사들이 애용하던 훈련법을 심리학으로 이론화한 행동주의 심리학, 한때 히틀러 나치즘의 이론적 토대로 악용되다가 사라졌으나 최근 들어서 다시 부활한 진화심리학—진화심리학은 히틀러 일당이 신봉했던 사회진화론과 본질적으로 동일하다—등이 모두 여기에 해당한다.

사람이 동물과 별반 다르지 않다고 보는 심리학이 대세여서 그런지는 몰라도, 일반인들에게 "사람한테 더 중요한 것이 생물학적 동기일까요, 아니면 사회적 동기일까요?"라고 질문하면 답이 반반 정도로 갈린다. 그러나 질문을 약간 바꿔서 "여러분은 생물학적 동기를 실현하기 위해서 살아가나요? 아니면 사회적 동기를 실현하기 위해서 살아가나요?"라고 물으면 90퍼센트 이상이 사회적 동기라고 대답한다.

사람은 실제로 회사에 나가서 일을 하거나 학교에 다니며 대인관계를 맺는 등 하루 종일 사회적 동기를 실현하기 위해서 생활하며, 인생의 목표도 사회적 동기를 실현하는 것에 둔다. 혹자는 사람이 하루에 세 끼를 먹어야 한다는 사실을 들어 생물학적 동기의 실현이 더 중요하다고 말하기도 하는데, 이런 반론도 충분치 않다. 제아무리 맛있고 영양가가 충분한 음식이더라도, 사람은 땅바닥에 떨어져 있는 음식은 먹지 않는다. 사람은 가능한 한 예쁜 그릇에 담겨 있는 보기 좋고 맛난 음식을 분위기 있는 멋진 장소에서, 마음이 통하는 사람들과 함께 숟가락과 젓가락을 사용해서 먹고 싶어 한다. 사람의 경우에 생물학적인 동기는 독자성을 상실하였고, 그 결과 사회적 동기의 하위 동기가 되었다. 동물은 기본적으로 먹기 위해서 살지만, 사람은 살기 위해서 먹는다는 것이다.

　안타깝게도 현존하는 심리학 이론 중에는 사람이 본질적으로 사회적 존재라는 입장에 서 있는 이론이 없다. 21세기인 지금까지도 '사람은 사회적 존재이다'라는 정당한 명제에 기초하고 있는 올바른 심리학이 탄생하지 못했다. 어떤 이들은 혹시 인본주의 심리학이 그런 심리학이 아니냐고 물을지도 모른다. 그러나 조금 과장되게 표현하면, 인본주의 심리학은 프롬의 탁월한 심리학 이론 중에서 '혁명성'을 완벽히 거세한 개량품 혹은 모조품이라고 할 수 있다.

　인본주의 심리학은 인간의 '사회적 욕구'를 강조하는 등 나름대로 생물학주의적 인간관에서 벗어나려고 시도하기는 했지만 '사람은 사회적 존재'라는 명제에 기초하고 있는 심리학 이론을 정립하지는 못했으며, 사람의 성장과 발전을 주관적이고 개인주의적인 자아실현과 동일시했다. 누구라도 인정하지 않을 수 없겠지만, '사람은 본질적으로 사회적 존재이다'라는 확고한 입장에 기초하고 있는 심리학 이론을 만들어내기 위해 노력하고, 그 과정에서 심리학사에 길이 남을 중요한 공헌을 한 최초의 심리학자는 에리히 프롬이다. 바로 여기에 심리학자로서의 프롬의 위대함이 있고, 그의 심리학을 심리학의 역사를 가르는 중요한 분기점으로 간주해야 하는 결정적인 이유가 있다.

살아 있는 구체적인 인간

심리학자 프롬은 스스로를 프로이트주의의 진정한 계승자라고 주장한다. 그런데 잘 알려져 있듯이, 프로이트는 사람의 기본적인 동기를 성욕이라고 주장했다. 그렇다면 여기에서 이런 의문이 생길 수 있다.

"어떻게 프롬은 프로이트주의자임을 자처하면서 사람을 사회적 존재로 보는 심리학 이론을 만들 수가 있었을까?"

성급하게 답부터 하자면, 전통적인 프로이트주의자라면 절대로 이런 이론을 만들 수 없다. 프롬은 처음 한동안은 프로이트의 정신분석학을 신봉했으며, 정통적인 정신분석가로서도 오랜 기간 동안 활동했다. 그러나 생물학주의적인 정신분석학 이론은 사람을 사회적 존재로 보는 입장과 양립할 수 없었기에, 그는 점차 프로이트의 정신분석학에 대해 비판적으로 변해갔다. 이는 프롬이 1930년대에 출간했다가 1970년대에 재출간한 논문에 새롭게 각주를 달면서, '이 논문은…… 프로이트의 리비도설을 용인하는 입장에서 쓴 것이며, 따라서 현재의 내 입장과는 이제 일치하지 않는다'라고 명확히 선언한 것을 통해서도 확인할 수 있다.

프로이트의 독립된 인간은 기본적으로 자기 충족적인 인간이다. …… 하지만 마르크스에게 인간은 원래 사회적인 존재이다. 인간은 자기의 욕망을 만족시키는 수단으로서 동료를 필요로 하는 게 아니라, 그 동료나 자연과 관계를 가짐으로써 비로소 자기 자신이 되고 인간으로서 완전한 것이 되기 때문에 동료를 필요로 하는 것이다.[2]

프롬은 초기에는 프로이트의 생물학적 본능 이론을 인정했지만 후기에는 그것을 인정하지 않는 쪽으로 선회한다. 그가 프로이트의 생물학주의적 인간관에서 해방될 수 있었던 것은 무엇보다 카를 마르크스Karl Marx 덕분이었다.

유대인이자 독일인이었던 프롬은 유럽에서 횡행했던 유대인 차별을 직접 경험하기도 했고, 제1차 세계대전과 그 이후 독일에서 나치즘이 발흥하는 과정을 두 눈으로 똑똑히 목격했다. 그는 자신이 살고 있던 시대의 사람들과 그들이 만들어내고 있는 사회현상을 이해하고 싶어 했고, 할 수만 있다면 인류를 고통스럽게 만드는 부조리한 세상을 변혁하고 싶어 했다. 그러나 생물학주의적 인간관에 기초하고 있는 심리학으로는 그런 목적을 달성할 수가 없었다. 유대인을 차별하고 학살했던 나치 지도자와 추종자들의 심리, 제1차 세계대전에서 선명히 드러난 인류의 폭력성과 잔학성을 뒷받침하는 심리, 히틀러에게 열광하는 독일인들의 심리를 비롯한 숱한 사회현상의 배후에 있는 인간 심리는 생물학적 본능이나 적자생존이라는 진화론 등으로는 결코 이해할 수도, 설명할 수도 없었던 것이다. 아마도 프롬이 마르크스주의의 인간관에 크게 공감한 것은 바로이 때문이었을 것이다.

사람이 본질적으로 사회적 존재임을 분명하고 강력하게 주장한 최초의 학설은 마르크스주의라고 할 수 있다. 프롬은 이미 1930년대부터 '의식은 의식하는 존재 이외의 다른 어떤 것일 수 없으며, 또한 인간 존재란 그 구체적인 생활 바로 그 자체'[3]라는 마르크스의 명제에 주목하기 시작했다. 마르크스의 이 명제에는 사람의 의식 혹은 심리가 그 사람이 살아가는 구체적인 생활에 의해서 좌우된다는 의미가 담겨 있다. 대한민국은 신자유주의가 도입된 뒤로 승자 독식 구조가 일반화되고 기층 공동체들이 전면적으로 붕괴되었다. 이런 조건 속에서 생활하는 데 따라 한국인들은 승부에 대한 강박과 패배에 대한 공포, 개인 이기주의와 대인 불신감, 고립감과 무력감, 가학 심리와 같은 심리들을 체질화하게 되었다. 이렇듯 인간 심리는 그들이 살아가고 있는 당대의 사회 현실과 결부된 '구체적인 생활'에 의해서 결정된다. 따라서 누군가의 인간 심리를 알고 싶다면 그가 어떤 사회·역사적 환경 속에서 어떤 삶을 살아가고 있는지를 알아야 한다. 이에 근거하여 프롬은 1941년, 그의 이름을 세상에 널리 알린 명저 《자유로부터의 도피Escape From Freedom》에서 다음과 같이 주장했다.

> 우리는 …… 사람이 …… 본래 사회적인 존재라고 믿는다. …… 심리학의 중심 문제는 개인의 외부 세계에 대한 특수한 관계에서 발생하므로 단순히 본능적 욕구의 만족, 불만족에 의한 문제가 아니다. 인간의 본능적 욕구에 의해 제기되는 문제는 인간 심리 그 자체로서가 아니라 인간의 외부 세계에 대한 관계라는 문제 전체의 일부로서 이해되어야 한다.[4]

전통적인 정신분석학자들은 생물학적인 동기(성욕)에 의해 지배되는 사람만을 관찰하며 기껏해야 그 사람의 주변 관계만 염두에 둘 뿐 거시적인 사회는 외면한다. 진화심리학자들은 동물의 세계에 대해서는 상당한 지식이 있지만 인류의 사회·역사에는 철저히 무관심하며 따라서 극도로 무지하다. 이에 반해 프롬은 심리학자 중에서는 최초로 또 거의 유일무이하게, 사람은 사회적 존재이므로 세계에서 사람을 따로 떼어내 그 사람만 관찰하거나 인류의 사회·역사를 무시하면서 동물의 왕국만 시청해서는 인간 심리를 올바로 이해할 수 없다고 강조했다.

결론적으로 프롬은, 인간 심리를 올바로 이해하려면 구체적인 현실과 괴리된 추상적인 인간이 아니라 '현실 속의 인간', 즉 세계와 관계하면서 살아가는 현실적이고 구체적인 인간을 연구해야 한다고 주장했다. 물론 그것을 위해서 심리학은 사람, 세계 그리고 사람과 세계 사이의 관계를 모두 연구해야 한다. 프롬은 마르크스주의로부터 '사람은 사회적 존재'라는 개념을 수용함으로써 전통적인 정신분석학과 점차 결별하게 되었는데, 그는 후에 자신의 심리학 이론을 '인본주의적Humanistic 정신분석학'으로 명명했다.

인본주의적 정신분석학의 탄생

'사람은 사회적 존재이다'라는 명제를 지지한다고 해서 사람이 생물학적 존재라는 사실을 부정하는 것은 아니다. 사람도 육체를 가지고 있는 이상 생물학적 존재일 수밖에 없다. 따라서 이 명제의 진정한 의미는 사람이 '본질적으로' 사회적 존재라는 것, 그러므로 인간 본성 역시 이에 의해서 규정된다는 데 있다. 이러한 관점을 바탕으로 하는 심리학은 다음과 같은 일련의 견해를 지지한다.

첫째, 동물의 진화 역사와 사람의 역사는 질적으로 완전히 다르다. 비록 인간 혹은 인간의 역사에도 '진화'라는 개념을 사용하기는 했지만, 프롬은 인간의 역사를 진화론으로는 설명할 수 없음을 분명히 인식하고 있었다.

> 인간의 진화는 지식을 다음 세대에 전수하고 그 지식을 축적하는 능력에 전적으로 의존해왔다. 인간의 진화는 문화 발전의 결과이지 신체 기관의 변화에 의한 것이 아니다.[5]

동물의 진화는 자연 발생적인 반면, (굳이 진화라는 개념을 사용한다면) 인간의 진화는 목적의식적이다. 즉 동물의 진화는 예나 지금이나 동물이 생존을 위해 환경에 적응하는 과정에서 자연 발생적으로 이루어지지만, 사람의 진화는 사람이 세상에 적응하는 것이 아니라 세상을 변혁하는 과정에서 목적의식적으로 이루어진다. 또한 동물의 진화는 변형된 유전자 정보를 다음 세대에 전달하는 완만한 생물학적 방식으로 진행되는 반면, 인간의 진화는 새롭게 창조된 지식을 포함하는 선대의 창조물을 후대에 물려주는 역사적이고 사회적인 방식으로 진행된다. 이렇게 인류 역사는 진화론으로는 이해할 수도 설명할 수도 예측할 수도 없기 때문에, 원칙적으로 사람에 대해서는 '진화'라는 개념을 사용하면 안 된다.

둘째, 사람의 기본 동기는 사회적 동기이다. 심리학적 견지에서 말하자면, 사람이 사회적 존재라는 것은 곧 사람의 기본 동기가 생물학적 동기가 아닌 사회적 동기라는 의미이다.

> 인간의 기본적인 정열은 인간의 본능적인 욕구[*]에 근원을 두고 있는 것이 아니라 인간 존재의 특수 조건, 즉 인간 이전 단계의 원초적 관계를 상실한 다음에 인간 및 자연과의 새로운 관계를 찾아보려는 욕구[**]에 근원을 두고 있다.[6]

본인 스스로가 고백했지만, 프롬은 사람의 기본적인 정열, 즉 기본적인 동기를 명확히 밝혀내는 데 성공하지는 못했다. 하지만 중요한 것은 그가 사람의 기본적인 동기를 사회적 동기라고 주장했다는 사실이다. 아마 유명한 심리학자들 중에서 사람에게는 생물학적 동기보다 사회적 동기가 더 중요하다는 분명한 입장을 가지고 있는 심리학자는 프롬이 유일할 것이다. 이 문제는 매우 중요하므로 뒤에서 다시 집중적으로 살펴볼 것이다.

셋째, 인간 심리에 결정적인 영향을 미치는 것은 몸이나 뇌가 아니라 사회이다. 프로이트는 인간 심리에 가장 큰 영향을 미치는 요인을 '육체'로 보았다. 후기 정신분석학은 그것을 어린 시절, 행동주의 심리학은 미시적 환경(혹은 외부의 자극), 진화심리학은 동물적 본능으로 보고 있다. 반면에 '정신분석학의 진정한 대상은 사회화된 개인의 심적 생활'[7]이라

---

[*]   생물학적 동기를 뜻함
[**]   사회적 동기를 뜻함

는 말이 보여주듯, 프롬은 인간 심리를 좌우하는 결정적인 요인이 사회라고 생각했다. 그가 새로운 심리학을 정립하는 데서 제기되는 일차적인 과제가 생물학주의적 인간관을 극복하는 것이라고 강조한 까닭이 바로 여기에 있다.

'인본주의적 정신분석학'의 이념을 수용하는 데 있어 극복하지 않으면 안 될 하나의 특수한 난점이 있다. 그들은 아직도 19세기 유물론의 철학적 전제에 의해 사고하고 있다. 이 전제라는 것은 모든 정신적 현상은 '생리학적' 현상 혹은 신체적 과정에 뿌리박거나 그것에 의해 발생한다는 것이다.[8]

여기서 프롬이 19세기 유물론으로 지칭한 것은 '기계론적 유물론'이다. 원래 기계론적 유물론이란, 세계의 다양하고 복잡한 운동 형태들을 가장 단순한 역학적 운동의 법칙들만 가지고 설명하는 이론이다. 기계론적 유물론은 물리학적 운동, 화학적 운동, 생물학적 운동, 사회적 운동 등 다종다양한 운동 형태와 그 변화·발전의 법칙들 사이의 질적 차이를 무시하고 모든 운동을 저급한 운동 법칙으로 설명할 수 있다고 주장한다. 그러나 이런 식으로 저차적인 운동 형태의 법칙으로 고차적인 운동 형태를 고찰할 경우 필연적으로, 사회적 존재를 생물학적 존재로 환원해 설명하는 환원주의의 오류에 빠지게 된다. 예를 들면, 유기체적 생명현상을 물리적 입자들의 양자역학적 운동 법칙으로 완벽하게 설명할 수 있다고 주장하거나, 인간을 유전자의 법칙들로 다 설명할 수 있다고 주장하는 식이다.

기계론적 유물론은 세계의 온갖 사물 현상들이 질적으로 구별되고 단순한 것으로부터 복잡한 것으로 발전한다는 사실을 보지 못하며, 각각의 현상들이 변화·발전하는 내적인 원인이나 본질적인 특성을 무시한다. 그 결과 기계론적 유물론은 옛날부터 물활론, 동물 기계론, 인간 기계론, 외인론 등 여러 가지 비과학적인 주장들과 연결되었으며, 현재에도 컴퓨터 분야와 뇌과학 분야의 눈부신 발전에 편승해 인간의 사고와 컴퓨터를 동일한 것으로 취급하고, 인간 심리와 뇌를 동일한 것으로 취급하려 한다. 현대판 인간 기계론이 횡행하고 있는 것이다.

　기계론적 유물론을 신봉하는 심리학은 당연히 사회 현실에는 관심이 없으며, 사람과 세계와의 관계에도 관심이 없다. 그것의 관심은 오직 인간 기계, 즉 뇌나 유전자를 포함하는 인간의 육체뿐이다. 그렇기 때문에 프롬은 인본주의적 정신분석학의 최대 방해꾼으로 기계론적 유물론을 지목했던 것이다. 그는 인간 심리에는 세계 그리고 사람과 세계와의 관계가 담겨져 있다고 보았기 때문에, 심리학은 사람만 고립적으로 고찰해서는 안 되며 자신의 연구 대상에 반드시 세계, 적어도 사회를 포함해야 한다고 강조했다.

　프롬은 정신분석학을 이용해서 사회적 존재인 사람의 심리를 밝혀내는 것을 학문적 목표로 삼았다. 그러기 위해서는 정신분석학에서 긍정적인 면은 계승하되 부정적인 면은 버리거나 혁신할 필요가 있었다. 하지만 프롬은 생물학주의적 인간관은 버렸지만 정신분석학의 부정적인 면을 철저히 배격하거나 혁신하는 데는 실패했다. 여기서는 정신분석학을 비판적으로 계승한 인본주의적 정신분석학이 과연 무엇인지를 먼저 살펴보기로 한다.

정신분석학의 창조적인 재생은, 그것이 자체의 실증주의의 동조성을 극복하고 급진적인 인본주의의 정신하에서 다시 비판적이며 전투적인 학설로 될 때에 비로소 가능하다. 이렇게 수정된 정신분석학은 계속해서 무의식의 저변의 세계로 더욱 깊이 내려갈 것이며, 인간을 왜곡시켜 불구로 만드는 모든 사회적 조종을 비판하게 될 것이고, 인간을 사회에 적응시키기보다는 사회를 인간의 요구에 적합하도록 이끌어갈 수 있는 여러 방법들에 연결될 것이다. 특히 그것은 현대사회의 병리 현상을 이루고 있는 심리적 현상들, 즉 소외, 불안, 고독감, 심각한 공포의 감정, 활력 및 기쁨의 상실 등을 고찰하게 될 것이다.[9]

참고로 휴머니즘은 우리말로 인간주의, 인도주의, 인본주의 등으로 번역되곤 하는데, 여기에서는 '인본주의'로 통일했다. 그것은 프롬이 추구했던 세상이란 다름 아닌, 물질이 사람을 지배하는 세상이 아니라 사람이 기본 혹은 중심이 되는 '사람 중심의 세상'이었기 때문이다.

프롬이 주장하는 인본주의적 정신분석학의 주요 특징은 다음과 같다.

첫째, 정신분석학의 비판 정신을 계승하여 전투성을 유지한다. 따라서 프로이트가 당대의 지배적인 편견이나 이데올로기에 굴복하지 않고 비타협적으로 싸웠듯이 오늘날의 인본주의적 정신분석학도 그러할 것이다.

둘째, 사람의 무의식에 계속적으로 깊은 관심을 기울인다. 프롬이 칭찬하는 정신분석학의 업적 중 하나가 무의식에 대한 과학을 창조했다는 것이다. 따라서 인본주의적 정신분석학 역시 사람의 무의식을 이해하기 위한 노력을 지속할 것이지만, 무의식을 올바로 이해하기 위해서는 (개인적 무의식에만 집중했던 프로이트와는 달리) 사회적 무의식까지 연구해야 하며, 그를 위해서는 반드시 사회를 비판적으로 고찰해야 한다.

셋째, 정신 건강을 해치는 잘못된 사회를 비판한다. 인본주의적 정신분석학은 소외, 불안, 고독, 심각한 공포의 감정, 활력 및 기쁨의 상실 등 인간을 병들게 만드는 원인이 병든 사회에 있다고 믿는다. 따라서 어떤 사회를 병든 사회라고 하는지, 또 병든 사회가 인간의 정신을 어떤 방식으로 병들게 하는지 그 메커니즘을 밝혀내야 한다.

넷째, 병든 세상에 대한 적응이 아닌 변혁을 권장하며, 변혁을 위한 이론을 탐구한다. 프롬에 의하면, 병든 세상에 순응하거나 적응해서 얻을 것이라곤 오직 정신병뿐이다. 따라서 인본주의적 정신분석학은 전통적인 정신분석학처럼 세상에 적응할 것을 권장해서는 안 된다. 오히려 병든 세상을 변혁하는 사람이 되도록 사람들을 고무해야 하며, 그것에 도움을 줄 수 있는 이론을 연구해야 한다. 병든 세상에 적응하는 대신 그것을 변혁하는 활동을 한다면 개인은 정신 건강을 회복할 수 있고, 다수가 그렇게 한다면 세상을 바꿀 수 있다.

2 　사회적 존재

존재가 의식을 규정한다

사회적 존재라는 개념은 '사회적 관계를 맺고 살며 활동하는 사람', 그리고 '단순한 생물학적 존재와 질적으로 구별되는 존재인 사람'을 표현하는 개념이다. 사람이 사회적 존재가 되는 이유는 크게 두 가지다.

첫째, 사람은 사회적으로만 자기의 존재를 유지하고 자기의 목적을 실현해나갈 수 있다. 또한 사회적 관계에 의해서만 생존과 활동에 필요한 생활 수단을 얻을 수 있다. 작업 조직과 같은 사회적 관계 속에서만 각종 생활 수단을 만들어낼 수 있으며, 그 생활 수단을 획득할 수 있는 통로 역시 시장과 같은 사회적 관계를 통해서이다. 또 사람은 일정한 사회 관계 속에서만 사회생활에 필요한 사회적 의식을 가질 수 있으며 사회적 능력을 키워나갈 수 있다. 어릴 때에는 부모나 선생과의 관계에서, 어른이 되어서는 다양한 사회관계 속에서 생활해야 사회적 의식이나 능력을 지닐 수 있다. 야생동물에 의해 키워졌다가 구조된 일명 '늑대소년'이나 병적인 부모 밑에서 사회와 격리된 채 성장한 아동의 사례는 바로 이런 사회적 관계의 중요성을 시사한다.

둘째, 사람은 사회관계를 능동적으로 맺으면서 자신이 속해 있는 사회나 자기 자신을 개조·발전시켜 나가는 주체이다. 벌이나 개미처럼 무리 생활을 하는 동물의 경우, 개별 동물들 사이의 관계는 전적으로 본능에 의해서 결정된다. 따라서 긴 세월이 흘러도 개별 동물들끼리의 관계는 똑같은 방식으로 되풀이된다. 반면 사회적 관계는 본능에 의한 것이 아닌 목적의식적인 관계이며, 사람은 단지 사회적 관계의 영향을 받는 데 머무르지 않고 사회적 관계를 자기가 원하는 방향으로 개조하고 발전시켜 나간다. 사람을 사회적 존재로 정의 내리는 것은 이 같은 능동적인 개입과 역할이 사람과 세계와의 관계에서 본질적이기 때문이다.

사회적 존재가 사회적 의식을 규정한다

사람이 사회적 존재라는 마르크스주의의 개념은 사람의 본질이 '사회적 관계의 총체'라는 견해에 기초하고 있다. 즉 마르크스주의에서 사회적 존재라는 개념은 기본적으로 해당 사회에 속한 사람의 심리나 특성이 사회적 관계에 의해 규정됨을 의미한다. 이를 좀 더 명확히 이해하기 위해서는 '사회적 존재가 사회적 의식을 규정한다'는 마르크스주의의 명제를 살펴볼 필요가 있다.

'사회적 존재가 사회적 의식을 규정한다'는 명제는 마르크스가 창시한 사적 유물론의 제1명제이다. 여기에서 '사회적 존재'란 사회생활의 물질적 조건, 경제적 관계를 말하며, '사회적 의식'이란 그것을 반영하고 있는 정치·법률·철학·도덕적 견해들과 과학, 종교 등을 말한다. 마르크스에 따르면 사회적 존재는 사회적 의식의 원천이고 기초이며, 사회적 의식은 사회적 존재의 반영이며 산물이다. 이런 의미에서 마르크스는 사회적 존재는 일차적이고 사회적 의식은 이차적이라고 주장했다. 이를 심리학적 용어로 단순화시키면, 마르크스의 주장이란 결국 해당 사회가 인간 심리에 결정적인 영향을 미친다는 뜻이다. 이에 대해 프롬은 다음과 같이 설명했다.

> 인간이 태어나면, 그를 위한 무대도 만들어진다. …… 인간의 살고자 하는 욕구와 사회제도라는 두 가지 요소는 원칙적으로 한 개인으로서의 인간에 의해 변경될 수 없으며, 그것은 또한 보다 큰 유연성을 가진 다른 여러 특성들의 발달을 결정하는 요소이기도 하다.
> …… 따라서 경제제도의 특성에 의해 한 개인에게 정해진 삶의 양식이 그의 전체적인 심리를 결정하는 제1차적인 요소가 된다. 왜냐하면, 자기 보존에 대한 강렬한 욕구는 그에게 주어진 삶의 조건들을 받아들이지 않으면 안 되도록 강요하기 때문이다.[10]

프롬이 지적했듯이, 사람은 아무것도 존재하지 않는 황량한 벌판 위에서 태어나 살아가지 않는다. 어디까지나 특정한 사회·역사적 상황에서 태어나며, 거기서 살아간다. 고대 노예제 시대에 태어난 사람은 대부분 노예로 살아가고, 중세 봉건제 시대에 태어난 사람은 농노로, 현대 자본주의 시대에 태어난 사람은 노동자로 살아간다. 그리고 이에 따라 노예와 농노, 노동자의 심리가 각각 달라진다. 마르크스의 이러한 주장은 사실 오늘의 시점에서는 너무나 당연한 말처럼 들린다. 그러나 마르크스가 사적 유물론을 창시했던 시대에는 그렇지가 않았다. 마르크스의 견해는 올바른 주장이었을 뿐 아니라 당시로서는 아주 혁신적인 주장이어서 여러 분야의 뛰어난 지식인들에게 커다란 영향을 미쳤다. 심리학 분야에서 가장 급진적인 이론가였던 프로이트는 사적 유물론을 일정하게 비판하면서도, '사회적 존재가 사회적 의식을 규정한다'는 마르크스의 명제를 다음과 같이 칭찬하고 지지했다.

"마르크스주의의 강점은 역사에 대한 입장이나 이에 근원을 둔 미래에 대한 예측에 있는 것이 아니라, 인간의 경제적인 관계가 그들의 지적이고 윤리적이고 예술적인 견해에 미치는 결정적인 영향에 대한 예리한 통찰에 있다고 하겠습니다. 이제까지 거의 완전히 무시된 채로 있었던 일련의 상관관계와 의존성이 그와 더불어 발견되었습니다."[*]

프롬은 프로이트처럼 단지 지지를 표명하는 데 머무르지 않고, 사회적 존재(구체적으로는 경제적 하부구조)가 어떻게 사회적 의식(구체적으로는 정치적 상부구조)을 규정하는지를 심리학적으로 명확히 밝히기를 원했다.

마르크스는 사회의 경제적 기초와 정치적·법적 제도, 철학, 예술, 종교 등과의 사이에 있는 상호 의존관계를 가정했다. 마르크스주의 학설에 의하면 전자가 후자, 즉 '이데올로기적 상부구조'를 규정하는 것이다. 그러나

---

[*]   지그문트 프로이트, 〈세계관에 대하여(1932)〉,《프로이트 전집 제2권: 새로운 정신분석 강의》, 임홍빈·홍혜경 옮김, 열린책들, 2003, 241쪽.

마르크스와 엥겔스는, 엥겔스가 명백히 인정했듯이, 이 경제적 기초가 어떻게 해서 이데올로기적 상부구조로 변환하는지를 밝히지는 않았다. 내 생각으로는, 정신분석의 무기를 사용함으로써 마르크스의 학설에 있는 이 간극을 메울 수 있고, 경제적 하부구조와 상부구조를 결부시키는 메커니즘을 밝힐 수 있을 것 같다.[11]

　프롬은 프로이트의 리비도설(성욕설)을 인정하던 초기에는 '경제적 기초 → 리비도적 구조 → 정치적 상부구조', 그리고 리비도설과 결별한 후기에는 '경제적 기초 → 사회적 성격 → 정치적 상부구조(이념과 이상)'라는 일련의 흐름을 제시함으로써 이 문제를 해결한다.

사람은 과연 이기적인가?
: 미국 심리학과 환경론의 오류

프로이트나 프롬과 같은 심리학의 대가들이 '사회가 인간 심리에 결정적인 영향을 미친다'는 사실을 인정했으니, 오늘날의 심리학은 이런 입장을 기꺼이 받아들이고 있지 않을까? 결론부터 말하자면 전혀 그렇지가 않다.

　미국의 심리학자인 해럴드 티보Harold Thibaut와 존 켈리John Kelley는 사람들이 서로에게 이익이 되는 견지에서 타인과의 관계를 형성한다는 사회교환이론Social Exchange Theory을 주장했다(1959; 1978). 사회교환이론에 따르면, 사람은 상대방에게 무엇을 주면 반대급부로 그만큼 받기를 기대하며, 모든 인간관계의 기저에는 이러한 주고받기Give & Take의 성질이 깔려 있다. 이렇게 사람은 이기적인 존재여서 인간관계를 자신에게 이익이 되는 방향으로 맺어나간다.

이런 견해는 프롬이 '지난 수 세기에 걸쳐 친근한 인간상은 이기주의'[12]라고 지적했듯이, 인류 역사 무대에 자본주의가 출현한 이후부터는 계속 힘을 얻어왔으며 오늘날의 대중에게는 거의 정설처럼 받아들여지고 있다. 오늘을 사는 한국인에게 "이기심은 인간의 본성인가?"라는 질문을 던지면 과반 이상은 "그렇다"라고 대답할 것이다. 실제로 대다수의 현대인은 이기적이다. 따라서 다수의 사람들이 이기적이라는 사실을 체험하면서 살아온 현대인들은 당연히 이기심이 사람의 본성이라고 생각하기가 쉽다. 대부분의 심리학자들조차 이런 대중의 통념에 동조하고 있는데, 특히 미국의 심리학자들은 이런저런 실험 등을 통해 대부분의 사람이 '이기적이거나 비겁하다'는 통계 결과를 얻으면 별다른 고민도 없이 그것을 인간 본성으로 간주하는 어리석은 습성이 있다. 하지만 그들은 단순히 '사람들이 이러이러하다'라는 통계 결과만 내놓을 뿐, 정작 사람들이 이기심이나 비겁함을 갖게 된 이유에 대해서는 파헤치지 않는다. 동물 본성은 매우 심도 있게 파헤치고 연구하는 심리학자들이 정작 인간 본성에 대해서는 깊이 있는 고민을 하지 않는다는 사실은 매우 아이러니하다.

사실 이기심이 인간 본성인지 아닌지는 자본주의 사회를 비자본주의 사회와 비교만 해보아도 금방 알 수 있다. 자본주의 사회가 아닌 다른 사회에서 살아가는 사람들도 모두 이기적이라면 이기심을 인간 본성이라고 인정할 수 있겠지만, 만일 그렇지 않다면 이기심은 인간 본성이 아니라 자본주의 사회가 만들어낸 심리일 것이다. 프롬은 중세 봉건제 시대를 살아가는 사람의 심리가 자본주의 시대를 살아가는 사람의 심리와는 크게 다르다고 지적했다.

> (중세사회에서도) ……"물질적 부란 필요한 것이다. 그러나 이차적인 중요성을 가지고 있을 뿐이다." …… 중세의 이론에는 도덕적인 목적에 관계없는 경제활동은 허용될 여지가 없다. 사회에 대한 학문적 입장에서 경제적 부에 대한 욕망은 언제나 어느 정도 존재하는 힘이며, 다른 자연력과 마찬가지로 피할 수 없는 자명한 요소라고 가정하는 것은…… 중세 사상가들에게는 비합리적이요 비도덕적인 것으로 생각되었을 것이다.[13]

이는 자본주의 사회 사람들에게 '사람은 이기적이다'라는 명제가 너무나 익숙하듯이, 봉건제 사회 사람들에게는 '사람은 비이기적이다'라는 명제가 매우 익숙하다는 설명이다. 사정이 이러함에도 이기심을 인간 본성으로 간주하는 견해가 자본주의 사회에서 힘을 얻는 이유는 무엇일까?

첫째, 민중이 아니라 지배층에 복무하는 지식인들이 자본주의 제도를 옹호하고 합리화하려는 동기를 가지고 있어서이다. 만일 이기심이 인간 본성이라면 개인 이기주의에 기초하고 있는 자본주의 제도야말로 가장 좋은 제도가 아닐 수 없다. 그러나 만일 이기심이 인간 본성이 아니라면 자본주의 제도는 사람을 자신의 본성으로부터 괴리시키는 잘못된 제도일 것이다. 이렇게 이기심이 인간 본성인가 아닌가의 문제는 자본주의 제도의 정당성과 직결되는 문제이므로, 자본주의의 수호천사가 된 지식인들은 각자의 분야에서 인간을 이기적이라고 강력히 주장하는 것이다.

> 자본주의가 인간의 자연적 욕구와 일치한다는 것을 증명하기 위해서는
> 인간은 본성상 경쟁적이고 상호간 적의로 가득 차 있다고 증명하지 않을
> 수 없었다. 경제학자들은 이 점을 경제적 이득에 대한 지칠 줄 모르는 욕
> 망이라는 관점에서 '증명하고' 다윈주의자들은 적자생존이라는 생물학적
> 법칙에 의해 '증명'했으나, 프로이트는 인간이 모든 여자를 정복하려는
> 무제한한 욕망에 쫓기고 있고 오직 사회적 압력만이 이러한 욕망을 행동
> 화하는 것을 저지한다고 가정함으로써 동일한 결론에 도달했다.[14]

개인적 이익을 우선시하는 개인 이기주의를 인간 본성으로 간주하는
견해는, 자본주의 사회에서 살고 있는 사람들을 관찰한 결과를 비자본주
의 사회의 사람들과 비교하는 학문적 검토 과정 없이 내린 결론이므로
명백한 오류다. 이런 점에서 '이익 추구의 본능이 인간 행동의 기본적 또
는 유일한 동기라고 보는 사상은 부르주아·자유주의의 공상적 관념이
며, 그것은 사회주의의 실현 가능성을 부정하는 심리학적인 논거로서 이
용'[15]돼왔다는 프롬의 지적은 전적으로 타당하다.

둘째, 특정한 사회가 만들어내는 인간 심리를 별다른 의심 없이 인간
본성으로 간주하는 심리학자들의 무지와 나태 때문이다. 프롬의 다음과
같은 정신분석학 비판은 이런 심리학자들에 대해서도 그대로 적용된다.

> 정신분석은 자본주의 사회와 그 가부장적인 가족을 정상적인 상태로 보
> 고 오로지 그에 대한 연구만을 계속해왔다. …… 그들은 생활상의 경험의

다양성과 다른 형태의 사회가 가진 사회·경제적 구조에는 관심을 갖지 않았고, 따라서 심적 구조를 사회적 구조에 의해 결정되는 것으로 설명하려 하지 않았다.[16]

심리학자들은 이제까지 밝혀진 인간 심리가 해당 사회의 영향으로 만들어진 것일 수 있다는 사실을 항상 염두에 두어야 한다. 또한 오스트리아 빈의 자유주의적 중산층을 주로 분석했던 프로이트처럼 자신이 연구한 대상들이 특정 계급 쪽으로 치우쳐 있다면, 다른 계급은 다른 심리를 갖고 있을 수도 있다는 점을 고려해야 한다. 즉 아주 신중한 고려 없이는, 사람들에게서 발견되는 이런저런 심리를 인간 본성으로 간주해서는 안 된다는 것이다.

얼핏 보면 '사회적 존재가 사회적 의식을 규정한다'는 마르크스주의의 명제는 행동주의 심리학의 전제인 '백지설'과 똑같은 것처럼 보일 수도 있다. 백지설이란, '인간(의 마음)을 한 장의 백지로 보고, 그 위에 각 문화가 본문을 쓰는 것이라고 생각'[17]하는 견해다. 백지설에 따르면, 인간에게는 그 어떤 타고난 심리적 특성이나 본성도 없으므로 인간 심리는 전적으로 그가 태어나 자라나는 환경에 의해서 결정된다. 그러나 마르크스는 인간을 백지와 같은 존재라고 주장했던 적이 결코 없다. 오히려 그는 (비록 인간 본성이 무엇인지 명확히 밝히지는 못했지만) 사람에게는 동물과는 다른 사람만의 본성이 있다고 주장했다.

변혁은 왜 가능한가?
: 사회적 의식의 능동적인 역할

마르크스는 사회가 인간 심리에 미치는 영향에 대해서는 정당한 주의를 기울였지만 그 반대, 즉 사회가 사람에 의해 변혁된다는 사실에는 그다지 주목하지 않았다. 프롬은 이러한 마르크스주의의 한계를 극복했을까? 사실 사회적 의식이 일방적으로 사회적 존재에 의해 규정될 뿐이라면 사회는 발전할 수가 없다. 예컨대 노예제 사회에서 살아가는 모든 노예는 노예 의식을 갖게 될 텐데, 어떻게 노예해방 운동이 벌어질 수 있겠는가? 또 자본주의 사회에서 살고 있었던 마르크스와 엥겔스는 어떻게 해서 자본주의 사회를 변혁하겠다는 사회적 의식을 가질 수 있었겠는가?

인류 역사를 단기적으로 보면, 특정한 사회에서 살아가는 평범한 사람들의 의식이 그 사회에 의해 결정된다는 것은 쉽게 확인할 수 있다. 그러나 인류 역사를 장기적이고 연속적인 견지에서 보면, 사회적 의식이 사회적 존재보다 더 능동적이고 결정적인 역할을 한다는 것을 알 수 있다. 특히 이는 선진적인 사회사상에서 뚜렷이 표현된다. 선진적인 사회사상은 사회적 존재보다 앞서 나가면서 미래를 창조하는 역할을 한다. 예를 들면 봉건제 사회에서 살아가던 사람들에 의해 창시되었지만 그 당시로서는 선진적이고 진보적이었던 자유민주주의 이념이나 계몽주의 사상은 시민혁명의 불길을 지펴 올림으로써 봉건제 사회를 멸망시키고 자본주의 사회를 앞당기는 데 결정적으로 기여했다.

프롬은 마르크스가 그다지 주목하지 않았던 측면, 즉 사회적 의식이 사회적 존재에 영향을 미친다는 사실을 분명히 인식하고 있었다. 그러나 그것을 심리학적으로 설명하기 위해서는 다음과 같은 한 가지 난점을 해결해야만 했다.

"사람이 단순히 사회의 영향을 받는 데 머무르지 않고, 선진적인 사상을 창시하거나 사회를 변혁하려면 과연 무엇이 필요할까?"

일례로 과거 상당수의 한국인은 장기간 독재정권에 의해 학대당하면서 무력감과 의존심 같은 전형적인 피학대자 심리를 지니게 되었다. 그러다 1980년대에 접어들어 이러한 심리에서 해방되면서 비로소 대중적인 반독재 투쟁에 궐기할 수 있었다. 이러한 심리적인 변화는 어떻게 가능한 것일까? 프롬은 이 질문에 대한 해답을 인간 본성에서 찾았다.

> 우리는 인간의 심리 발달은 근본적인 삶의 조건에 의해 형성되고, 생물학적으로 고정된 인간성이란 존재하지 않는다는 전제 아래 인간 본성 그 자체가 하나의 역학을 가지고 있어 사회 과정의 진화에서 적극적인 요인을 형성한다는 사실에 도달하게 된다. 비록 우리가 아직 이러한 인간 본성이 지닌 역학의 정확한 본질이 무엇인지 심리학적인 용어로 명쾌하게 나타낼 수는 없다고 하더라도, 우리는 그 존재를 인정하지 않으면 안 된다. 생물학적 및 형이상학적인 개념의 잘못을 피하려다가 인간은 사회적 환경이라는 줄에 의해 조종되는 인형에 불과하다고 생각하는 사회학적 상대주의에 함몰됨으로써 또다시 같은 잘못을 저질러서는 안 된다.[18]

이와 같은 프롬의 견해에서 주목해야 하는 것은 크게 두 가지다. 우선 프롬은 인간 본성이 사회 발전에서 적극적인 역할을 한다고 보았다. 만일 사람에게 노예가 아닌 주인이 되기를 바라는 본성이 있다면, 노예 심리나 피학대자 심리는 인간 본성에 배치되므로 궁극적으로 그것은 파괴되거나 적어도 인간 본성과 심각한 갈등을 겪게 될 것이다. 이런 점에서 선진적인 사회적 의식이란 이러한 인간 본성이 이데올로기화한 것이라고 말할 수 있다.

다음으로 프롬은 인간 본성을 생물학적인 것이 아니라 사회·역사적인 것으로 보았다. 사람을 생물학적인 존재로 이해하는 것이 곧 인간 본성을 생물학적인 것으로 본다는 뜻이듯이, 사람을 사회적 존재로 이해한다는 것은 인간 본성을 사회적인 것으로 본다는 말과 같다. 나는 인간 본성이란 곧 사회적 본성이므로, 인간 본성에 뿌리를 두고 있는 동기들을 '사회적 본능'이라 부를 수 있다고 생각한다.

인간 본성이라는 결정적인 요인을 포함시키면, 사람과 사회와의 관계를 다음과 같이 좀 더 명확하게 그려낼 수 있다. 일반적으로는 사회가 대다수 사람들의 인간 심리를 결정한다. 그러나 사람은 백지가 아닌 인간 본성을 가지고 있는 존재여서 사회가 인간 심리를 결정하는 데는 분명한 한계가 있으며, 만일 그 사회가 인간 본성에 부합되지 않는다면 사람은 인간 본성을 옹호하고 대변하는 선진적인 사상을 창조함으로써 사회를 변혁하기도 한다.

인간이 거의 모든 조건에 적응할 수 있다는 것은 정당하지만, 그러나 인간의 문화가 백지 위에 문자를 쓰는 것은 아니다. 행복이나 소속감, 사상, 자유 등을 구하는 요구는 인간 본성에 고유한 것이며, 역사 과정에 존재하는 역동적 요소이다. 사회질서가 일정한 기준을 넘어 인간의 욕구를 무시하고 불만에 빠뜨리면, 그 사회의 성원은 인간의 요구에 더 적합하도록 사회질서를 바꾸려 한다. …… 사회의 변화 자체가, 인간의 자기실현을 위한 보다 나은 환경을 만들려는 인간의 기본적 욕구에 의해서도 규정되는 것이다.[19]

프롬은 사람이 자기만의 본성을 가지고 있어서 그것의 실현을 방해하는 사회를 변혁하려 한다는 점을 분명히 인정하고 있다. 그렇다면 인간 본성이란 과연 무엇일까?

3   인간의 본성

인류의 탄생은
곧 사회의
탄생이다

인간 본성이란, 인간이 아닌 다른 존재에게는 없는 속성이자 그것이 있음으로써 비로소 인간으로 되게 해주는 속성이다. 따라서 인간 본성을 규명하려면 우선은 다른 존재에게는 없는, 사람에게만 고유한 속성을 찾아내야 하고, 다음으로 그런 속성들 중에서 가장 근본적인 속성을 찾아내야 한다.

원칙적으로 사람의 본성 혹은 본질에 관한 문제는 심리학이 아닌 철학에서 다루어져야 한다. 왜냐하면 사람에 대한 연구가 심리학을 비롯한 여러 개별 과학들에 의하여 진행되긴 하지만 사람의 본성이나 본질에 관한 문제는 사람과 세계와의 관계를 다루는 철학에 의해서만 해명될 수 있기 때문이다.

지난 시기의 철학에서는 사람의 본성이나 본질을 그 기능의 측면에서 해명하는 견해가 많았다. 이성, 언어, 노동, 도덕 등과 같은 속성에서 인간 본성을 찾는 견해가 바로 그것이다. 하지만 이러한 견해들은, 사람에게 고유하기는 하나 사람의 모든 생활과 활동에 일관된 근본적인 속성이 아니라 개별적인 속성들을 본성으로 규정했다는 한계를 가지고 있다. 지난 시기의 철학에서는 또한 자기 보존 욕구나 성적 충동과 같은 '본능'에서, 행복이나 권력을 추구하는 '의지'에서, 죽음 앞에서의 불안이나 공포와 같은 '감정'에서 사람의 본질을 찾는 견해들도 있었다. 그러나 이러한 견해들은 사람 일반에게 고유한 속성이 아닌 것을 인간 본성으로 잘못 규정했거나, 사람을 생물학적 존재로 바라보았거나, 지배계급의 속성을 인간 본성으로까지 확대했다는 문제를 가지고 있다.

과거 철학들의 인간 본성에 대한 견해는 대부분 사회적 관계를 떠나 있는 순수 인간—현실적으로는 존재하지 않는—에 대한 추상적인 논의에 바탕을 두고 있었다. 이런 점에서 인간 본성에 관한 문제를 구체적인 사회적 관계 속에서 제기하고 해명한 마르크스주의는 인간 본성을 규명하는 데 결정적인 공헌을 했다고 말할 수 있다. 프롬은 마르크스의 《경제학·철학 수고》의 한 대목을 인용하면서, '자유롭고 의식적인 활동'을 인간 본성으로 규정했다.

> "…… 생명 활동의 유형에 한 종의 모든 특징, 그 유적類的 특성이 모두 깃들어 있다. 자유롭고 의식적인 활동은 인간의 유적 특성이다." …… 마르크스가 말하는 '유적 특성'이란 인간의 본질이다.[20]

생명이 있는 모든 생명체는 생명 활동을 한다. 그런데 종마다 생명 활동을 하는 방식이 각각 다르므로, 특정한 종에게만 고유한 생명 활동 방식을 통해서 그 종의 본성, 본질을 찾아낼 수 있다. 예를 들면 호랑이의 본질은 늑대나 곰과는 다른 호랑이에게 고유한 생명 활동 방식에 의해서 규정된다는 것이다. 사람은 다른 모든 생명체와는 질적으로 다른 생명 활동을 하는데, 마르크스에 의하면 그것은 '자유로운 활동'과 '의식적인 활동'이다. 다른 생명체에게는 없는, 사람이라는 종의 생명 활동에만 고유한 이 활동 방식이 바로 인간의 본성이다.

　결론적으로 마르크스는 인간 본성을 '자유로운 활동을 하는 속성'과 '의식적인 활동을 하는 속성'의 두 가지라고 주장했던 것이다. 프롬은 사람이 객관 세계를 대상으로 자유로운 활동과 의식적인 활동을 한다는 것을 '객관 세계와 맺는 능동적인 관계'라고 요약했고, 그런 활동을 하면서 사는 삶을 '생산적 삶'으로 정의했다. 그러므로 그는 인간 본성을 '세계와 능동적으로 관계를 맺는 속성', 즉 '자유롭게 의식적으로 세계를 변혁하는 속성'으로 이해했다고 평할 수 있다. 참고로, 이를 통해서 프롬이 왜 그다지도 '생산성'을 중시했는지, 또 그것이 무엇을 의미하는지도 짐작해볼 수 있다.

　지금까지 살펴보았듯이, 마르크스주의는 사람이 사회적 존재이므로 인간 본성은 사회적 존재에게 고유한 생명 활동 방식에서 찾아야 한다는 점을 분명히 하고, 그 결과 '자유롭게 활동하는 속성'과 '의식적으로 활동하는 속성'이 인간 본성임을 시사했다. 하지만 마르크스주의는 인간 본성에 관한 문제 제기에만 머물렀을 뿐 그것을 명확하게 해명하지는 못했다는 한계를 가지고 있다. 인간 본성에 관한 프롬의 이론이 여러 심리학 이론들 중에서는 가장 과학적이고 진보적이지만, 그것 역시 불완전한 것은 이러한 마르크스주의의 한계에서 비롯되었다고 할 수 있다.

앞에서도 지적했듯이, 인간 본성에 관한 마르크스주의의 문제 제기를 한층 발전시켜 인간 본성을 완벽하게 해명하는 것은 철학이 해결해야 할 문제이다. 하지만 프롬으로서는 그러한 철학이 나올 때까지 마냥 기다릴 수만은 없었기에 그 나름대로 심리학적 차원에서 인간 본성을 해명하기 위해 노력했다. 다음의 글에서 알 수 있듯이, 프롬은 첫째로 인간 본성이 존재하며, 둘째로 인간 본성은 생물학적 속성이나 특정한 시기의 사회적 환경에 의해서만 만들어진 것도 아닌 사회·역사적 산물이며, 셋째로 인간 본성에는 불변의 요소들이 있어서 그것이 사회·역사의 발전 과정에 영향을 미친다고 보았다.

> 인간 본성이란 여러 충동들의 생물학적 고정이나 총화도 아니요, 또한 무리 없이 적응해가는 문화적 양식의 생명감 없는 그림자도 아니다. 인간 본성은 바로 인간 진보의 산물이다. 그러나 또한 고유한 메커니즘과 법칙을 가지고 있기도 하다. 인간 본성에는 고정되어 변화하지 않는 요소들이 있다. 생리적으로 제약된 충동을 만족시켜야 하는 필연성, 고립과 정신적 고독을 피하고자 하는 필연성이 그것이다. …… 문화에 대한 동적인 적응 과정에서 비로소 개인의 행동과 감정을 자극하는 많은 강력한 충동들이 발달한다. …… 이들 충동은 이번에는 사회적 과정을 형성하는 데 강력한 영향을 미치는 힘이 된다.[21]

프롬이 무엇을 인간 본성으로 정의했는지를 살펴보기 전에, 심리학에서 인간 본성의 문제를 해명하는 것이 왜 중요한지에 대해 다시 한 번 살펴볼 필요가 있을 것 같다. 마르크스는 '개에게 쓸모 있는 것이 무엇인지를 알기 위해서는 개의 본성을 연구해야 한다'고 말했다. 육식동물인 호랑이의 본성이 날고기를 먹으면서 살아가는 것이라고 가정해보자. 사람이 만일 호랑이의 본성을 알지 못한다면, 동물원에 호랑이를 데려다 놓고는 야채와 과일만을 먹이로 줄 수 있는데, 그럴 경우 어떻게 될까? 호랑이는 스트레스를 받아서 이상행동을 보이거나 굶어 죽게 될 것이다. 이것은 생명체가 자기의 본성대로 살아가지 못하면 미치거나 죽게 된다는 것을 의미한다.

사람도 호랑이와 다르지 않다. 따라서 '우리가 인간 본성을 알 수만 있다면 인간에게 무엇이 선이며 무엇이 악인가를 결정하는 일이 가능하다'[22]는 프롬의 지적처럼, 인간 본성을 알아야만 무엇이 사람에게 유익하고 무엇이 해로운가를 판단할 수 있다. 예를 들면 탐욕과 이기심이 인간 본성이라면 오늘날의 한국 사회를 지배하고 있는 신자유주의적인 사회 발전 노선을 계속 추구하는 것이 유익하겠지만, 그렇지 않다면 한국인들은 정신적으로 병들고 궁극적으로는 멸종하게 될 것이다.

결국 인간 본성을 올바로 파악해야만 사람에게 이로운 세상이 어떤 세상인지를 알 수 있고, 그런 세상을 만들기 위해 노력할 수 있다. 프롬은 우리가 추구해야 하는 바람직한 사회를 '건전한 사회'라고 부르는데, 건전한 사회란 곧 인간 본성의 실현에 유리한 환경을 제공하는 사회이다.

> 건전한 사회라는 것은…… 인간의 욕구와 일치하는 사회, 즉…… 객관적인 욕구와 일치하는 사회라는 생각이 이 책의 기초를 이루고 있다. 따라서 우리의 첫 과제는 인간 본성이 무엇이며 그 본성으로부터 나오는 욕구란 무엇인가를 확인하는 일이다.[23]

사람은 사회적 존재인 만큼 인간 본성과 일치하는 건전한 사회는 사람의 성장과 행복을 위해서 필수적이다. 현 시점의 인류에게 건전한 사회가 한층 더 절박한 까닭은, 만일 그런 사회를 하루빨리 만들지 못하면, 즉 사람이 지금처럼 자기의 본성대로 살아가지 못하는 상황이 장기화되면 결국 사람은 미치게 될 것이기 때문이다.

> 인간은 인간의 욕구, 즉 인간의 존재 조건에 바로 뿌리박힌 욕구에 순응하는 건전한 사회를 만들 때에만 자신의 광기의 결과로부터 자신을 보호할 수 있다.[24]

그런데 인간 본성과 관련된 프롬의 언급들을 살펴보면 그가 '욕구'를 중심적인 주제로 다루고 있음을 알 수 있다. 그 이유는 무엇일까?

자유는 인간의 본질

철학의 연구 대상은 전체로서의 세계이다. 철학은 인간 본성을 규명하기 위해 사람과 세계와의 관계를 연구하는데, 그것은 마르크스가 이야기했듯 사람이라는 생명체에게 고유한 활동 방식이란 곧 사람이 세계와 관계를 맺는 방식이기 때문이다. 사람이 세계와 관계를 맺는 방식을 보면 동물과는 전혀 다른 중요한 차이를 발견할 수 있다. 동물은 자연법칙의 지배에서 벗어날 수 없으므로 항상 자연에 적응하고 순응하는 반면, 사람은 자연법칙에서 자유로워지려고 한다. 뿐만 아니라 사람은 인간에 의한 인간의 지배에서도 자유로워지려고 한다. 세상 만물 중에서 오로지 사람만이 이러한 독특한 방식으로 세계와 관계를 맺는다. 그렇기 때문에 마르크스는 인간 본성으로 '자유'를 첫 손에 꼽은 것이다.

철학이 사람과 세계와의 관계를 고찰함으로써 인간 본성을 규명한다면, 심리학은 그런 인간 본성에서부터 흘러나오는 동기를 밝혀내려 한다. 세계를 연구 대상으로 하는 철학과 달리 심리학의 연구 대상은 인간혹은 인간 심리이다. 따라서 심리학의 임무는 원칙적으로 인간 본성을 밝히는 것이라기보다는, 철학이 규명한 인간 본성에 기초해 그러한 본성으로부터 흘러나오는 인간 심리 혹은 인간 본성을 가능하게 해주는 심리를 규명하는 것이다. 프롬은 인간 심리 중에서도 동기가 가장 중요하다고 생각하는 동기론자이다. 그가 '인간 본성이 무엇이며 그 본성으로부터 나오는 욕구'가 무엇인지를 찾아내는 것이 필요하다고 강조했던 것은이 때문이다.

'동기'는 욕구, 요구, 소망 등을 모두 포함하는 매우 포괄적인 개념이다. 인간 동기란 '인간 활동의 원인이 되는 심리적 요인들'을 의미하는데, 욕구가 바로 그런 요인들 중 하나다. 즉 욕구는 그것이 생물학적 욕구든 사회적인 욕구든 간에 사람에게 인식됨으로써 동기로 작용하게 된다. 물론 욕구 외에도 아주 단순한 바람에서부터 거창한 정치적 요구에이르기까지, 사람이 필요로 하거나 원하는 것들은 무엇이든 동기로 작용할 수 있다. 그렇기 때문에 나는 프롬이 빈번하게 사용하는 욕구라는 개념만이 아니라 그가 사용하는 개념들 중에서 동기에 포함될 수 있는 것들은 대부분 '동기'라는 개념으로 대치해 서술할 것이다.

만일 철학이 인간 본성 중 하나가 '자유를 추구하는 속성'임을 밝혀냈다면, 심리학은 사람에게 그런 속성이 있는 것은 자유를 추구하려는 동기—이것을 좀 더 구체화된 동기들로 구분할 수도 있다 —가 있어서라고 가정할 것이다. 나아가 그런 본성적인 동기가 또 다른 다양한 동기들을 파생시킬 수 있다고 가정할 것이다. 프롬이 인간 본성에서 비롯된 기본적인 동기들을 찾는 것을 중시한 것은 바로 이 때문이다. 결론적으로 요약하자면, 심리학에서 인간 본성의 문제는 사람의 본성적인 동기들을 규명하는 데 있다고 말할 수 있다(앞으로는 편의상 '사람의 본성적인 동기' 혹은 '사람의 기본 동기'를 인간 본성과 혼용해서 서술할 것이다).

인간 본성을 규명하는 데서 절대로 잊지 말아야 할 것은, 앞서도 말한 바와 같이 인간 본성이란 '사회적 존재'로서의 인간 본성이라는 것이다. 마르크스주의 철학과 마찬가지로 프롬은 인간 본성을 생물학적인 동기가 아닌 사회적인 동기에서 찾았기에, '인간은 동물과 똑같은 본능을 부여받지는 않았다는 것을 생각해야만 한다. …… 인간의 본능*은, 인간이 어떻게 결정을 내려야 하는지에 관해서는 아무것도 말해주지 않는다'[25]고 지적했다. 이렇게 프롬은 사람에게 생물학적 동기(동물적 동기)는 부차적인 동기임을 분명히 밝혔고, 나아가 인간 본성은 '생물학적인 것도 추상도 아니며 오직 역사적으로만 이해할 수 있는 것'[26]이라고 강조했다. 즉 인간 본성을 올바로 규명하려면 반드시 구체적인 사회·역사적 현실 속에서 살아가고 있는 사람을 연구해야 한다는 것이다.

인간 본성을 규명하는 데서 주의해야 할 또 다른 문제는 인간 본성을 특정한 사회·역사적 조건에서만 나타나는 특수한 속성(예를 들면 개인적

---

* 생물학적 본능을 의미한다.

이익만을 추구하려는 속성)과 혼동하면 안 된다는 것이다. 프롬은 인간 본성을 단지 자본주의 사회만 연구해서는 절대로 밝혀낼 수 없다고 주장했는데, 자본주의 제도는 인간 본성과는 무관한 탐욕이나 소비욕과 같은 동기들을 인위적으로 유발하고 조장하기 때문이다.

> 인간 본성은 자본주의 제도에 의해 형성되고 시현된 특수한 인간성만 가지고는 추론해낼 수가 없다. …… 먼저 인간성을 총체적으로 검토하고 그 다음 각각의 역사적 단계에 따라 수정된 인간성을 검토해보아야 한다.[27]

인간 본성이란 사람에게서 절대로 분리될 수 없다. 따라서 그것은 원시사회에서도, 고대 노예제 사회에서도, 중세 봉건제 사회에서도, 자본주의 사회에서도 그리고 사회주의 사회에서도 항상 관찰 가능해야 한다. 반면에 소비욕과 같은 인위적인 동기는 자본주의 사회, 그것도 후기 자본주의 사회에서만 일반화되는 것이어서 다른 사회에서는 관찰하기가 어렵다. 프롬이 '먼저 보편적인 인간 본성을 다룬 다음 각 역사적 시기에 따라 변화해온 인간 본성을 다루어야 한다'[28]고 주장했던 까닭이 바로 여기에 있다. 결론적으로 인간 본성을 심리학적으로 올바로 규명하려면 우선 인류사를 관통하면서 존재해온 '보편적인 동기'를 찾아내고, 그 다음 특정한 사회·역사적 조건에서만 존재하는 '변화된 동기'—특수한 동기—를 찾아내야 한다고 정리할 수 있다.

그렇다면 프롬은 인간 본성, 기본적인 인간 동기가 무엇이라고 생각했을까? 이와 관련된 프롬의 언급은 다소 산만하고 혼란스럽다. 그가 여러 저서에서 인간 본성과 관련된 욕구라고 주장했던 것들을 나열해보면 자유·사랑·생산성·정신 건강·행복·조화·정의·진리를 추구하는 욕구 등이다. 프롬은 이렇게 인간 본성과 관련된 다양한 동기들을 언급하고 있지만, 그가 가장 중시했던 동기는 역시 '자유'였다.

> 인간 발달의 목표는 자유와 자주이다. 자주는 탯줄을 끊어버리고 자신의 실존을 자기 자신에게만 내맡길 수 있는 능력을 뜻한다.[29]

'자유가 인간의 본질이라는 것은 그 적대자들조차 알고 있는 사실'[30]이라는 말을 통해서도 알 수 있듯이, 마르크스는 자유를 인간 본성의 핵으로 간주했다. 마르크스의 후예임을 자처하는 프롬이니 그 역시 자유를 가장 중시할 수밖에 없었을 것이다. 그러나 그는 '인간 본성은 자유'라는 마르크스주의 철학의 견해를 인정하고 있을 뿐 심리학적으로 자유가 무엇을 의미하는지, 또 심리학이 '사람에게는 자유를 추구하는 동기가 있다'고 말하는 것으로 충분한지, 아니면 이를 좀 더 구체적인 동기로 세분해 정의하는 것이 옳은지에 대해서는 언급하지 않았다. 이런 모호함 때문에 초기에 프롬은 '인류에게는 독특한 인간 본성이 있다'고 주장하면서도 '인간 본성에 대한 만족할 만한 정의는 목표이지 전제는 결코 아니다'라고 한발 물러설 수밖에 없었다.[31] 인간 본성에 관한 만족할 만한 심리학적 해답을 찾지 못해서인지 프롬은 후기로 가면서 점차 그것을 인간의 실존에서 비롯된 '사람에게 고유한 모순'에서 찾게 되었다.

실존, 그것은 사람에게 고유한 모순

프롬은 사람이 자연계에서 벗어나 사회적 존재가 되었다는 사실 자체가
바로 '인간의 실존'이라고 주장했다.

> 인간의 실존에 있어서 본질적인 것은 인간이 동물계로부터, 곧 본능적 적
> 응의 세계로부터 벗어났고 자연을 초월해 있다는—비록 인간은 자연을
> 결코 버리지 못하지만—사실이다. 인간은 자연의 일부이다. 그러나 한번
> 자연과 결별하면 인간은 자연으로 되돌아가지는 못한다.[32]

　인류의 역사는 원래 동물이었던 사람이 어느 시점부턴가 자연에 단순
히 적응만 하는 생물학적인 존재로부터 자연을 지배하는 사회적 존재로
탈바꿈하면서 시작되었다. 그런데 프롬은 이를 다소 비관적인 시각으로
바라본다. 그에 의하면 사람은 사회적 존재가 됨으로써 '자연의 포로이
면서 사고에 있어서는 자유롭다는, 다시 말해 자연의 한 부분이면서 동
시에 자연의 기형이라는, 이도 저도 아니라는 무서운 갈등에 부딪[33]히게
되었다. 이것은 사람이 동물과는 다른, 인간의 실존적 상황에서 비롯되
는 모순(무서운 갈등)을 해결해야만 하는 운명에 지배당하게 되었음을 의
미한다. 한마디로 '사람은 자연의 일부이면서도 또한 그 자연을 초월해
야 하는 비극적인 운명을 지니고 있다'[34]는 것이다.
　이러한 프롬의 주장에서 눈여겨봐야 할 것은, 인간 실존 혹은 사람의
모순이 사람에게 심각한 고통을 준다는 사실이다.

> 개체화되기 이전의 인간과 자연, 남녀의 고유한 조화는 갈등과 투쟁으로 대체되었다. 인간은 이처럼 일체성의 상실에 괴로워한다.[35]

사람이 동물이었을 때는 자연과 조화로운 관계여서 사람은 자연과의 일체감을 느낄 수 있었다. 그러나 사람이 사회적 존재가 되어 자연에서 분리되는 바람에 사람과 자연은 서로 갈등하고 투쟁하는 관계에 놓이게 되었고, 사람은 더 이상 자연과의 일체감을 느끼지 못하게 되었다. 이것이 사람에게 심한 고통을 주기 때문에 사람은 새로운 조화, 고차적인 조화를 맹렬히 추구하게 된다.

> 그는 부분적으로 신이며 동물이고, 부분적으로 유한하고 부분적으로 무한하다. …… 고차적인 형태의 조화를 발견하려는 필요성은 인간을 움직이게 하는 온갖 정신력의 원천이며 인간의 모든 정열, 애정, 불안의 원천이다.[36]

지금까지의 프롬의 주장을 간단히 요약해보면 다음과 같다. 사람은 사회적 존재가 됨으로써 자연에서 추방당했고, 그 결과 자연과의 조화가 깨졌다. 이러한 자연과의 일체감 상실은 사람을 불안하게 만들고 정신적으로 커다란 고통을 주므로, 사람은 새로운 조화를 이룩할 때까지 이를 향해 맹렬히 달려가게 되었는데, 바로 여기에서 사람의 모순이 비롯된다.

이성은 축복인가, 재앙인가?

인류의 탄생, 즉 인류가 생물학적 존재로부터 사회적 존재로 도약할 수 있었던 원인은 무엇일까? 여러 원인이 있겠지만, 프롬은 이것을 '이성'에서 찾았다. 그는 성경에 나오는 에덴동산 이야기를 비유로 들면서, 사람이 자유를 원하게 된 것, 그리고 그 결과 사람과 자연과의 조화가 깨진 것을 이성 탓으로 돌리고 있다.

> 자유의 행동으로서의 불복종의 행위는 곧 이성의 시작이다. 신화는 최초의 자유행동의 다른 결과들에 대해 말하고 있다. 인간과 자연과의 근원적인 조화는 파괴되었다.[37]

전통적으로 서구 사회는 사람을 정신과 육체를 가진 존재로 이해해왔다. 즉 서구 사회는 암묵적으로 정신은 고귀하고 합리적인 것인 반면 육체는 저급하고 비합리적인 것으로 간주해왔다는 것이다. 종교가 사람 위에 군림했던 중세 시대에 수도사들이 신이 주신 영혼(혹은 정신)을 더럽히는 동물적 충동의 원천인 육체를 스스로 고문하고 학대했던 것이 이를 극명하게 보여준다.

사람을 정신과 육체 혹은 이성과 비이성을 가진 이원론적 존재로 보는 인간관은 프로이트에게도 그대로 영향을 미쳤다. 후기 정신구조론에서 프로이트는 인간 심리가 자아ego, 초자아superego, 원초아id로 구성되어 있다고 주장했는데, 여기서 자아와 초자아는 이성의 상징인 반면 원초아는 비이성의 상징이다. 그런데 프롬도 이런 서구의 전통적인 인간관에서 그다지 자유롭지 못했던 것 같다. 왜냐하면 그 역시 사람을 '이성을 가진 동물'로 이해하는 입장과 완전히 결별하지 못하고 있기 때문이다.

프롬은 이성을 주로 '이성적 사고 능력'이라는 의미로 사용한다.

> 이성이란 감각으로 파악된 표면을 꿰뚫고 표면 뒤에 있는 본질을 이해할 수 있는 능력을 말한다.[38]

철학에서는 인식(혹은 사고)을 감성적 인식과 이성적 인식으로 구분한다. 감각·지각·표상 능력 등을 이용해 구체적인 현상을 인식하는 감성적 인식은 동물들도 할 수 있지만, 개념·판단·추리 능력 등을 이용해 사물 현상의 본질을 파악하는 이성적 인식(사고)은 오직 사람만이 할 수 있다. 즉 이성적 사고 능력은 사람만이 가지고 있는 능력이라는 것이다. 그러나 프롬은 때때로 이성을 다른 의미로도 사용한다. 예를 들면 그는 이성을 '합리적'이라는 의미로 사용하기도 한다. 또한 프롬은 '이성'을 '성장과 발달을 증진하는 모든 종류의 조처와 행동'으로, '비이성'을 '한 개체의 성장과 구조를 저해하거나 파괴시키는 모든 종류의 행동'으로 규정하기도 했다. 이런 맥락에서 그는 '모든 동물은 완벽하게 이성적이다'라고 말하기도 했는데, 이 경우에 '이성적'이라는 것은 '사고와 관련된 어떤 것을 필연적으로 의미하지는 않'[39]는다.

이성적 사고 능력을 제대로 활용하면 사람은 현실을 왜곡하지 않고 '있는 그대로의 세계를 알려는 목적'[40]을 달성할 수 있고, '표면의 뒤에 숨겨져 있는 것', 즉 '현실의 본질'인 '핵심'을 인식할 수 있다.[41] 나아가 '창조적으로 사고하고' '이미 넣어진 자료를 넘어'[42]서는 것도 가능하다.

이성적 사고 능력 덕분에 사람은 객관적인 사고, 본질적인 사고, 창조적인 사고를 할 수 있다는 것이다. 이런 능력은 동물에게 없는 것은 물론이고 가장 발전된 기계라고 할 수 있는 컴퓨터에게도 없는, 오직 사람만이 가지고 있는 능력이다.

지금까지 논의된 것만 보더라도 '이성(적 사고 능력)'은 정말 사람에게 유익한 능력임이 분명하다. 그러나 프롬에 따르면, 사람은 오히려 이성을 가지게 됨으로써 자연으로부터 분리되었고 그 결과 고통을 겪게 되었다. 따라서 사람에게 이성은 축복인 동시에 재앙인 셈이다.

> 인간에게는 이성이 부여되었다. 인간은 '자기 자신을 아는 생명'이다. …… 자신의 고독과 자신의 분리와 자연 및 사회의 힘 앞에서의 자신의 무력함의 인식 ― 이러한 모든 인식은 인간이 분리되어 흩어져 있는 실존을 견딜 수 없는 감옥으로 만든다.[43]

이렇게 프롬은 사람이 자연에서 분리된 상황을 '인간 실존'으로 이해했고, 그것에서 비롯되는 동물도 아니고 사람도 아니라는 모순을 '사람의 모순'으로 규정했다. 그러나 이런 견해는 그를, 사회적 존재로서의 사람에게 고유한 본성을 규명하겠다는 애초의 문제의식에서 벗어나 사람의 실존 상황으로부터 인간 본성을 찾으려는 잘못된 방향으로 나아가게 만들었다.

갈등 자체가 본질이다

초기와는 달리 후기의 프롬은 인간 본성 혹은 본질을 어떤 실체로 정의하는 것은 잘못이라고 주장했다. 그는 그 이유에 대해 다음과 같이 설명한다.

> 만일 사람의 본질을 구성하는 어떤 실체가 있다고 가정한다면 사람이 처음으로 출현한 이후 사람에게는 기본적인 변화가 없었다고 하는 비진화적이고 비역사적인 태도를 취하지 않을 수 없다.[44]

이것은 만일 인간 본성을 '자유'로 규정한다면, 사람은 자유라는 속성을 획득한 먼 옛날부터 지금까지는 물론이고 앞으로도 영원히 자유라는 속성을 가지고 있을 것이므로 사람을 변화·발전하지 않는 존재로 간주하는 것과 마찬가지라는 뜻이다. 하지만 이런 견해는 잘못이다. 사람에게 자유로운 존재가 되려는 속성 혹은 자유로운 활동을 하려는 속성이 있다 하더라도 그것의 내용은 역사적 시기에 따라 발전하고 풍부해지기 마련이기 때문이다.

예를 들면 원시 공산제에서 자유의 주된 내용이 자연의 구속으로부터 해방되는 것이었다면, 고대 노예제에서는 노예해방, 중세 봉건제에서는 신분 해방, 자본주의 제도에서는 노동해방과 인간 해방, 그리고 현재의 한국 사회에서는 부활하고 있는 유신 독재의 폭정으로부터의 해방이라는 식으로 그 내용이나 성격이 달라지고 발전할 수 있다. 하지만 그러한 변화에도 불구하고 자유의 본질, 즉 구속당하고 예속당하는 노예가 아닌 자유인이 되려는 속성은 달라지지 않는다. 따라서 인간 본성을 영원히 고정 불변하는 형이상학적인 실체로 규정하지 않는 한, 인간 본성을 무엇이라고 규정하든 그것은 '비역사적인 태도'와는 무관하다.

만일 인간 본성을 어떤 실체 혹은 속성 등으로 규정하지 말아야 한다면 인간 본성이란 아예 없다는 말인가? 프롬은 인간 본성이 없다고 말하지는 않았다. 하지만 그는 한편으로는 인간 본성을 어떤 실체로 규정하면 안 된다고 주장하고 다른 한편으로는 그럼에도 불구하고 인간 본성은 있다고 주장하는 딜레마에 봉착하게 되었다. 프롬은 이 문제를 어떻게 해결했을까?

> 나는 사람의 본질을 타고난 소질 또는 실체로 정의하지 않고 인간 존재에 내재하는 모순으로 정의할 때 이와 같은 딜레마를 해결할 수 있다고 믿는다. …… 인간 본성 문제에 대해 우리는 인간 본성 또는 본질은 선과 악 같은 특수한 실체가 아니라 인간 존재의 조건 자체에 뿌리박고 있는 모순이라는 결론에 도달한다. …… 사람이 어떠한 새로운 단계에 도달하든 새로운 모순이 나타나므로 그는 또다시 새로운 해결책을 찾지 않을 수 없다.[45]

프롬은 사람의 실존적 상황과 그것에서 기인하는 사람의 모순을 인간 본성으로 보아야 한다면서, '인간 존재의 여러 형태들은 본질이 아니라 갈등에 대한 대답이며, 갈등 자체가 본질이다'[46]라고 선언했다. 앞에서 살펴보았듯이, 사람의 모순이란 동물이면서 동물이 아니라는 모순, 즉 생물학적 존재인 동시에 사회적 존재라는 모순이다. 통속적으로 말하면, 이 모순으로 인해 사람은 동물이 될 것이냐 아니면 사람이 될 것이냐 하는 선택의 기로에서 끊임없이 갈등한다. 여기에서 동물을 선택하는 것은 곧 자연으로 되돌아가려는 퇴행인 반면, 사람을 선택하는 것은 전진이다. 프롬이 '사람은 퇴행하는 경향 그리고 전진하는 경향을 갖고 있다'[47]고 주장했던 것은, 사람은 다시 동물로 되돌아가든가 아니면 완전한 사람이 되든가 둘 중에서 반드시 하나를 선택해야만 한다고 보았기 때문이다.

프롬은 사람의 모순 혹은 갈등의 전진적 해결을 권장한다. 전진적 해결이란 완전한 사람이 되는 것, 즉 '모든 인간적인 힘, 자기 내면의 인간성을 충분히 발달시켜 새로운 조화를 찾으려는 해결 방법'[48]이다. 전진적 해결은 바람직한 것일 뿐만 아니라 사람에게 일차적이다. 즉 어떠한 역사적 시기에도 사람은 일단은 전진적 해결을 추구하려 한다는 것이다.

…… 목표는 본질적으로 똑같은 것이었다. 곧 삶이 제기하는 문제에 올바른 대답을 함으로써 사람의 문제를 해결하려는 것이었고, 사람이 충분히 사람다워짐으로써 분리된 공포를 버리려는 것이었다.[49]

사람에게는 전진적 경향이 일차적이지만, 만일 이러저러한 조건으로 인해 그것이 불가능해지면 동물로 되돌아가려는 퇴행적 경향이 우세해진다.

앞에서도 살펴보았듯이, 프롬은 사람이 사회적 존재가 됨으로써 자연에서 분리되었고 자연과의 조화를 상실했다고 보았다. 이로부터 사람은 동물도 아니고 사람도 아닌 어정쩡한 상황에 놓이게 되었는데, 이것이 바로 사람의 모순이다. 사람에게 고유한 이 모순을 전진적으로 해결하려면 완전한 사람, 완전한 사회적 존재가 되어서 세계와 새로운 조화를 이뤄야 한다. 만일 이것에 실패하면 사람은 다시 동물이 되려는 퇴행적 해결에 매달리게 된다. 따라서 사람은 동물적인 면을 최소화하고 사람다운 면을 최대화하기 위해 노력해야 한다는 것이다.

자유로부터의 도피

프롬은 자신을 세계적으로 유명하게 해준 명저 《자유로부터의 도피》에서, 중세 봉건제 사회에서 살던 사람들이 자유를 획득하게 되자 그것을 두려워해 자유로부터 도피하려 했다고 주장했다. 중세 봉건제 사회란 간단히 말해 정치적으로는 왕, 귀족, 평민, 노예 등의 신분에다 사람을 얽매어놓고 지배·차별하는 신분제 사회이고, 경제적으로는 땅을 소유한 지주계급이 소작인이나 농노 등을 착취하는 봉건적 생산양식이 지배적인 사회이며, 사상적으로는 왕권신수설처럼 지배층의 권위를 절대시하는 동시에 인간 차별을 정당화하는 권위주의가 득세하는 사회이다. 유럽의 경우 이 중세 봉건제 사회는 신분제도의 철폐를 내세운 프랑스대혁명 같은 시민혁명에 의해 붕괴되어 자본주의 사회로 대체되었다. 중세 봉건제 사회에서 절대 다수는 농노 혹은 소작인이었는데, 신분제가 철폐되었기 때문에 지주들은 더 이상 그들을 강제로 토지에 묶어놓고 착취할 수 없게 되었다. 즉 농노를 비롯한 민중은 신분제로부터의 자유, 토지에의 얽매임으로부터의 자유를 획득하게 된 것이다.

그런데 일찍이 마르크스가 정확하게 폭로했듯이, 중세 봉건제 사회 말기부터 급격히 세력을 키워왔던 자본가계급이 단지 왕과 귀족의 지위와 권한을 빼앗는 데 머무르지 않고 신분제 자체를 철폐하려 했던 것은 자신들의 자유를 위해서만이 아니었다. 공장을 가동하여 더 많은 이윤을 추구하려 했던 그들에게는 헐값에 부려먹을 수 있는 노동자가 아주 많이 필요했다. 그래서 자본가계급은 농노들을 우선 지주들로부터 해방시켜야만 했던 것이다.

결과적으로 신분제에서 해방된 농노들은 그와 동시에 지주의 토지에서도 쫓겨났기 때문에 어쩔 수 없이 도시로 몰려들었다. 도시의 인구가 갑자기 늘어나자 해방된 농노들, 즉 노동자들은 도시에서 일자리를 찾기가 어려웠고, 운 좋게 취직이 되더라도 생계조차 유지할 수 없는 저임금에 시달렸다. 초기 자본주의 사회 노동자계급의 이런 비참한 상태에 대해 마르크스는, 그들에게는 '굶어죽을 자유'밖에 없다고 냉소한 바 있다.

농노였던 중세인들이 신분제에서 해방되어 자유인이 된 것은 분명히 좋은 일이고 중대한 역사적 진보이다. 그러나 그들은 비록 신분상으로는 자유인이 되었지만 또다시 임금노예로 전락했다. 더욱이 그들은 대대로 정착해왔던 토지에서 쫓겨남으로써 친하게 지내던 이웃들과도 헤어져야 했다. 즉 근대인은 마음의 고향이라고도 할 수 있는 농촌공동체를 상실한 채 무작정 도시로 쫓겨나와 홀로 방황하게 되었던 것이다. 이러한 근대인의 상황을 심리학적으로 분석했던 프롬은 '중세사회의 전통적인 속박으로부터의 자유는 개인에게 새로운 독립의 감정을 부여했지만, 동시에 고립감을 느끼게 하여 개인을 회의와 불안에 사로잡히게 했다'[50]고 결론을 내렸다.

프롬에 의하면, 고립감은 사람이 가장 견디기 힘들어하는 감정이다.

따라서 고립감이 심해짐에 따라 근대인은 자유를 더욱 두려워하게 되어 마침내 자유로부터 도피하려는 심리를 갖게 된다.

> 자유는 근대인에게 독립과 합리성을 부여해주었지만, 또한 근대인을 고립시킴으로써 마침내 그를 불안에 싸인 무력한 존재로 만들었다. 이와 같은 고립은 참을 수 없는 것이므로, 근대인은 자유라는 무거운 짐으로부터 도피하여 새로운 의존과 복종을 찾느냐, 그렇지 않으면 인간의 독자성과 개성에 기인된 적극적인 자유의 실현을 위하여 전진해가느냐 하는 양자택일의 상황에 직면하게 된다.[51]

끔찍한 신분제에서 해방되었다고 기뻐하던 농노는 혼자 도시로 가서 노동자 혹은 실업자가 되었을 때, 이렇게 탄식했을지도 모른다.
"아! 차라리 농노였을 때가 좋았어."
이와 유사한 현상은 역사적으로 자주 반복되어왔다. 일례로 이집트에서 노예살이를 하다가 모세 덕분에 자유인이 된 유대인들은 광야에서 방황하게 되자 차라리 이집트에서 노예살이를 하던 때가 더 좋았다고 말한다. 이렇게 자유를 쟁취하는 것이 새로운 고통으로 이어지고, 그 고통이 더는 견디기 힘든 것이 될 경우에 사람은 차라리 자유를 포기하고 싶어 할 수 있다.
물론 프롬에 의하면 사람은 일차적으로 전진적 해결을 시도하기 마련이므로, 근대인 역시 처음에는 더 완전한 사람이 되어 새롭게 제기된 인간적 모순을 해결하려고 했을 것이다. 그러나 자본주의 사회라는 악조건으로 말미암아 그런 전진적 해결은 요원해졌다.

근대인은 개인에게 안정감을 부여해주는 동시에 또한 그를 제약하는 전 개인적 사회의 구속들로부터는 해방되었지만, 개인적 자아의 실현, 즉 개인의 지적·정서적 및 감각적인 능력의 표현이라는 적극적인 의미에서의 자유는 아직 획득하지 못했다…….[52]

근대인이 적극적인 의미에서의 자유를 획득하지 못했던 것은 무엇보다 중세 봉건제 사회가 멸망하고 나서 자본가계급이 권력과 부를 독점했기 때문이다. 다시 말해 노동자계급을 비롯한 민중이 자본가계급의 독점을 무너뜨리는 새로운 민중 혁명에 성공하지 못했기 때문이다. 초보적인 권리조차 보장되지 않는 비참한 임금노예의 삶, 더욱이 이웃과도 경쟁을 해야만 하는 고독한 삶을 강요당했던 근대인은 고립감만이 아니라 무력감에도 압도당했다. 왜냐하면 '고립된 존재로서의 개인은 외부 세계와 비교해 철저하게 무력하며, 따라서 외부 세계를 몹시 두려워'[53]하기 때문이다. 프롬은 자유를 두 가지로 구분하면서, 근대인이 처하게 된 이러한 상황을 '……으로부터의 자유'(소극적인 자유)와 '……에 대한 자유'(적극적인 자유) 사이의 지연으로 설명하기도 한다.

어떤 관계로부터의 자유, 그리고 자유와 개체성을 적극적으로 실현할 가능성이 결여되어 있다는 사실의 불균형은 마침내 유럽에서는 자유를 내버리고 새로운 관계로, 또는 완전한 무관심으로의 놀라운 도피로 나타났다.[54]

인간은 낙원을 상실한 것인가?

프롬에 의하면, 자유가 고립감이나 무력감을 초래하는 현상은 단지 근대
인에게만 해당되는 것이 아니다. 즉 인류 역사에서 자유는 항상 한편으
로는 사람의 성장과 발전을 촉진했지만 다른 한편으로는 고립감과 무력
감 등의 증대를 초래했다는 것이다.

> 우리는 이미 증가하는 인간 자유의 과정이 개인의 성장 과정에서 고찰해
> 본 것과 같은 변증법적 성질이 있음을 알고 있다. 그것은 한편으로는 힘
> 과 통합, 자연의 정복과 이성의 발달 및 다른 인간들과의 연대성이 증가
> 되어가는 과정이다. 그러나 다른 한편으로는 이러한 개체화 증가로 말미
> 암아 고립감과 불안이 증진하며, 그로 인해 커가는 이 세계에서의 자기의
> 역할과 삶의 의미에 대한 회의, 그와 함께 개인으로서의 인간 자신의 증
> 가하는 무력감과 허무감이 쌓이기도 한다.[55]

왜 자유는 사람에게 단지 좋은 영향만 주지 않고 나쁜 영향까지 주는
것일까? 그것은 자유가 '사람의 모순', 즉 인간 본성과 직결되어 있는 문
제이기 때문이다. 앞에서 살펴보았듯이, 사람의 모순은 동물이었던 사람
이 사회적 존재가 되어 자연으로부터 분리됨으로써 발생했다. 사람이 동
물이었을 때 맺었던 사람과 자연 사이의 조화로운 관계를 프롬은 '일차
적 관계'로 정의했다.

> 한 개인이 자신을 외부 세계와 연결시킨 탯줄을 완전히 끊어버리지 못한

다면 그에게는 바로 그만큼의 자유가 없다. 그러나 이 관계는 그에게 안정감과 소속감, 어디인가에 뿌리를 내리고 있다는 느낌을 갖게 해준다. 개체화의 과정에 의해 한 개인이 완전하게 출현되기 이전에 존재하는 이와 같은 관계를 나는 '일차적 관계'라 이름 짓고자 한다.[56]

이처럼 프롬은 어떤 것으로부터 분리되는 것을 자유와 동일시하고 있다. 이런 입장은 '영원히 천국을 잃어버린 채 홀로 외부 세계와 직면하게 된 개인, 그는 막막하고 두려움에 찬 세계에 내버려진 이방인이었다. 새로운 자유를 얻게 된 결과로 동요·무력·회의·고독·불안을 안게 되었다'[57]는 언급 등을 통해서 반복적으로 확인할 수 있다. 사람이 자연에서 분리되었다는 것은 자연의 구속에서 자유로워졌음을 의미한다. 프롬이 자연에서의 분리 혹은 일차적 관계에서의 분리를 자유와 동일시한 것은 아마 이와 관련이 있을 것이다. 하지만 자유를 분리와 동일시하면 필연적으로 자유가 사람을 개체화시키는 동시에 사람을 홀로 남게 만들 것이라는 결론에 도달하기 마련인데, 프롬은 이를 '자유에 존재하는 근본적인 분열'—사실상 이것은 사람의 모순을 좀 다른 방식으로 표현한 것이다—로 정의했다.

자유에 존재하는 근본적인 분열—개체성의 탄생과 고립감의 고통—은 인간의 자발적인 행위에 의해 보다 높은 단계에서 해결된다.[58]

그러나 자유를 분리와 동일시하는 프롬의 입장에는 동의할 수 없다. 자유는 단지 자유일 뿐이지 분리가 아니다. 임신 중의 어머니와 한 몸이었던 태아가 마침내 세상에 나오게 되는 것을 어머니의 몸으로부터 분리되었다고 표현할 수는 있지만 어머니로부터 자유로워졌다고 말하는 것은 옳지 않다. 어머니와 태아 사이의 관계는 어머니가 태아를 억압하거나 구속하는 관계가 아니기 때문이다. 요컨대 자유와 분리는 엄연히 다르므로, 이 두 개념을 동일시하면 안 된다는 것이다.

물론 동물이었던 사람은 자연에 구속당하던 존재였으므로, 사람이 사회적 존재가 되어 자연계를 벗어나게 된 것에 대해서는 분리라고 할 수도 있고 자유라고 할 수도 있다. 그러나 중세 봉건제 사회의 경우, 농촌 공동체에서 개인이 떨어져 나온 것은 단지 분리일 뿐이지 자유가 아니다. 농촌 마을에 살고 있던 농노들 사이의 관계는 서로가 서로를 구속하거나 예속시키는 관계가 아니었기 때문이다. 엄밀히 따지자면 근대인이 고립감이나 무력감을 느끼게 되었던 것은 지주-소작 관계에서 자유로워져서가 아니다. 착취적이고 비인간적인 지주-소작 관계는 소작인들에게 온갖 고통과 불행을 강요하는 원천이었으니, 그것에서 자유로워지는 것은 전적으로 좋은 일이다.

근대인의 고립감이나 무력감은 그들이 신분제로부터 자유로워져서가 아니라 농촌공동체의 해체에서 기인했다. 즉 그것은 (신분제로부터의) '자유'와는 아무런 관계가 없으며 (이웃들과의) '분리'와 관계가 있는 것이다. 결론적으로 프롬이 말했던 '자유에 존재하는 근본적인 분열'이란 실제로는 존재하지 않으며, 그것은 자유와 분리를 동일시한 데서 비롯된 오류이다.

프롬은 사람이 개체화되기 이전에 맺는 관계인 일차적 관계에서는 일체감, 안정감, 소속감 등을 느낄 수 있는 반면 그 밖의 관계에서는 그것이 가능하지 않다고 주장했다. 한마디로 동물이었던 원시인류는 일체감, 안정감, 소속감 등을 느낄 수 있지만 현대인은 일차적 관계를 상실했으므로 그런 감정들을 더 이상 느낄 수 없다는 것이다. 이런 점에서만 보면 사람의 크나큰 불행 중의 하나는 일차적 관계를 상실한 데 있다. 그래서인지 프롬은 이 일차적 관계를 종종 낙원에 비유하기도 했다.

> 모든 일차적 관계는 일단 단절되는 날이면 다시는 복원시킬 수 없다. 곧 한번 낙원을 상실한 인간은 다시는 그곳으로 돌아갈 수 없다. 개체화된 인간이 외부 세계와의 관계를 위해서는 오직 하나의 가능하고 생산적인 해결 방법이 있다. 그것은 일차적 관계에 의하지 않고, 자유롭고 독립된 개인으로서 그를 다시 외부 세계와 연결해주는, 모든 사람들과의 적극적인 결속과 자발적인 활동, 곧 사랑과 일이다.[59]

원시인류와 일차적인 관계였던 자연이 과연 인간에게 일체감, 안정감, 소속감 등을 자동적으로 담보해줄 수 있었을까? 나는 그렇지 않았으리라고 생각한다. 항상 먹잇감을 풍부하게 구할 수 있었다면 몰라도, 자연재해나 굶주림에 속수무책이었을 원시인류가 자연과 일체감을 느끼기는 힘들었을 것이다. 늘 맹수에게 쫓기는 삶을 살았던 초식동물 역시 자연과 일체감을 느꼈으리라고는 기대하기 힘들다. 원시종교를 통해서도 추측할 수 있지만, 원시인류의 자연에 대한 지배적인 감정은 두려움이었고 그것을 회피하기 위해 일체감을 추구했을 가능성이 크다. 동물들에게 적어도 자연은 천국이나 낙원은 아니었을 것이므로, 자연의 위력 앞에 무력했던 동물과 자연 사이의 관계를 조화로운 관계라고 말하는 것은 잘못이다. 또한 일체감이란 독립적인 개체만이 가질 수 있는 감정인데, 동물은 뚜렷한 자의식을 가지고 있는 독립적인 개체가 아니라는 사실도 고려해야 한다. 무리 혹은 종을 중심으로만 사고할 뿐 자신이 하나의 독립적인 개체임을 거의 자각하지 못하고 있는, 분리감이나 개체감이 거의 없는 동물적 존재에게는 '일체감'의 문제가 제기조차 될 수 없다는 것이다.

일체감이 과연 무엇인가라는 논의는 접어두고라도, 만일 프롬의 주장대로라면, 자연에 대해 일체감을 느끼는 동물은 그다지 무력감에 시달리지 않을 것이다. 자연과의 일체감이 충만한 원시인류는 하늘에서 번개가 치면 '오! 하늘아. 번개 때리고 있냐?'라고 생각하면서, 마치 자기 일처럼 기뻐하면서 만세를 불렀을 테니까. 그러나 일체감의 화신인 동물들도 자연으로부터 오는 위협이나 고통을 겪으면 무력감을 체험한다. 미국의 심리학자인 마틴 셀리그먼Martin Seligman의 '학습된 무력감' 실험이 잘 보여주듯, 주변 환경 혹은 외부에서 오는 고통을 통제할 수 없으면 동물은 심한 무력감에 사로잡힌다. 따라서 자연계의 동물이나 원시인류도 열악한 주변 환경과 자신에게 위협이 되는 자연의 힘을 통제하지 못했을 경우에는 무력감을 느꼈을 것이라고 가정하는 것이 타당하다.

사회적 존재가 됨으로써 자연에 대한 지배력이나 통제력이 월등히 커진 사람보다는 자연에 대한 통제력이 전혀 없는 동물(원시인류)의 무력감이 한층 심했을 것이라 추측하는 것이 합리적이다. 아마도 인류를 자연의 구속에서 벗어나게 해준 사회적 존재로의 전환은 무력감의 증대가 아닌 감소로 귀결되었을 것이다. 결론적으로 사람에게 이성이 생겨나 자연에서 분리된 다음에 무력감이 더 심해져 고통을 겪게 된다는 주장은 합리적 근거가 없는 억측에 불과하다.

더욱이 '일차적 관계'에 대한 프롬의 견해는 다소 모순적이다. 전체적인 맥락을 따져보면, 그는 일차적 관계를 '동물이었던 사람과 자연 사이의 관계'로 보고 있음을 알 수 있다. 그런데 만일 일차적 관계가 동물인 사람과 자연과의 조화로운 관계였다면 그것은 이미 오래전에, 즉 사람이 자연에서 분리될 때 깨졌을 것이다. 그리고 그 시점부터 인류는 숙명처럼 고립감과 무력감을 껴안은 채 살아왔을 것이다. 그렇다면 중세 봉건제 사회 말기에 사람들이 농촌공동체로부터 분리되는 것이 왜 새삼스럽게 문제시되는가? 일차적 관계는 이미 원시시대에 깨지지 않았는가……. 프롬은 이에 대해 다음과 같이 해명하고 있지만, 이것만으로는 의문이 해소되지 않는다.

> 인류는 그 유아기에는 역시 자연과의 일체감을 느낀다. …… 그러나 인류가 이러한 원초적 결합*으로부터 벗어나면 벗어날수록, 인류는 자연의 세계로부터 더욱더 분리되고, 분리 상태로부터 벗어나는 새로운 방법을 찾아내려는 욕구도 더욱더 강렬해진다.[60]

프롬은 사람이 사회적 존재가 되었던 원시시대에 이미 일차적 관계는 끝장났지만 그것의 잔재가 그래도 중세 봉건제 사회까지는 상당부분 남아 있었다고 보았던 것 같다. 일례로 그는 봉건제 시대까지의 사람을 '전前 개인주의적 존재'[61]로 간주한다.

---

* 일차적 관계를 뜻한다.

중세사회는 개인으로부터 자유를 빼앗지 않았다. 그때는 아직 '개인'이란 관념조차 존재하지 않았기 때문이다. 사람은 일차적 관계에 의해 외부 세계와 맺어져 있었으며, 아직 자기 자신을 하나의 개인으로 인식하지 못했다. …… 자기 자신이나 타인, 그리고 외부 세계에 대해 각각 분리된 실체로서 생각하는 그런 인식은 아직 충분히 발달하지 못했다.[62]

개인이냐 사람이냐

프롬의 말대로라면 '진정한 개인'의 출현은 자본주의 사회가 되어서야 비로소 가능해졌다고 말할 수 있다. 그는 중세 봉건제 사회의 사람들은 항상 집단이나 공동체 속에서만 자기를 확인했다고 주장한다. 예를 들면 '나는 농노이다', '어느 마을 사람이다', '기독교인이다'라는 식으로 집단을 통해서만 자기를 규정했다는 것이다. 물론 중세 봉건제 사회 사람들이 자본주의 사회의 사람들보다 훨씬 더 집단주의적이고 공동체 중심적이라는 것은 분명하다. 그러나 그들을 '아직 자기 자신을 하나의 개인으로 인식하지 못'하는 '일차적 관계에 의해 외부 세계와 맺어진 존재', 즉 진정한 의미에서의 개인이 아니라고 규정하는 것은 중세인들에 대한 터무니없는 과소평가다. 자기 자신에 대해 어느 정도로 알아야 스스로를 '하나의 개인'으로 인식했다고 판단할 수 있을까? 중세인이 벌이나 개미가 아닌 이상, 자기 자신이 집단이나 타인들과 분리되어 있는 하나의 독립적인 생명체임을 어찌 모를 수 있겠는가? 또한 동물과 자연과의 조화로운 관계가 일차적 관계라면서 중세인과 외부 세계(외부 세계에는 자연만이 아닌 타인들, 나아가 사회도 포함된다) 사이의 관계도 일차적 관계라니 도대체 어찌 된 일인가?

'진정한 개인'이라는 말은 높은 수준으로 성숙되고 발달된 사람을 지칭하는 데 써야지 '근대인'을 지칭하는 데 사용해서는 안 된다. 비록 중세인이 근대인보다는 공동체 중심적이고 권위주의적이며 봉건적이었지만 그들 역시 자의식이 있는 개인이었다. 또한 중세 봉건제 사회에서 사람과 자연과의 관계 그리고 사람들 사이의 관계는 일차적 관계—프롬이 말하는 일차적 관계는 원칙적으로 서로 분리되지 않은 관계를 의미한다—가 아닐 뿐만 아니라 일차적 관계의 잔재도 없다고 보아야 한다.

프롬은 중세 봉건제 시대까지는 일차적 관계의 잔재가 상당 부분 남아 있어서 그나마 사람들이 일체감, 안정감, 소속감 등을 느낄 수 있었다고 생각했다. 그래서 그는 역사상 처음으로 진정한 개인이 등장한 자본주의 시대 이후부터의 사람은 '이웃들과의 관계에 있어서 본능에 의해 지배되었던 이전의 결합과 대치할 만한 새로운 관계를 찾지 못한다면 잠시도 이러한 존재 상태를 견디어내지 못할 것'[63]이라고 주장했다. 이렇게 프롬은 일차적 관계를 '본능에 의해 지배되었던 결합', 즉 본능의 지배를 받는 동물이 맺고 있는 관계와 유사한 것으로 본다. 하지만 그는 반복적으로, 인류가 이성을 가지게 됨으로써 그리고 사회적 존재가 됨으로써 '본능의 지배'를 받지 않는 존재가 되었다고 강조하지 않았던가? 아마 누구라도 조선 시대 사람들에 관한 기록을 조금만 읽어본다면, 그들 사이의 관계가 본능의 지배를 받는 일차적 관계라거나 감히 그들을 전前개인적인 존재라고 말하지는 못할 것이다.

인간 본성과 '사람의 모순'에 관한 프롬의 이론, 그리고 그것의 구체적 표현인 자유의 이중성에 관한 이론은 사실상 그의 전체 이론을 떠받치는 주춧돌이라고도 할 수 있다. 그렇다면 프롬은 왜 이런 중대한 문제를 다루면서 치명적인 실수를 하게 되었던 것일까? 결론부터 말하자면, 그것은 그가 개인과 사람을 혼동했기 때문이다. 프롬은 무엇보다 인류의 탄생, 즉 동물적 존재가 사회적 존재로 이행하는 과정의 본질을 완전히 잘못 이해하고 있었다.

> 인간은 '개인'이 됨으로써 자연으로부터 분리되어 '인간'이 되는 첫걸음을 내디뎠다. …… 인간은 혼자이고 자유롭지만 무력하고 두렵다. 그리하여 새로 얻어진 자유는 재앙처럼 보인다.[64]

인류학을 비롯한 여러 연구들을 통해 분명히 밝혀졌듯이, 인류의 탄생이란 곧 사회가 탄생하는 것이었다. 사회적 존재는 무리 생활을 하던 유인원이 여러 가지 복합적인 원인에 의해 자연을 지배하기를 바라게 되었을 때, 즉 동물에게서는 찾아볼 수 없는 최초의 사회적 존재로서의 동기가 생겨났을 때에 탄생한다. 자연에서 야생으로 자라나던 곡물을 늘 주워만 먹다가 이를 직접 심어서 가꾸려는 동기가 생기는 것을 하나의 예로 들 수 있다. 이러한 동기는 동물과 별반 다를 게 없었던 유인원 한 개체의 힘만으로는 실현이 불가능했고, 유인원 무리가 본능에 의한 관계를 넘어서는 사회적 관계로 결합해야만 실현이 가능했다. 그래서 유인원들은 장구한 기간에 걸쳐서 사회적 관계를 맺을 수 있는 능력을 발전시켜 나갔는데, 그 대표적인 것이 바로 언어였다. 결론적으로 동물적 존재였던 유인원은 사회적 동기, 사회관계, 언어 등을 동시적으로 발달시키고 이것이 상호간 발전을 촉진함으로써, 비로소 사회적 존재인 사람이 될 수 있었던 것이다.

여기서 중요한 것은, 인류가 자연에서 분리될 때 개인 단위가 아니라 사회를 단위로 해서 분리되었다는 사실이다. 사람은 비록 자연에서 분리되기는 했지만 사회 속에서 살게 되었으므로 고립감이 심해질 까닭이 없다. 나는 계급사회가 등장한 이후로도 지배-피지배, 착취-피착취 관계를 제외한 공동체 성원들 사이의 관계는 기본적으로 우호적이고 협동적인 관계였기 때문에 고립감이 크게 문제되지 않았을 것이라고 생각한다.

한국 사회만 보더라도 본격적으로 자본주의화가 추진되기 이전, 즉 다수의 한국인들이 농촌공동체를 중심으로 생활하던 시절에는 고립감이 별로 문제가 되지 않았다. 농촌공동체를 해체해 사람을 각각의 개인으로 분리시키고 사람 사이의 관계를 경쟁 관계로 변질시킨 자본주의 사회가 확고히 자리 잡게 되면서, 비로소 한국인들 사이에서 고립감은 본격적으로 심해졌다. 고립감이나 무력감이 사람에게 치명적인 것만큼은 사실이다. 고립감과 무력감을 줄어들게 하려면 건강한 사회가 필수적이다. 개인은 공동체에 소속되어 이웃을 사랑하면서 살 수 있어야 고립감에서 벗어날 수 있고, 공동체로 뭉쳐서 자연과 사회를 개조해나가야 무력감에서 벗어날 수 있다. 한마디로 하나의 개인은 고립적이고 무력하지만, 공동체를 중심으로 연대하고 단결한 개인들은 고립감과 무력감에서 해방될 수 있다는 것이다.

사람은 세상에 첫발을 내디딜 때부터 줄곧 사회적 관계 속에서 산다. 인류가 탄생했던 그 시점부터 사회적 존재였던 사람에게 항상 문제가 되었던 것은 자연과의 분리가 아니라 사회로부터의 분리였다. 즉 인류가 탄생한 이래 사람에게 가장 큰 화두는 사회로부터의 분리 혹은 고립이었던 것이다. 사람이 사회에서 분리되어 있으면 사회적 생존이 불가능할 뿐만 아니라, 사람에게 가장 중요한 사회적 동기들을 원만히 실현할 수가 없다. 신분제로부터 자유로워지고 싶은 동기만 놓고 보더라도, 그것은 고립된 한 개인의 힘만으로는 실현할 수가 없다. 이렇게 사람은 사회적 존재이기 때문에 사회로부터의 고립을 그다지도 두려워하는 것이다. 프롬 역시 사람이 자연으로부터 분리된 것이 사람의 실존적 상황 혹은 사람의 모순을 만들어냈다고 주장하면서도, 그 해법으로 자연과의 조화보다는 타인들과의 새로운 결합을 더 많이 강조하고 있다.

> 다른 사람들과의 일체화를 경험하려는 인간의 욕망은 인간의 특징인 독특한 존재 조건에 뿌리박고 있으며, 인간 행동의 가장 강렬한 동인 가운데 하나이다. 본능적인 결정 요소의 최소화와 이성적 능력의 최대화를 조합함으로써 우리 인간은 본래 있었던 자연과의 일체성을 상실했다. 따라서 완전한 고립감―그것은 실로 우리를 정신이상에 빠지게 할 것이다―을 느끼지 않기 위해서는 동포와 자연과의 새로운 결합을 찾아내야만 했다.[65]

'다른 사람들과의 일체화' 혹은 '동포와의 새로운 결합'이 인간 행동의 가장 강렬한 동기 가운데 하나라는 프롬의 말은 전적으로 옳다. 사람은 오직 사회관계 속에서만 살아가고 발전할 수 있는 사회적 존재이기 때문이다. 하지만 동물적 본능의 최소화와 인간 본성의 핵인 사회적 속성―이성적 사고 능력을 포함하는―으로 인해 자연과의 일체성을 상실했다는 주장은 잘못이다. 앞에서도 지적했듯이, 동물이 자연에 대해 일체감을 느낀다고 볼 하등의 이유가 없으며, 일단 자연계에서 분리된 이상 사람이 자연과 다시 결합할 방법은 전혀 없기 때문이다. 물론 자연을 일방적으로 착취한 결과인 환경 파괴와 같은 현상을 거론하면서 자연과의 관계를 재정립해야 한다고는 말할 수 있겠지만, 그것은 자연에 대한 일체감 회복과는 별개의 문제이다. 자연에 대한 일체감의 회복은 인류가 이성적 능력을 상실해 다시 동물이 되어야만 비로소 가능한 것이기 때문이다.

지금까지 살펴보았듯이, 프롬은 사람이 자연계에서 벗어나 사회적 존재가 된 것을 축복이자 저주로 보았다. 그러나 이것은 사람이 자연으로부터 분리될 때 개인이 아닌 사회를 단위로 해서 이루어졌다는 역사적 사실을 간과한 잘못된 견해이다. 한 개인과 '사람'이라는 유적 개념을 혼동하는 잘못은 프롬의 이론 곳곳에서 발견된다. 예를 들면 그는 한 개인과 환경을 대비하는 행동주의 심리학자들처럼 '사람 일반과 세계와의 관계'를 '한 개인과 세계와의 관계'와 자주 혼동하고 있다.

비이성 대 이성의 오류

프롬은 동물이 무자각 상태에 있기 때문에, 즉 의식이나 이성적 사고 능력이 없기 때문에 수준 높은(?) 괴로움을 체험할 수 없다고 보는 듯하다. 동물은 자의식도 없고, 자신이 죽는다는 사실도 모르고, 자신이 보잘것없고 무력하다는 사실도 모르니 괴로울 게 없다는 것이다. 반면에 똑똑한 사람은 자의식도 있고, 자신이 죽는다는 사실도 알고, 자신이 보잘것 없고 무력하다는 사실도 안다. 그래서 자연을 초월하기는 하지만 엄청난 괴로움에 시달리게 된다.

> 사람에게는 다른 동물과 마찬가지로 직접적이고 실제적인 목적을 달성하기 위해 사고 과정을 이용하게 하는 지능이 있지만 다른 동물은 갖지 못한 또 하나의 정신적 특성이 있다. 사람은 자기 자신을 알고, 과거와 미래(이것은 죽음이다)를 알고, 자신이 보잘것없고 무력하다는 것을 알고 있다. …… 사람은 처음으로 삶을 삶 자체로 자각하는 자이기 때문에 그 밖의 모든 다른 삶을 초월한다. 사람은 자연 속에 있고 자연의 명령과 우발적 사건에 묶여 있지만 동물을 자연의 한 부분으로(자연과 한 몸으로) 만드는 무자각 상태에 있지 않기 때문에 자연을 초월한다.[66]

프롬의 이런 견해 역시 쉽게 동의하기 어렵다. 우선 자의식이 있다는 것, 그리고 자신의 생이 유한하다는 것을 안다는 것이 괴로움의 진정한 원천이란 말인가? 사람과 같을 수는 없겠지만 동물 역시, 특히 무리 생활을 하는 동물들의 경우에는 무리에서 홀로 떨어지면 고립 혹은 분리에서 비롯되는 고통을 느낀다. 사람에 비하면 자의식이 거의 없다고 해도 무방한 늑대나 개, 원숭이 등에게도 분리 불안이 있다는 것은 익히 잘 알려진 사실이다. 또한 자신이 죽는다는 사실을 아는 것 자체가 사람에게 큰 고통이나 걱정거리가 아니라는 것은 여러 심리학 연구들에 의해 밝혀졌다. 예를 들어 한 임상적 연구에 의하면, 자기의 삶에 만족하는 사람일 수록 죽음을 담담하게 받아들이는 반면, 그렇지 않은 사람일수록 죽음을 두려워한다고 한다. 한마디로 죽음에 대한 공포나 인생의 유한함에 대한 한탄은 죽음 그 자체가 아니라 자기의 삶을 얼마나 가치 있는 것으로 인식하는가와 관련이 있다는 것이다.

마지막으로, 사람이 보잘것없고 무력하다는 것을 아는 것과 관련된 고통은 주로 사회에서 고립되어 있는 개인에게 고유한 것이지 모든 사람이 항상 체험하는 고통은 아니다. 민중 봉기나 사회혁명 등에 참여했거나 그것을 지켜본 이들은 단결된 사람의 힘이 얼마나 강력한지를 체험할 수 있었고, 역사의 교훈을 볼 줄 아는 사람들 역시 한 개인은 보잘것없고 무력할 수 있지만 각성되고 조직화된 사람들의 힘은 위대하다는 사실을 알고 있다.

마르크스가 사람의 본성을 자유로 규정했던 것 역시 인류 역사에서 사람이 일관되게 자유를 쟁취하기 위한 투쟁을 벌여왔기 때문이었다. 만일 마르크스가 사람 일반과 개인을 혼동했다면 그는 사람의 본성을 감히 자유라고 주장하지 못했을 것이다. 프롬이 말한 대로 한 개인은 얼마든지 보잘것없고 무력할 수 있다. 그러나 그것이 사람 일반의 본성은 아니다. 이런 점에서 프롬이 사회적 존재로서의 사람의 본성을 규명하겠다는 초기의 문제의식으로부터 이탈해 실존주의적인 인간 본성—거대하고 두려운 세계와 마주하고 있는 고립되고 무력한 한 개인의 본성—으로 나아간 것은 참으로 유감스럽다.

프롬이 '사람은 사회적 존재이다'라는 마르크스주의적 인간관에서 '사람은 생물학적 존재인 동시에 사회적 존재이다(이성을 가진 동물)'라는 인간관으로 후퇴하고, 그 결과 '사람의 모순'을 인간 본성으로 규정하는 잘못을 범하게 된 근본 원인은 프로이트주의에 있다. 물론 프롬은 프로이트주의를 강하게 비판했던 심리학자이지만, 안타깝게도 프로이트주의의 잘못된 이론들—특히 프로이트주의의 인간관—을 모두 다 전면적으로 거부하지는 못했다.

프로이트는 사람의 비극을 동물적 본능인 원초아id와 이성의 상징인 자아ego 사이의 갈등에서 찾았다. 원초아의 충동을 자아는 어쩔 수 없이 억압해야 하므로 양자는 서로 갈등하는데, 프로이트는 그것을 신경증의 원인이자 인간 존재의 온갖 비극을 양산하는 원천으로 이해했다. 프로이트가 생물학적 존재의 본능인 원초아와 사회적 존재의 상징인 자아 사이의 모순을 '사람의 모순'으로 이해했다면, 프롬은 말 그대로 동물과 사람 사이의 모순(생물학적 존재와 사회적 존재 사이의 모순)을 '사람의 모순'으로 이해했다. 이런 점에서 사실상 프롬의 '사람의 모순'에 관한 이론이란, 전통적인 서구 사회의 인간관인 '비이성(동물) 대 이성(사람 혹은 신)'을 계승한 프로이트주의의 인간관을 재포장한 것에 지나지 않는다. 그러나 사람이 사회적 존재라는 것은, 사람에게 본질적인 것은 사회적 속성이고 동물적 속성은 부차적임을 의미한다. 따라서 사람을 생물학적 존재와 사회적 존재가 병렬적으로 혼합된, 혹은 두 가지가 같은 비중을 차지하면서 대등하게 갈등하는, 이도 저도 아닌 존재로 규정하는 프롬의 인간관은 전적으로 잘못이다.

프로이트주의의 잘못된 인간관에서 완전히 벗어나지 못했기 때문에 프롬은 인류가 평소에는 원초아의 억압에 성공하더라도 '전쟁, 천재지변, 사회적 분열 같은 특별한 환경에 의해 쉽게 통로가 열려 억압된 원초적 충동이 분출할 수 있다'고 우려했으며, 심지어는 '모든 사람이 전진적 단계에 도달'하는 경우에도 '원초적 잠재력이 완전히 사라'지지는 않을 것이라고 주장했다.[67] 동시에 이성의 계발을 해결책으로 강조했던 프로이트처럼 '인간은 자기가 자연의 주인, 자기 자신의 주인이 될 때까지 자기의 이성을 계속 발전시켜 나가지 않으면 안 된다'[68]고 강조했다.

이런 자기모순적인 입장은 '원초아가 있는 곳에 자아가 있게 하라'며 이성을 계속 발달시켜 이드를 통제해야 한다고 주장했던 프로이트와 완전히 동일하다. 결국 프롬은 프로이트주의의 오류와 단호하게 결별하지 못했기 때문에, 프로이트주의의 인간관으로 마르크스주의의 인간관을 오염시킴으로써 '사회적 존재'인 사람의 본성을 규명하는 데 실패했다.

그렇다면 인간의 본성이란 무엇인가?

만일 '사람은 사회적 존재'라는 입장에 확고히 선다면, 인간 본성을 어떻게 이해하는 게 옳을까? 사회적 존재로서의 인간 본성, 사람의 근본 속성을 규명하려면 무엇보다 사람과 세계와의 관계를 연구해야 한다. 왜냐하면 어떤 존재의 속성은 외부 세계와의 관계—마르크스가 말한 생명 활동 방식도 외부 세계와의 관계 속에서 나타난다—에서만 드러나기 때문이다. 예를 들어 물이 불을 끄는 속성을 가지고 있다는 사실은 두 눈 부릅뜨고 물을 들여다보거나 물을 이리저리 해부해봐도 절대로 알 수 없다. 그 속성은 물이 불과 관계를 맺는 모습을 통해서만 확인할 수 있다.

사람—한 개인이 아니라 사람 일반을 의미한다—이 외부 세계와 관계를 맺는 방식 가운데 가장 두드러진 것은, 사람은 노예이기를 거부하고 주인이 되려 한다는 것이다. 마르크스가 '자유'를 사람의 본성으로 꼽은 것도 바로 이와 관련이 있다. 프롬은 서구의 철학적 전통에 따라 자유를 '……로부터의 자유freedom from'와 '……로 향하는 자유freedom to'로 구분했다. 사람이 어떤 구속이나 예속으로부터 자유로워지려 하고 나아가 자신이 바라는 것을 추구할 자유를 원하는 것은 그가 노예가 아닌 주인이 되려고 해서이다. 주인이 되기를 원하는 사람은 그 어떤 구속이나 예속도 허용하지 않으며, 주인으로서의 지위와 역할을 강화하기 위해 계속 노력하기 마련이다. 이런 점에서 두 가지의 자유를 모두 추구하는 사람의 속성이란 본질적으로 '주인이 되려는' 속성이라고 말할 수 있다. 사람은 이 속성을 획득함으로써 세계에 단지 적응만 하는 동물적 존재로부터 세계를 지배하고 개조하는 사회적 존재로 전환될 수 있었다. 주인이 되려는 속성은 동물에게서는 전혀 찾아볼 수 없는, 사회적 존재인 사람만이 가지고 있는 속성인 동시에 사람의 숱한 속성들 가운데 가장 중요한 근본 속성이다.

마르크스는 '자유' 외에도 '의식적인 활동'을 인간의 본성으로 언급했다. 사람은 본능에 의해 지배당하는 생물학적 존재가 아니라 '의식'을 통해 스스로를 지휘하고 통제하는 사회적 존재이다. 엄밀한 의미에서 의식이 없다고 말할 수 있는 동물은 항상 본능에 따라 세계에 적응만 하면서 살아가면 된다. 반면 본능에 의해서가 아니라 자신이 원하는 바대로 살아가려는 사회적 존재는 세계와 자기 자신을 인식할 수 있어야 할 뿐만 아니라 스스로를 지휘하고 통제할 수도 있어야 한다. 이를 위해서 사람은 의식을 창조했고, 의식의 힘을 이용해 세계를 인식하고 스스로를 지휘·통제할 수 있게 되었다. 사람은 의식이 변화하면 행동도 변화한다. 의식의 변혁이 곧 사고와 행동을 포함하는 실천에서의 변혁으로 이어지는 것이다. 실천에서의 변혁은 새로운 인식과 경험을 가능하게 해주므로 그 과정에서 사람은 한 단계 더 성장한다. 이와 관련해 마르크스는 《헤겔 법철학 비판》에서 '사회변혁을 위한 혁명을 통해 인간은 스스로를 변화시킨다'고 말하기도 했는데, 이를 좀 도식적으로 정리해보면 다음과 같다.

사회변혁을 원한다 → 사회변혁을 원한다는 사실이 의식에 반영(혁명사상 혹은 사상혁명) → 의식을 이용해 스스로를 지휘·통제 → 변혁적 실천 → 실천 과정에서 인식하고 경험한 것들이 새롭게 의식에 반영 → 의식의 변화 → 사람의 성장, 발전 → 더 높은 수준의 사회변혁을 원한다.

사람에게 의식을 통해서 스스로를 지휘하고 통제하는 속성이 없으면 위와 같은 선순환은 불가능하다. 또한 정신분석학적 치료의 밑바탕에 깔려 있는 '의식의 힘을 키워 무의식을 지배한다'는 발상 역시 불가능하다. 그래서 사회 개혁가들은 사회 모순을, 심리 치료자들은 무의식을 의식화해야 한다고 그다지도 강조해왔던 것이다.

비록 마르크스가 명확히 언급하지는 않았지만, 사람과 세계와의 관계에서 반복적으로 관찰되는 또 하나의 중요한 근본 속성은 세계를 개조하고 변혁하는 속성이다. 사회적 존재는 동물과는 달리 자신이 원하는 바에 따라 목적의식적으로 세계를 개조·변혁한다. 이런 속성이 있었기 때문에 사람은 자연을 개조하면서 생산력과 과학기술을 발전시켜왔고, 사회를 개조하면서 더 나은 사회를 건설해왔고, 스스로의 정신을 개조하면서 진보적인 사상이론을 발전시켜올 수 있었다. 만일 사람에게 이런 속성이 없었다면 원시시대의 세계와는 엄청나게 달라진 오늘날과 같은 발전된 세계는 존재할 수 없었을 것이다. 따라서 세계를 목적의식적으로 개조·변혁하는 속성을 '생산적 속성'으로 지칭하든 아니면 '변혁적 속성' 혹은 '창조적 속성'으로 지칭하든, 이 속성이 사회적 존재의 근본 속성임은 분명하다. 나는 프롬이 '생산성은 정서적으로 불구가 아닌 한 모든 인간에게 주어진 성향이다'[69]라고 주장했던 것이 이것과 상당 부분 관련이 있다고 생각한다.

지금까지의 논의를 종합해보면, 사회적 존재로서의 인간 본성은 세 가지 근본 속성으로 집약할 수 있다. 즉 노예가 아닌 주인이 되려는 속성(마르크스 식으로 표현하면 자유롭게 활동하려는 속성), 세계를 목적의식적으로 개조하고 변혁하는 속성, 의식을 이용해 세계와 자기 자신을 인식하고 스스로를 지휘·통제하는 속성이다. 이 세 가지 속성이야말로 사람의 근본 속성이자 인간 본성이다.

정신분석학과
인격

나의 행동은 목적을 위해 쓰는 가면에 불과하다
―――――――――――――
――――――――――――――――

사람의 동기는
무엇으로
이루어지는가?

사회적 구조야말로 사람의 운명
――――――――――
――――――――
――――――――――
――――――――
――――――――

사회적 성격과
무의식

진실에 대한 지식은 거의 다 무의식이다
―――――――――――――――
――――――――

인간의
동기

제2부

현대인들은 자본주의 사회가 사람의

병적인 동기를 부추기고 있다는 사실을 알고 있을까?

절대 다수의 심리학자들조차 진정한 동기와 인위적 동기를

구분하지 못하고 있으니 일반인들은 더 말할 필요가 없을 것이다.

다수의 현대인들은 몹시 고통스러워하면서도

그것이 인간의 본성적 동기의 좌절에서 비롯된 것임을 자각하지 못하고 있으며,

인위적 동기를 진정한 동기로 착각한 채 살아가고 있다.

근현대인들은 '자기가 바라는 것을 알고 있다는 환상 속에 살고 있으나,

실제로는 바라도록 되어 있는 것을 바라는 데 불과하다'.

1 정신분석학과 인격

나의 행동은
목적을 위해 쓰는
가면에 불과하다

한국에서는 통상적으로 'Personality'를 '성격'이라고 번역한다. 물론 미국 심리학에서는 Personality가 주로 '개인차'를 의미하므로 이를 성격으로 번역한다고 해도 그다지 문제가 되지는 않는다. 그러나 정신분석학에서는 Personality를 개인차가 아닌 '전체적인 심리 구조'라는 의미로 사용한다. 따라서 그것을 성격으로 번역하면 정신분석학적 의미가 제대로 전달되지 않을 위험이 있다. 사실 나는 정신분석학의 Personality라는 개념은 '정신 구조' 혹은 '심리 구조'라고 번역하는 것이 원래의 뜻에 가장 부합된다고 생각하지만 여기에서는 편의상 '인격'으로 통일하기로 한다.

정신분석학에서는 인간 심리를 올바로 이해하려면 사람의 전체적인 인격을 파악해야 한다고 강조한다. 사람의 사고와 행동이 기본적으로 인격에 의해 좌우된다고 보기 때문이다. '인간은 그 인격에 의해, 일정한 방식으로 행위하고 생각하려고 하는 동기를 갖는 동시에, 그렇게 했다는 사실 때문에 만족하는 것이다'[1]라는 프롬의 말은 이러한 정신분석학적 입장을 잘 보여주고 있다.

인격을 중심으로 인간을 바라보는 정신분석학적 관점은 미국의 행동주의 심리학과는 거의 정반대에 있다. 행동주의 심리학은 사람의 행동이 곧 심리라고 생각한다. 즉 누군가가 A라는 행동을 했다면 그는 A라는 심리를 갖고 있다는 식으로, 행동 대 심리를 일대일로 대응시키는 것이다. 그러나 사람은 행동주의 심리학에서 생각하는 것처럼 단순한 존재가 아니다.

> 나의 행동은 …… 보통 내가 가지고 있다가 목적을 위해 쓰는 가면에 불과하다. 행동주의는 이 가면을 마치 신뢰할 수 있는 과학적인 자료처럼 다룬다. 진정한 통찰은 내적 현실에 초점을 맞추지만, 그것은 보통 의식할 수도 직접 관찰할 수도 없는 것이다.[2]

오직 사람의 행동만을 중시하면서 '행동이 곧 심리'라고 주장하는 행동주의는 내면의 심리를 올바로 들여다볼 수 없다. 그렇기 때문에 프롬은 '행동과 인격의 엇갈림, 가면과 그것이 가리는 현실의 엇갈림은 프로이트가 정신분석에서 성취한 주요 성과'[3]라고 평가했던 것이다.

인격을 중심으로 인간을 바라보는 정신분석학적 관점은 또한 미국의 인지주의 심리학과도 반대된다. 행동주의 심리학의 뒤를 이은 인지주의 심리학은 사람이 기본적으로 지식이나 신념에 의해서 좌우되는 존재라고 주장한다. 한마디로 인간 심리의 핵은 지식이라서 사람이 어떤 지식을 가지고 있는가에 따라 사고와 행동이 좌우된다는 것이다. 예를 들면 이웃에 대해 '저 사람은 부도덕해'라는 등의 부정적인 지식을 가지고 있는 사람은 그를 의심하고 비난할 것이다. 사실 이런 견해, 즉 인간 심리가 지식에 기초한 사고에 의해서 결정된다는 견해는 일반적 통념이라고 할 수 있다. 일반인들은 '사고란 보통 전적으로 지적인 행위이므로 인격 구조와는 별개의 것'이라고 믿는다. 그러나 정신분석학적 관점에 의하면 '사상은 사고 작용에 포함되어 있는 순전히 논리적인 요소 외에 사고하는 인간의 인격 구조에 의해 크게 영향받는다'.

정신분석학은 대부분의 지식이 '저마다 하나의 감정적인 핵심을 가지고 있으며' 그 '감정적인 핵심은 개인의 인격 구조에 뿌리내리고 있다'고 생각한다.[4] 뒤에서 살펴보겠지만, 프롬은 '감정적인 핵심'을 단지 감정만이 아닌 동기와 감정을 모두 포괄하는 의미로 사용하고 있다. 결국 정신분석학은 지식이 차지하는 중요성을 부정하지는 않지만 인간 심리의 핵을 지식이 아니라 '동기와 감정'으로 보고 있다는 것이다.

전통적인 정신분석학에 의하면 '일반적으로 성적인 본질을 지닌 어떤 본능적 충동의 승화 또는 반동 형성'[5]으로서 인격이 형성된다. 즉 프로이트는 성 본능이 어떻게 변형되는가에 따라 인격이 결정된다고 본 것이다. 반면에 프롬은 인격을 '유년 시절에 주변 사람들과 맺은 인간관계의 결과이며, 특히 그 형성을 촉진하는 사회적 조건의 산물'이라고 주장했다.[6] 그는 인격 형성에서 성 본능이 차지하는 결정적인 영향력에 관한 프로이트의 견해를 반대하고, 인격이 주로 유년기 경험이라고 할 수 있는 개인사와 사회적 영향에 의해서 형성된다고 주장했던 것이다.

인격은 체계다
: 인간 심리에 관한 구조적 관점

프롬의 저서들을 읽는 독자들은 그가 다소 과하다고 생각될 만큼 '구조'라는 개념을 애용한다는 사실을 발견할 수 있을 것이다. 예를 들면 그는 거의 예외 없이 인격, 심리, 사회라고 하기보다는 그 뒤에다 '구조'라는 개념을 덧붙여 인격 구조, 심리 구조, 사회 구조라고 서술한다.

구조란 '대상을 이루는 구성 요소들의 배열 상태와 그것들의 연관과 결합 방식의 총체'를 의미한다. 책상이라는 대상은 기본적으로 상판과 네 개의 다리라는 구성 요소를 가지고 있다. 그런데 이때 상판이 네 개의 다리 아래쪽에 배열되거나 네 개의 다리들이 일직선으로 연관되어 있다면 그것은 이미 책상이 아니다. 책상은 네 개의 다리가 각각의 모서리에서 상판을 떠받치고 있는 식으로 구성 요소들이 배열되거나 연관되어야 한다. 이런 식으로 어떤 대상은 그 대상에 고유한 구조를 가지고 있다. 이쯤 얘기하면 프롬이 왜 '구조'라는 말을 그렇게 애용했는지 짐작이 갈 것이다. 그는 인간 심리에는 여러 구성 요소들이 포함되어 있으며, 그러한 구성 요소들이 안정적으로 구조화되어 있다고 생각했다.

> 내가 말하고자 하는 것은 인격—혹은 하나의 조직—이 하나의 체계라는 것이다. 인격이라는 것이 말하자면 부분들의 단순한 합이 아니라, 하나의 체계라는 것이다. …… 체계는 그 자체가 응집력을 가지고 있다. 체계 자체가 그 자신을 계속 유지시키기 때문에 그것은 변화를 거부한다. …… 만일 치료자가 이 체계에 조그만 변화를 만들어내더라도, 그것은 별

로 크게 변하지 않는다. …… 슬럼을 변화시키려면 전 체계를 다 변화시켜야 한다 ― 한꺼번에 수입, 교육, 건강, 사람들의 생활을 완전히 다르게 변화시켜야 한다. …… 개인 역시 체계 혹은 구조라고 할 수 있다. …… 오직 인격의 아주 기본적이고 근본적인 변화만이 장기간에 걸친 변화를 이루어낼 수 있다…….[7]

인간 심리는 부분적인 심리적 파편들의 단순한 합이 아니다. 따라서 인간 심리를 올바로 이해하려면 그 구성 요소들만이 아니라 전체적인 구조를 파악해야 한다. 인간 심리의 구성 요소들은 유동적인 구조가 아닌 안정적인 구조로 서로 단단히 결합되어 있다. 따라서 구성 요소 하나만을 변화시켜서는 인간 심리를 변화시킬 수 없다. 그것은 오직 인간 심리의 전체적인 구조가 변화할 때에만 가능하다.

비록 프로이트가 노골적으로 변증법을 언급하지는 않았지만, 정신분석학은 인간 심리가 단일한 구성 요소가 아닌 다양한 구성 요소를 포함하고 있으며 그 구성 요소들이 비교적 안정적으로 구조화되어 있다는 변증법적 견해에 입각해 있다. 프롬 역시 변증법적 세계관을 자신의 철학적 배경으로 삼고 있어서 정신분석학적 인격 이론의 뼈대를 그대로 계승했다. 그렇다면 인간 심리를 포함해서 어떤 대상을 연구할 때 구조적 관점을 채택해야 하는 까닭은 무엇일까?

첫째, 세상 만물이 모두 구조적으로 연관되어 있기 때문이다. 변증법적 세계관에 의하면 세상 만물은 모두 연관되어 있다. 물 한 방울, 사람 하나하나, 하나의 사회가 모두 자체 내에 자기만의 독특한 구조를 가지고 있으며 물, 사람, 사회는 서로 연관되어 있다. 만일 어떤 대상에 고유했던 한 구조가 깨진다면, 그 대상은 더 이상 그것이 아니게 된다. 예를 들면 뇌 중심의 유기체적 구조가 파괴되어 발 중심의 구조로 바뀐다면 고등 생물은 더 이상 고등 생물이 아닌 것이다. 이렇게 특정 대상을 그것이게끔 해주는 구조는 반드시 필요하므로 생명체는 오직 구조를 통해서만 발전하고 성장할 수 있다.

> 인간은 특유의 구조로 — 다른 어떤 종과 마찬가지로 — 되어 있으며, 이 구조를 통해서만 성장할 수 있다.[8]

이 문장에서 프롬은 대뇌피질의 차이를 제외하고는 동물과 본질적으로 같다고 할 수 있는 사람의 신체적 구조를 언급하고 있다. 하지만 인간 심리는 사람의 신체적 구조를 아는 것만으로는 이해할 수 없다. 왜냐하면 인간 심리는 기본적으로 신체적 구조가 아니라, 프롬 식으로 말하면, 사회 구조에 의해서 결정되기 때문이다. 따라서 사람이 사람 특유의 구조를 통해서만 성장할 수 있다는 말은, 사람이 신체적 구조를 통해서가 아니라 사회적 구조—사회관계가 가장 중요하다—를 통해서만 성장할 수 있다는 의미로 재정의되어야 한다. 즉 '사람 특유의 구조'란 본질적으로 (인간 심리 안에 반영된) '사회적 관계'일 수밖에 없다는 것이다. 정신분석학이 구조적 관점을 중시하는 이유도 심리학의 연구 대상인 인간 심리가 구조를 가지고 있기 때문이다.

> 마르크스는 사회를, 서로 모순되고는 있지만 검증할 수 있는 여러 가지의 힘으로 성립되는 복잡한 구조물로 보았다. …… 프로이트는 정신적 존재

로서의 인간이 여러 힘으로 이루어진 구조물이라는 것, 그 힘의 대부분은 서로 모순되며 에너지를 안고 있는 것을 발견했다.[9]

둘째, 구조적 관점을 통해서만이 인간 심리를 통합적으로, 전체적으로 볼 수 있다. 프롬이 지적했듯이, 인간 심리는 안정적으로 구조화되어 있으며 한두 개의 구성 요소가 아닌 전체적 구조가 심리 현상을 만들어낸다. 따라서 부분적인 인간 심리들을 잘 안다고 하더라도 그것을 전체적인 구조 속에서 바라보지 못하면 인간 심리를 올바로 파악할 수 없다. 흔히 하는 비유를 들면, 코끼리 다리를 전체적인 구조 속에서 바라보지 못하면 그것을 '굵은 나무' 따위로 오해하기 십상이다. 더욱이 코끼리의 사고나 행동을 결정하는 것은 코끼리 다리가 아니라 코끼리 그 자체이다. 관람객이 코끼리를 괴롭히면 코끼리가 어떻게 반응할지를 결정하는 것은 전체로서의 코끼리이지 코끼리 다리가 아니라는 것이다.

이것은 인간 심리를 올바로 이해하려면 사람의 전체적인 심리 구조가 만들어내는 경향성 혹은 지향성을 파악하는 것이 중요함을 의미한다. 예를 들면 누군가에게 착한 사람을 좋아하는 심리가 부분적으로는 있다 하더라도 그의 전체적인 심리 구조가 돈에 과도하게 집착하는 동기를 중심으로 구조화되어 있다면, 그는 착한 사람이 아닌 돈 많은 사람과 결혼하려 할 것이다. 이런 맥락에서 프롬은 전체적인 심리 구조에서 비롯되는 지향을 찾아내는 것이 중요하며, 그런 지향은 한두 영역만이 아니라 모든 영역에서 일관되게 표출될 것이라고 보았다.

사랑의 영역에서는 생산적이고 그 밖의 모든 영역에서는 비생산적이라는 방식으로 우리의 생활을 분리시킬 수 있다고 믿는 것은 환상이다. 생산성은 이러한 분업을 허용하지 않는다. …… 다른 분야에서 비생산적이라면, 우리는 사랑에 있어서도 생산적일 수 없다.[10]

인간 심리에 관한 구조적 관점은 사람들이 겉으로 말하고 행동하는 것과는 달리 실제로는 무엇을 믿고 있으며 어떤 행동을 원하는지를 알 수 있게 해준다. 강한 힘에 의존하려는 동기를 중심으로 심리가 구조화되어 있는 한 자영업자가 있다고 해보자. 새누리당이 극소수 특권층만을 대변하는 정당임을 알게 된다면, 그는 어느 정도까지는 새누리당을 욕할지도 모른다. 그러나 그의 새누리당 지지 성향은 좀처럼 변하지가 않아서 선거 때만 되면 새누리당에 투표하는데, 이는 새누리당이 집권하면 재벌들이 돈을 많이 벌게 되고 경기도 좋아질 거라고 막연히 기대해서이다. 의존하려는 동기가 강한 사람은 스스로의 힘을 믿는 대신 권력이나 부의 힘에 기대고 의지하므로, 삶에 대한 그의 태도는 거의 변하지 않는다. 이런 식으로 사람들은 자기들의 심리 구조에 기초해서 특정한 사상이나 이론을 받아들인다.

어떤 한 사람의 인격 구조에 뿌리를 박고 있는 의견만이 그 인격 자체의 힘을 반영하는 것이며, 오직 그와 같은 의견만이 '확신'으로 변하는 것이다. …… 관념의 '효과'는 위기적 상황에 처해서는 그 사람의 인격 구조에 크게 의존하게 된다.[11]

인간 심리에 관한 정신분석학의 구조적 관점은 프로이트의 심리 구조론에 잘 나타나 있다. 그는 처음에는 인간 심리가 의식, 전의식, 무의식으로 구조화되어 있다고 주장했으나 후기에는 원초아, 자아, 초자아로 구조화되어 있다고 입장을 변경했다. 프롬은 프로이트의 심리 구조론에 대해서는 별다른 언급을 하지 않았고, 자기만의 심리 구조론을 만들지도 않았다. 그러나 그렇다고 해서 프롬이 프로이트의 심리 구조론을 그대로 계승했다고 보기는 힘들 것 같다. 왜냐하면 그는 인간 심리를 논할 때, 그것을 주로 동기, 감정, 지식으로 구분하는 경향이 있기 때문이다.

물론 프롬이 인간 심리의 세 가지 구성 요소를 동기, 감정, 지식이라고 명확하게 말한 적은 없지만, 그가 암묵적으로 혹은 무의식적으로는 그런 구분에 동의하고 있었다고 가정할 만한 근거들이 있다. 예를 들면 프롬은 로봇화한 인간의 거짓된 심리를 다루면서 그것을 각각 거짓 생각, 거짓 감정, 거짓 욕구[12]로 구분해 설명하고 있다. 여기서 생각은 지식(혹은 지식을 주로 이용하는 사고)과 유사한 개념이고 욕구는 동기에 포함되는 개념인 만큼 그의 서술 방식은 인간 심리를 동기, 감정, 지식으로 구분하는 것과 본질적으로 같다. 다음과 같은 프롬의 언급도 같은 맥락이다.

> 우리의 문화에서 교육은 너무나도 자주 자발성이 배제되는 사태를 낳고, 교육에 의한 감정이나 사상, 그리고 욕구가 독창적인 정신적 활동을 대치하는 일이 실제로 자주 일어나고 있다.[13]

프롬이 자주 사용하는 충동, 열정, 의지, 의도, 욕구 등은 동기라는 개념으로 대치해도 내용상 별 문제가 없다. 사상, 생각, 사고 등을 지식이라는 개념으로 바꾸는 것 역시 마찬가지다. 이처럼 프롬이 인간 심리를 논하면서 그것을 각각 동기, 감정, 지식으로 구분해 다루었던 것은 이것이 인간 심리의 3대 구성 요소이기 때문이며, 그것을 프롬도 무의식적으로 알고 있었음을 시사해준다. 나 역시 예전부터 인간 심리를 인식 대상의 차이에 따라 내용적으로 구분할 경우 동기, 감정, 지식으로 구분된다고 명시적으로 주장해왔다.

인격의 배후에서 작용하는 힘
: 인간 심리에 관한 역동적 관점

인격이라는 정신분석학적 개념은 구조적 관점만이 아니라 역동적 관점에도 기초하고 있다. 사람에 대한 '역동적 개념이 프로이트 체계의 중심'이라는 프롬의 말에서도 알 수 있듯이, 정신분석학은 인간 심리를 역동적 관점에서 바라본다.

> 정신분석이란 무엇보다도 먼저 그것이 역동적 심리학임을 지적해야 한다. 그것은 인간의 행동·동작·감정·관념에 동기를 주는 정신적인 여러 힘들을 다루기 때문이다.[14]

프로이트는 '고도로 충전된 힘이 행동을 일으키고, 따라서 이 행동은 오직 이 힘을 이해함으로써 이해할 수 있고 예측할 수 있다'[15]고 주장했다. 강력한 성욕이 행동을 일으키므로 성욕에 대해 알아야만 인간 심리를 올바로 이해하고 예측할 수 있다는 것이다. 물론 프롬은 성 본능이 사람의 기본 동기라는 프로이트의 주장에 반대한다. 그러나 그것이 무엇이든 사람의 배후에서 작용하는 힘을 파악하는 것이 인간 심리를 이해하는 데 결정적으로 중요하다는 점에는 동의한다. 프롬은, 사람의 배후에서 작용하는 주된 힘을 프로이트는 '생물학적 욕구'로 보았고 마르크스는 '사회적·경제적인 역사의 힘'으로 보았다고 지적했다.[16] 이렇게 배후의 힘이 무엇인지에 대해서는 의견이 달랐지만 그것의 중요성을 인정했다는 점에서, 프로이트와 마르크스는 모두 역동적 관점에 기초해 인간 심리를 바라보았다고 말할 수 있다.

프롬이 '배후에서 작용하는 힘'이라는 표현을 사용했던 것은 그 힘이 대체로 무의식적인 힘이기 때문이다. '사람의 행동은 언제나 자신의 인격에 작용하는 (대체로 무의식적인) 힘들에 바탕을 둔 경향에 의해 일어난다'[17]는 말이 보여주듯, 그는 사람들이 일반적으로 심리적 힘을 의식하지 못한다고 생각했다. 따라서 무의식적인 힘은 경우에 따라서는 당사자의 '의식적 사고와 서로 모순'될 수도 있다.[18]

그렇다면 배후적인 힘이란 과연 무엇일까? 프롬은 배후적인 힘, 무의식적인 힘이 작용하는 예를 들면서 다음과 같이 말했다.

> 그는 자신의 욕망은 알고 있지만 그 밑바닥에 깔린 힘은 모르기 때문이다. …… 그는 참된 동기를 모르기 때문에 참된 동기에 따라 행동하면서도 그 밖의 좀 더 합리적인 다른 동기에 따라 행동하고 있다는 환상을 갖는다.[19]

이 언급이 시사해주듯이, 프롬은 그 '힘'을 동기라고 생각했다. 그리고 그런 생각을 때로는 '힘을 아는 것', '이것은 무의식적인 욕구의 발견을 뜻한다'[20]라고 다소 명확하게 드러내기도 했고, 때로는 인격의 연구란 '인간에게 동기를 부여하는 힘'을 연구하는 것이라고 규정하는 식으로 우회적으로 표현하기도 했다. 또한 프롬이 즐겨 사용하는 욕구, 충동, 소망 등도 모두 동기에 포함되는 개념이거나 그것과 밀접한 관련이 있는 개념이므로 그가 '힘'을 곧 동기라고 생각했다고 보아도 무방할 것 같다. 즉 프롬은 프로이트의 의견에 완전히 동의하지는 않았지만, 역동적인 개념의 계승을 '동기가 배후의 힘'이라는 입장을 고수하는 것으로 이해했던 것이다.

> '인격'이란 용어는 프로이트가 말하는 역동적인 의미에서 사용되고 있다. 한 인간의 모든 행동 양식의 특성이 아니라 행동을 하게 하는 주요한 충동의 문제이다. 근본적인 추진력을 성적인 것으로 규정한 프로이트의 경우, '구순적' 인격, '항문적' 인격, '생식기적' 인격 등의 개념을 생각해냈다. 만일 사람들이 이러한 프로이트의 생각에 찬성하지 않는다면, 그는 다른 인격의 형태를 고안해내지 않으면 안 된다. 그러나 역동적인 개념은 그대로 남을 것이다.[21]

사실 엄밀히 말하자면 역동적 관점은 동기에 의해 유발된 감정을 반드시 포함해야 한다. 누군가와 친해지고 싶다는 동기가 그 사람에 대한 긍정적인 감정을 유발할 때라야 비로소 그것은 심리적인 힘이 되기 때문이다. 개신교가 후기 중세 봉건제 사회의 사람들에게 강력한 심리적 힘이 될 수 있었던 원인에 대해 프롬이 '그 사상이, 전파 대상이 되는 사람들의 인격 구조에 내재해 있던 욕구나 불안에 호소했기 때문이다. 다시 말해, 사상이 강력하게 될 수 있다는 것은 기존의 사회적 성격에서 현저하게 나타나는 특수한 인간적 욕구에 상응하는 경우에 한에서이다'라고 지적했던 것은 이와 관련이 있다.[22] '강한 동기에 부합되는 사상 → 강한 감정 반응 유발 → 심리적 힘'이라는 역동적인 흐름을 여기서 자세히 논하기는 어려우므로 이 정도로만 언급하기로 한다.*

프롬은 정신분석학에서 성욕설은 버렸지만 인간 심리에 관한 역동적 관점은 취했다. 그 결과 그는 사람의 배후에서 작용하는 기본적인 힘은 생물학적 힘이 아니라 '경제적·사회적·정서적인 힘'[23]이라고 주장하게 된 것이다.

지금까지 정신분석학에서 사용하는 '인격'이라는 개념이 '구조적 관점'과 '역동적 관점'에 기초하고 있음을 살펴보았다. 이 두 관점은 인간 심리를 이해하는 데 항상 견지해야 할 올바른 관점이다. 따라서 나는 여기에서 항상 이러한 구조적·역동적 관점에 기초해 논의를 진행해나갈 것이다.

---

* 이 주제에 관한 좀 더 자세한 논의는 김태형, 《누구에게나 어린 시절의 상처가 있다》, 21세기북스, 2013, 41~50쪽을 참고하라.

2 사람의 동기는 무엇으로 이루어지는가?

사회적
구조야말로
사람의 운명

인간 심리를 구성하는 요소 중에서 동기가 가장 중요하다고 보는 견해를 '동기론'이라고 정의할 수 있다. 성적 본능을 강조했던 프로이트만이 아니라 카를 구스타프 융Carl Gustav Jung, 알프레트 아들러Alfred Adler, 에이브러햄 매슬로Abraham Harold Maslow 등이 모두 동기론자이다. 또한 프로이트적 전통 중에서 프롬이 확고히 계승하고 있는 것 중 하나가 바로 동기론이다. 그는 다음과 같은 사례를 들면서 상당수의 사고나 지식은 실제적인 동기를 합리화하는 것에 불과하다고 주장했다.

경제적으로 곤란한 A가 친척인 B에게 돈을 조금 빌려달라고 부탁한다. B는 그 부탁을 거절하면서, 돈을 빌려주는 것은 A의 무책임하고 의존적인 버릇을 조장할 뿐이라고 했다. 언뜻 보기에 이러한 논리는 건전한 것 같다. 그러나 B에게는 A의 사정이 어떠하건 그에게 돈을 빌려줄 마음이 전

혀 없기 때문에 그것은 하나의 합리화에 지나지 않는다. B는 자기가 A가
잘되기를 바란다고 생각하지만, 실제로는 그가 인색한 까닭에 빌려주지
않을 뿐이다.

그 때문에 어떤 사람이 언급한 내용의 논리성을 살피는 것만으로는 합리
화의 여부를 알 수 없다. 그러한 경우 한 인간의 내부에서 작용하는 심리
적인 동기를 고려하지 않으면 안 된다.[24]

실제로 사람들의 지식이나 사고 내용 중 일부분은 동기의 합리화에 불
과한 경우가 많다. 이에 대해 프로이트는 '사과가 먹기 싫은 아이는 사과
를 못생겼다고 말한다'고 간명하게 표현하기도 했다. 우리는 종종 자신
들의 거주지에 쓰레기 소각장이나 교도소, 화장장 같은 혐오 시설이 들
어오는 것을 반대하는 주민들의 인터뷰 장면을 뉴스에서 본다. 이때 주
민들에게 반대 이유를 물어보면 대개 '아이들 교육에 안 좋다', '전망을
가려서 답답하다'와 같은 이유를 댄다. 그러나 이런 대답은 대부분 속내
를 숨기려는 자기합리화에 불과하다. 이들이 실제로 걱정하는 것은 집값
의 하락이다. 그렇지만 '집값이 떨어질까봐 반대한다'고 노골적으로 말
하면 이기적이라고 비난 받을 우려가 있으므로 정당해 보이는 이유를 대
서 자신을 합리화하는 것이다.

물론 모든 지식과 사고 내용이 동기를 합리화한 결과라고 보는 것은
잘못이다. 그러나 현실에서는 이런 경우가 흔하다는 사실을 항상 염두에
두어야 한다. 바로 이런 이유에서 프롬은 단순히 사람들의 지식이나 생
각을 묻는 여론조사 방식으로는 진정한 심리를 파악할 수 없다고 우려했
던 것이다.

사고의 배후에 있는 감정적 힘을 조사하는 대신에, 사람들이 무엇을 생각하는지에 관해(또는 사람들이 생각해야만 된다고 믿고 있는 것에 관해) 자료를 수집하는 데만 너무 골몰했다. 여론조사는 우리가 더 잘 알아야 하는 어떤 목적들을 위해선 중요할 수 있지만, 여론 표현 밑에서 작용하는 힘을 이해하기엔 그리 적합한 도구가 아니다. 이 힘을 알아야만 우리는, 사회 구성원들이 신봉한다고 스스로 믿고 있는 사상과 또 현재 거부하고 있는 새로운 이데올로기에 대해 위기 상황 시 그들이 어떻게 반응을 보일 것인가 예측할 수 있다.[25]

동기론 그리고 다중 동기의 원칙

인간 심리 중에서 동기를 가장 중요한 것으로 바라보아야 하는 것은 단지 합리화 때문만은 아니다. 동기는 사람의 사고와 행동을 기본적으로 좌우한다. 즉 동기는 사람의 정신 활동과 실천 활동에 결정적인 영향을 미친다. 이에 관해 프롬은 다음과 같이 말했다.

동기는 사람으로 하여금 어떤 문제를 의식하게 하여 그 해답을 어떤 방향에서 추구하도록 한다. 참이건 거짓이건 사상이란, 전통에 사로잡힌 생각과 표면상으로만 일치하는 것이 아니라면, 그 사상을 품고 있는 인간의 주관적인 요구와 관심에 의해 자극을 받는다. 주관적인 관심은 진리를 발견함으로써 고조되는 것, 그리고 그 진리를 파괴함으로써 고조되는 것이 있다. 그 어느 경우건 심리적인 동기들이 어떤 결론에 도달하기 위한 중요한 유인이 되고 있다. 나아가 인격의 강력한 요구에 근거하지 않은 사상은 그 사람의 행동과 생활에 거의 영향력을 갖고 있지 않다고 할 수 있다.[26]

이 같은 프롬의 언급에 기초해 동기의 역할을 정리하면 다음과 같다.

첫째, 동기는 사람의 정신 활동과 실천 활동을 규정한다. 무엇보다 동기는 목표를 제공함으로써 사고와 행동의 방향을 결정한다. 프롬이 지적했듯이, '어떤 문제를 의식하게' 해주는 것이 동기이고 '그 해답을 어떤 방향에서 추구'할지를 결정하는 것 역시 동기이다. '목마른 자가 우물을 판다'는 말처럼 물을 마시려는 동기를 갖게 된 사람은 우물이 필요하다는 문제의식을 갖게 되고, 우물을 파려면 어떻게 해야 하는지를 열심히 사색하고 실천할 것이다. 이처럼 동기는 사람이 무엇을 인식하고 그것을 어떤 방향으로 해결해나갈지를 좌우한다.

둘째, 동기는 사상 창시 그리고 사상의 수용 여부에 영향을 미친다. 우선 동기는 사상 혹은 이데올로기의 창시에 결정적인 영향을 미친다. 프롬의 표현을 빌리자면, 사상이란 '인간의 주관적인 요구와 관심'을 체계화하고 이론화한 것이다. 일제의 식민지였던 시절, 한국인들의 주요한 동기는 독립이었다. 따라서 그 당시의 한국인들은 독립의 동기를 반영하고 대변하는 민족해방 사상을 창시했다. 반면에 제국주의 국가였던 일본의 지배층은 식민지를 영구 지배하고 더 확장하려는 동기를 반영하고 대변하는 대동아공영권과 같은 침략적인 사상을 조작해냈다.

그리고 동기는 어떤 사상을 수용할 것인지 거부할 것인지를 결정한다. 사람들은 우리가 어떤 사상을 옳다고 생각하면 수용하고 그르다고 생각하면 수용하지 않는다고 믿는 경향이 있다. 물론 올바른 사상을 수용하더라도 아무런 불이익이나 제재를 받지 않는다면 대체로 그럴 것이다. 하지만 올바른 사상을 수용할 경우 모진 고난을 겪어야만 한다면 어떨까? 상당수의 한국인들은 이론적으로도 옳지 않고 자기들에게 이익은커녕 해만 되는 극우 보수 세력의 파시즘적 이데올로기인 반공주의를 수용하고 있다. 그 주요한 원인 중 하나를 프롬의 말을 빌려 설명하자면, '그것이 믿어지는 이유는 그 신념을 전파하고 지키는 사람들의 권력이 확고부동해 보이기 때문'이다.[27]

나는 전작 《트라우마 한국사회》(서해문집, 2013)에서, 대다수의 한국인들은 '확고부동한' 권력을 가지고 있는 극우 보수 세력에게 언제라도 빨갱이로 낙인찍힐 수 있다는 공포 때문에 반공주의를 수용한다고 지적했다. 프로이트가 오이디푸스 이론을 통해 지적했듯이 —남자아이는 아버지를 죽이고 싶어 하지만 아버지가 자신의 성기를 거세할까봐(거세 공포) 아버지의 가치관을 수용한다—사람들은 흔히 권력에 대한 공포 때문에 옳지 않은 사상이나 원치 않는 사상도 받아들이곤 한다.

> 인류 역사에서 인간이 허구를 실제로, 환상을 진리로 잘못 인식한 것은 바로 공포를 불러일으키는 폭력 때문이었으며 지금도 여전히 그러하기 때문이다. 폭력이야말로 인간이 자주성을 지킬 수 없게 만들며, 그로써 인간의 이성과 감성은 왜곡된다.[28]

한국인은 분단 트라우마의 핵이라고 할 수 있는 극우 세력에 대한 공포, 즉 극우 세력에 의해 빨갱이로 낙인찍힐지도 모른다는 공포에 짓눌려 있다. 한국인의 가장 절박한 동기 중 하나가 바로 이 공포를 방어하려는 동기이다. 극우 보수적인 사상을 수용하고 있는 한국인이 이성적이고 논리적인 설득에 의해서는 거의 바뀌지 않는 까닭이 바로 여기에 있다. 결론적으로 '인격의 강력한 요구에 근거하지 않은 사상은 그 사람의 행동과 생활에 거의 영향력을 갖고 있지 않다'는 프롬의 지적처럼, 사람은 자신의 동기 실현에 유리한 사상을 수용한다.

셋째, 동기는 객관적인 지식과 사고 내용을 규정한다. 원칙적으로 아무런 동기의 영향도 받지 않은 채 진행되는 사고, 즉 동기에서 자유로운 사고란 존재할 수 없다. 이런 말을 들으면, 사람은 객관적인 지식을 획득할 수 없지 않겠느냐는 우려를 가질 수도 있다. 물론 합리화처럼 동기가 객관적인 사고를 방해하는 경우는 적지 않다. 그러나 동기 중에는 객관적인 사고에 도움이 되는 동기도 있고, 그렇지 않은 동기도 있다. 세상을 변혁해야만 하는 민중은 객관적인 지식을 필요로 한다. 객관적인 지식이 있어야 그것을 이용해 세상을 변혁할 수 있기 때문이다. 반면에 기득권을 사수하기 위해 현상 유지를 하려는 지배계급은 객관적인 지식을 별로 필요로 하지 않는다. 객관적인 지식이 종종 자기들의 기득권을 위협하기 때문이다. '주관적인 관심은 진리를 발견함으로써 고조되는 것, 그리고 그 진리를 파괴함으로써 고조되는 것이 있다'는 프롬의 언급은 바로 이를 두고 한 말이다.

지배계급에 속한 사람들 중에서도 특히 정신 건강이 나쁜 사람이 객관적인 사고에 가장 취약한데, 그 결과 그의 지식은 심하게 왜곡된다. '히틀러는 영리했으나 현실을 객관적으로 볼 수 없었다. 승리를 거두고 지배하고 싶다는 소망이 군비와 기후라는 현실보다 더 무섭게 작용했기 때문이었다'[29]라는 말이 보여주듯, 영리함 혹은 똑똑함은 객관적인 사고 능력과는 그다지 상관이 없다. 그것은 건강한 동기를 가질 때에만 비로소 가능하기 때문이다.

> 탐욕으로부터의 해방과 최상위의 이성 간의 이러한 관계는 본질적으로 불가피한 것이다. 우리의 이성은 얼마까지 탐욕에 휩쓸리지 않느냐 하는 그 정도에 따라서만 제구실을 하는 것이다.[30]

동기론은 동기가 사람의 정신 활동 혹은 심리 현상에서 중심적인 역할을 한다고 보기 때문에, 인간 심리를 제대로 이해하려면 동기부터 규명해야 한다고 강조한다. 그런데 이 동기를 규명하는 일이 그리 간단하지만은 않다. 무엇보다 사람들이 자기의 동기를 모르는 경우가 꽤 많기 때문이다. 그렇기에 프롬은 당사자들조차 알지 못하는 그들의 '무의식적 동기'를 규명하는 것의 중요성을 지적하면서, 그 방법론을 제시한 것이야말로 정신분석학의 위대한 업적 중 하나라고 평했다.

> 정신분석은…… 무의식, 꿈이나 환상에 대한 어려운 관찰에 기초를 둔 철저하게 경험적인 방법이다. 오직 무의식적인 힘의 개념을 이용하는 심리학만이 개인과 문화를 분석할 때 만나게 되는 혼란스러운 합리화를 꿰뚫어 살필 수 있다. 만일 사람들이 그로 인해 자신이 움직인다고 '믿고 있는' 동기와 실제로 그들을 행동하게 하고 느끼게 하고 생각하게 하는 동기가 같다는 관념을 버린다면, 지금까지 해석할 수 없었던 많은 문제들은 그 자리에서 해결될 것이다.[31]

동기를 탐구하는 데 주의해야 할 또 하나의 문제는, 어떤 심리 현상이나 행동이 단 하나의 동기에 의해서만 결정되는 경우가 드물다는 사실이다. 즉 특정한 심리 현상이나 행동에는 여러 가지 동기가 동시적으로 상호작용을 하면서 영향을 미친다는 것인데, 이를 '다중 동기의 원칙'이라고 부르기도 한다. 프롬의 갈등론만이 아니라 프로이트의 갈등론 역시 다중 동기를 전제하지 않고서는 성립되지 않는다.

> 인간을 일정한 방식으로 행동하게 만드는 동인, 인간을 일정한 방향으로 몰아붙이는 추진력은 무엇인가? …… 프로이트는 인간을 서로 모순된 동기를 갖는 존재로 본다. 그것은 성적 쾌락에의 충동과 생존이나 환경 지배에의 충동 사이의 모순이다. …… 즉 프로이트에게 있어 인간은 서로 모순되는 여러 힘에 의해 움직이는 것이며, 결코 단지 성적 만족에 대한 욕구에 의해서만 움직여지는 존재가 아니었던 것이다.[32]

사람의 배후에서 작용하는 여러 가지 동기는 서로 갈등만 하는 것이 아니라 서로 협력하기도 하고, 한 동기가 다른 동기를 하위 동기로 포섭하기도 하는 등 다양한 방식으로 상호작용을 할 수 있다. 따라서 인간 심리를 올바로 이해하려면 특정한 심리 현상이나 행동의 배후에 있는 여러 동기들을 찾아내어, 그것들을 병렬적으로 나열하는 데 그치지 않고 주요한 동기와 부차적인 동기로 구분해 그것들이 서로 어떻게 연관되어 있는지도 밝혀내야 한다.

왜 아직도 프로이트인가?
: 성욕설과 생물학적 동기

'프로이트와 그 제자들의 견해에 따르면 인간 행동의 에너지 원천은 대부분 성 본능에 있'기 때문에 '한 인간의 성 생활의 특징들은 그의 인격 전체를 설명하는 본보기로서의 의미를 지닌다.'[33] 프로이트주의는 성적 에너지가 항문기에 고착되면 항문적 인격이 되고, 남근에 고착되면 생식기적 인격이 되는 등 생물학적 동기인 성 본능에 기초해 인간 심리를 설명했다.

그러나 프롬은 이러한 성욕설을 반대했다. 그는 사랑의 욕구와 성욕이 서로 다르다고 이해했고, 성욕을 '다른 욕구들이나 충동들처럼 그렇게 강렬한 본능적 욕구는 단연코 아니'[34]라고 생각했을 뿐만 아니라, 사람에게는 성욕이 사회적 동기의 하위 동기로 격하된다고 주장했다. 예를 들면 그는 프로이트와는 정반대로, 변태적인 성욕으로 인해 변태적인 심리를 갖게 되는 것이 아니라 변태적인 심리로 인해 성욕까지 변태적으로 된다고 보았다.

> 내 견해로는, 성적 행동은 한 인간의 인격 구조에서 비롯된 결과이지 원인이 아니다.[35]

나는 《왜 아직도 프로이트인가?》(세창미디어, 2011)에서, 사람의 경우 생물학적 동기인 성욕은 그 독자적인 지위를 상실하고 사회적 동기에 지배되는 하위 동기로 전락했다고 주장한 바 있다. 예를 들어 일부 늙은 남성들이 젊고 예쁜 여성들과 성적 관계를 가지려 하는 것은 본질적으로 성욕에 의한 것이 아니라, 그들의 자기 과시욕, 소유욕 등에 성욕이 하위 욕구로 결합한 데서 비롯된다. 다음과 같은 의문을 제기했던 것으로 미루어볼 때 프롬 역시 이와 유사한 생각을 했던 것 같다.

> 성적 본능에 이끌리지 않거나 뒤섞이지 않을 수 있는 강렬한 감정은 거의 없는 듯하다. 허영심, 재산이나 모험에 대한 욕망, 심지어 죽음에 대한 집착에도 성적 본능이 작용하게 할 수 있다. 왜 이렇게 되어야 했는가 하는 것은 잠시 생각해볼 문제다.[36]

이런 의문에 대해 프롬은, 생물학적 프로그램에 의해 발정기마다 작동하는 동물의 성욕과는 달리 발정기가 없는 사람의 경우 성욕은 사회적 동기에 의해서 자극되거나 유발된다는 답을 제시했다.

> 성적 욕망은 사랑에 의해 자극되는 것과 마찬가지로 고독의 불안에 의해, 정복하려는 또는 정복당하려는 소망에 의해, 허영심에 의해, 상처를 내고 심지어 파괴하려고 하는 소망에 의해 자극된다. 성적 욕망은 강렬한 정서와 쉽게 뒤섞이고, 강렬한 정서에 의해 쉽게 자극되고, 사랑은 강렬한 정서의 한 종류에 지나지 않게 된다.[37]

사람의 경우 성욕이 생리적인 원인이 아니라 심리적인 원인에 의해 좌우된다는 것은 여러 임상 경험을 통해서도 쉽게 확인된다.

가장 빈번하게 볼 수 있는 성적 문제―여자의 불감증과 남자의 다소간 심각한 심인성 불능증―에 대한 연구는, 그 원인이 올바른 기술에 대한 지식의 결핍이 아니라 사랑하는 것을 불가능하게 만드는 억압에 있다는 것을 보여준다.[38]

'본능은…… 고등 동물, 특히 인간에게서는 비록 완전히 소멸해가는 범주는 아닐지라도 점점 감소해가는 범주이다'[39]라는 말이 시사하듯, 생물학적 동기는 (적극적으로 말하면) 사회적 동기의 지배를 받으면서, (소극적으로 말하면) 사회적 동기와 결합되어서만 작동한다. 이와 관련해 프롬은 '배고픔'을 '몸이 음식을 필요로 하기 때문에 먹고자 하'는 욕구로, '식욕'을 '맛있는 음식을 즐기기 때문에 먹고자 하'는 욕구로 정의하면서, '아주 맛난 음식은 음악과 그림이 그런 것만큼 문화적 발전의 산물'이라고 말하기도 했다.[40] 즉 생물학적 동기는 항상 사회적 동기와 혼합되거나 사회적 동기를 매개로 해서만 추구되기 마련이라는 것이다.

이 '자연적인' 차이들은 사람들이 사는 특수한 문화에 의해 생성되는 차이들과 섞이게 된다. 예를 들어 오늘날 우리의 문화 속에서 남성에게 볼 수 있는 명예욕, 성공적인 경쟁의 욕구는 성적 역할보다는 사회적 역할과 훨씬 관계가 있다. 이 사회는 이러한 욕구가, 성들 어느 쪽의 특성이든 관계없이, 불가피하게 일어날 수밖에 없도록 조직되어 있다.[41]

만일 사람에게도 생물학적 동기가 날것 그대로 작용한다면 땅바닥에 음식을 던져줘도 마다않고 먹어야 할 것이다. 그러나 아주 극단적인 상황이 아닌 이상 사람들은 아무리 배가 고파도 그렇게 하지는 않는다. 이 것은 식욕이 상위 동기가 아니라 사회적 동기―사람대접을 받고 싶다거 나 문화적으로 살고 싶다는 등―의 하위 동기임을 의미한다.

처음에 프롬은 (비록 성 본능은 아닐지라도) 생존 본능이라는 생물학적 동기가 '인간 행동의 제1차적인 동기'라고 주장하기도 했다.

> 인간성에 없어서는 안 될 부분으로, 절대적으로 만족을 취해야 하는 다른 욕구가 있다. 이를테면 그것은 굶주림, 갈증, 수면욕과 같은 인간의 생리 적 조직에 뿌리를 둔 욕구이다. 이들 각각의 욕구에는 일정한 한계가 있 으며, 그 한계를 넘을 때는 그 욕구를 만족시키지 않고는 견딜 수 없게 되 며, 이때 욕구를 만족시키려는 성향은 전력 추구의 강력한 충동으로 나타 난다. 이렇듯 생리학적으로 조건 지어진 이들 욕구는 자기 보존을 위한 욕구라는 개념으로 요약할 수 있다. 이러한 자기 보존의 욕구는 어떠한 상황에서도 만족을 얻어야만 하는 인간성의 한 부분이며, 이는 인간 행동 의 제1차적인 동기를 형성한다.[42]

생존 본능의 좌절은 곧 육체적 죽음을 의미한다. 원칙적으로 죽기를 바라는 사람은 없다. 따라서 동물과 마찬가지로 사람은 육체적 생명이 위협받으면 생명을 지키는 것을 우선시하며 이를 위해 필사적으로 노력 한다. 이런 의미에서라면 생존 본능을 제1차적인 동기라고 지칭할 수 있 다. 그러나 사람이 동물과 결정적으로 다른 것은, 사람에게는 생존 본능 과 같은 최고의 생물학적 동기조차 사회적 동기의 하위 동기가 되었다는 데 있다. 사람은 대의나 명예 또는 사랑하는 공동체를 위해 육체적 생명까지도 포기할 수 있는 유일무이한 존재이다. 사람은 목숨을 버려야 할 이유가 명백하면 자발적으로 육체적 생명을 포기하기도 한다. 일본의 식민지로 전락해 나라가 망하자 자결을 했던 선열들이나, 살아남지 못할 것이라는 사실을 알면서도 신군부 독재정권의 무력 진압에 맞서 도청을 사수하다가 산화해간 해방 광주의 시민군을 떠올려보자.

사람이 사회적 존재라는 것은, 사람에게는 육체적 생명만이 아니라 사회적 생명도 있으며, 사람에게는 사회적 생명이 육체적 생명보다 더 소중하다는 것을 의미한다. 사회적 존재인 사람에게 가장 중요한 동기는 육체적 생명을 지키고 발전시키려는 생물학적 동기가 아니라, 사회적 생명을 지키고 발전시키려는 사회적 동기이다. 비록 프롬은 생물학적 동기가 사회적 동기의 하위 동기라고 명확히 선언한 적은 없지만, 사람에게 가장 중요한 동기 그리고 사람을 사람이게끔 해주는 본질적인 동기를 '사회적 동기'라고 생각했다.

> 인간 인격의 '개인차'를 뚜렷하게 하는 충동들은 모두 사회적 과정의 산물이다. 인간의 가장 아름다운 성향은 가장 추한 성향과 마찬가지로 고정된 생물학적 본성의 일부가 아니라 바로 인간을 만드는 사회적 과정의 산물이다. …… 인간의 성질과 정열, 불안 등은 하나의 문화적 산물이다.[43]

사람의 기본 동기는
사회적 동기이다

심리학적 견지에서 보면, 사람의 삶이란 본질적으로 동기를 실현하기 위해 살아가는 삶이라고 할 수 있다. 그런데 사람은 기본적으로 사회적 동기를 실현하기 위해서 살아간다. 만일 생물학적 동기의 실현을 목적으로 살아가는 사람이 있다면, 그는 최소한의 생계비만으로도 삶에서 만족을 얻을 수 있을 것이다. 즉 동물들처럼 생존을 유지할 수 있게 해주는 먹거리와 추위로부터 몸을 가릴 수 있는 의복, 비바람을 막아줄 수 있는 작은 공간만 있더라도 만족해하면서 생활할 수 있을 것이다. 그러나 사회적 동기를 실현하기 위해 살아가는 사람이라면 어떨까? 아마 만족스러운 삶을 누리기 힘들 것이다. 삶의 질이란 기본적인 의식주가 해결되는 것과는 차원이 다른 문제다. 사람의 경우에는 건강한 사회적 관계 속에서 정신문화적 욕구까지 실현되어야만 비로소 삶이 만족스러울 수 있다. 한마디로 사람이 살아가는 과정에서 불거지는 숱한 문제들, 그리고 행복과 불행을 가르는 기준은 생물학적인 동기가 아닌 사회적 동기와 관련이 있다는 것이다.

생물학적 동기는 육체에서 비롯되는 욕구이다. 따라서 그것은 동서고금을 막론하고 늘 동일하다. 고조선 시대에 살던 사람이나 2014년을 사는 사람이나, 서울에 사는 사람이나 뉴욕에 사는 사람이나 모두 숨을 쉬고 물을 마셔야 살 수 있는 것과 같은 이치다. 반면 사회적 동기는 사람과 세계와의 관계 속에서 제기되는 동기이다. 프롬은 이에 대해 다음과 같이 언급했다.

인간의 가장 위대한 열정 등에 대한 욕구, 파괴성과 창조성 등 인간의 행동을 유발하는 가장 강력한 욕구는 아주 인간적인 원천에 뿌리박고 있으며, 결코 프로이트가 가정했듯이 리비도의 여러 발전 단계에 뿌리박고 있는 것은 아니다.[44]

사람은 세계와 관계를 맺으면서 이러저러한 바람을 갖게 되는데, 그것이 바로 사회적 동기이다. 사회적 동기에는 어머니와의 관계에서 제기되는, 어머니로부터 보호받고 사랑받으려는 아기의 욕구에서부터, 사회와의 관계에서 제기되는, 정부로부터 복지 혜택을 바라는 국민의 요구까지가 모두 포함된다. 프로이트는 '생물학적 구조는 사람의 운명'이라고 말했는데, 나는 이에 빗대어 '사회적 구조야말로 사람의 운명'이라고 말한 적이 있다. 프롬 역시 (유감스럽게도 생물학적인 동기까지 인간 본성으로 간주하고는 있지만) 사람은 인간적 삶의 양식, 즉 사회적 존재로서의 삶의 양식에서 절대로 벗어날 수 없고 그것에서 비롯되는 사회적 동기(욕구)가 인간 본성이라고 강조했다.

생리적으로 제약된 욕구만이 인간 본성의 절대적인 부분은 아니다. 그와 같이 강제적인 또 다른 부분이 있는데, 그것은 신체적 과정이 아니라 바로 인간적 삶의 양식과 관습의 본질에 근거를 두고 있는, 외부 세계와 관계를 맺고자 하는 욕구, 고독을 피하려는 욕구 등이다. 다른 사람들로부터 홀로 떨어져 있다고 느끼는 단절감은 육체적 굶주림이 마침내 죽음으로 이어지는 것과 마찬가지로 정신적인 파멸을 초래한다.[45]

프롬의 이 언급에서 한 가지 더 주목해야 하는 것은, 육체적 굶주림이 죽음으로 이어지듯 사회적 욕구의 좌절은 정신적 파멸을 초래한다는 견해이다. 생물학적 동기의 좌절은 몸의 병을 유발하고 극단적인 경우에는 생물학적 죽음으로 귀결된다. 마찬가지로 사회적 동기의 좌절은 마음의 병을 유발하고 극단적인 경우에는 사회적 죽음—나는 이것이 바로 정신분열증의 본질이라고 생각한다—을 초래한다. 프롬의 영향을 받은 매슬로도 사회적 동기의 좌절이 정신적 고통, 나아가 정신병의 원인이라는 견해를 피력한 적이 있는데, 나 역시 이들의 견해에 동의한다.

결론적으로 사람의 정신 건강을 좌우하는 것, 그리고 사람의 행·불행을 좌우하는 것은 바로 '사회적 동기'라고 말할 수 있다. 사람이 생물학적 동기의 좌절을 견디지 못하는 주요한 원인은 그것이 사회적 동기의 실현을 불가능하게 만든다는 데 있다. 즉 사람답게 살아보고 싶은데 굶주림에 지쳐서 걷기조차 힘드니 정신적으로 고통스럽고 불행해진다는 것이다.

> 인간에게 있어서 정열과 욕구는 인간의 '총체적 존재'로부터 나오는 것이며, 이 정열과 욕구는 명확하고 확인 가능한 것으로서 건강과 행복에 이바지하기도 하고 질병과 불행을 초래하기도 한다…….[46]

프롬은 세상의 모든 악을 낳는 근원이 육체에 있다는 기독교나 프로이트주의의 견해에 반대했다. 그는 세상의 모든 악은 정신 건강의 악화나 정신적 파멸과 관련이 있다고 보았다. 즉 세상의 모든 악을 낳는 기본 원인은 사회적 동기의 좌절에 있다고 생각했던 것이다.

윤리학의 문제 제기는 인간의 '육체'가 모든 악의 근원이라는 생각 때문에 안개로 뒤덮이게 되었다. 그러나 한번 인류사를 검토해보자. 사회 및 개개인의 평화와 행복을 위협하는 것은 성적인 정열이나 우리의 생리학적 체질에 뿌리박고 있는 그 어떤 욕망들이 아니라 증오감, 시기심, 명예욕 같은 비이성적이고 '정신적seelisch' 열정이라는 것을 어렵지 않게 알아챌 수 있을 것이다.[47]

프롬은 악이나 정신병을 '승화되거나 좌절된 생리적 욕구의 결과로 이해할 수는 없는 일'이라고 하면서 그것은 '왜 인간으로 태어났는가 하는 문제를 해결하려는 시도'[48]와 관련이 있다고 주장했다. 결국 악이나 정신병은 사회적 동기의 좌절이 초래하는 병적인 현상이라는 것이다. 그의 견해가 옳다고 가정한다면, 일단 사람들이 굶어죽지 않을 정도의 생산력이 담보되는 사회에서는 사람의 정신 건강, 나아가 행복은 전적으로 사회적 동기를 원만히 실현하는가 못하는가 하는 문제에 달려 있다고 말할 수 있다.

심리학적으로 말하자면 인간의 생리적 욕구에 대한 해결은 아주 간단하다. 여기에 있어서 난점이라면 순전히 사회적·경제학적인 것이다. 인간적인 욕구에 대한 인간의 해결이야말로 지극히 복잡하다. 그것은 많은 요소에 의해 좌우된다. 적어도가 아니라 종국적으로 그것은 그가 속해 있는 사회가 어떻게 조직됐는가, 또 그 조직이 조직 내에서의 인간관계를 어떻게 규정짓는가에 달려 있다.[49]

비록 명확하게 표현하지는 않았지만 전체적인 프롬의 이론에 비추어 볼 때, 그가 사람의 기본 동기를 사회적 동기라고 확신했다는 점은 분명하다. 나아가 프롬은 사회적 동기를 제대로 실현하느냐 못하느냐 하는 문제가 사회에 달려 있다고 보았다.

진정한 동기와 거짓된 동기, 건강한 동기와 병적인 동기

사람의 기본 동기가 사회적 동기라는 사실을 인정한 다음에 생기는 문제는 '진정한 동기'와 '인위적 동기'를 구분하는 것이다. 현대인들은 사람이 본성적으로 '물질적 부'에 대한 욕망을 가지고 있다고 믿는 경향이 있다. 아마 현실에서 관찰한 대다수의 사람들이 실제로 물질적 부에 대한 열망을 가지고 있어서일 것이다. 돈이나 재물에 대한 동기를 가진 동물을 결코 발견할 수 없다는 데서 알 수 있듯이, 물질적 부에 대한 동기는 분명히 생물학적 동기가 아닌 사회적 동기이다. 그렇다면 그것은 모든 사람이 가지고 있는 진정한 동기, 즉 본성적 동기일까? 아니면 특정한 사회·역사가 강요하거나 부추기는 인위적인 동기일까? 프롬은 '물질적 부'에 대한 동기란 '어떤 문화에만 특유한 것'이므로, '경제적 조건이 달라지면' 사람은 '물질적 부를 혐오'하거나 '물질적 부에 무관심'해질 수도 있다고 보았다.[50] 예를 들면 중세 봉건제 사회의 사람들만 하더라도 물질적 부에 그다지 큰 관심이 없었다.

자본주의 사회는 자본가들이 상품과 서비스를 판매하여 이윤을 획득해야만 유지되고 발전할 수 있는 사회이다. 따라서 자본가계급은 대중이 지속적으로 상품과 서비스를 구매하기를 강력하게 원하며, 실제로도 사람들을 그렇게 만들기 위해 필사적으로 노력한다. 자본가계급이 가장 흔하게 사용하는 방법은 대중매체를 활용해서 대중을 세뇌하는 것이다. 대중매체는 사람들에게 이런저런 물건을 사고 서비스 상품을 즐기라며 공공연히 부추기고 유혹한다. 자본주의 사회는 심지어 성性까지도 상품화한다. 텔레비전에 나오는 대다수 프로그램과 광고는 소비를 촉구하는 메시지들로 가득하다. 자본주의 사회에서 살고 있는 사람들이 가진 상당수의 동기가 진정한 동기가 아니라 '인위적인 동기'인 까닭이 바로 여기에 있다.

프롬은 자본주의 사회의 대중이 가지고 있는 대부분의 동기는 '인위적인 것'이며 심지어는 '성욕까지도 자연적인 것이 아니'[51]라면서, 진정한 동기와 인위적 동기를 구분해야 한다고 강조했다.

> 인간의 진정한 욕구와 거짓의, 인위적으로 만들어진 욕구를 구분해야 한다. …… 인간의 진정한 욕구는 그의 본성에 뿌리박고 있는 것이다. …… 인간의 진정한 욕구는 인간이 인간으로서의 본질을 실현하기 위해서는 반드시 충족되어야 하는 것들이다.[52]

프롬이 말한 것처럼, '진정한 동기(혹은 욕구)'란 사회적 존재로서의 사람의 본성 혹은 본질에 뿌리박고 있는 동기이다. 따라서 이 동기는 사람이 사회적 존재로 남아 있는 한 결코 제거될 수 없다. 반면에 '인위적 동기' 혹은 '거짓된 동기'는 특정한 사회·역사적 조건과 관련이 있는 동기이다. 예를 들면 소비욕과 같은 인위적 동기는 고대 노예제 사회나 중세 봉건제 사회에서는 전혀 혹은 거의 발견되지 않으나 자본주의 사회에서는 전면화된다.

그렇다면 자본주의 사회에서 크게 번창하는 '탐욕'을 통해 인위적 동기의 문제를 좀 더 면밀히 살펴보도록 하자. 자본주의 사회에서 탐욕이 보편화되는 까닭은 무엇일까?

첫째, 자본주의 사회의 지배층이 대중매체를 통해 끊임없이 탐욕을 부추기고 강제하기 때문이다. 일찍이 마르크스는 이를 두고 '자본주의와 같은 특정한 경제적 조건은 인간의 삶을 이끌어가는 주된 동기로서 돈과 재산을 향한 욕망을 끊임없이 생산한다'[53]고 표현하기도 했다. 권력과 자본을 독점하고 있는 지배층이 대중에게 '탐욕스러워질 것'을 노골적으로 요구하거나 권유할 경우 탐욕은 대세가 되기 마련이다. 일단 탐욕이 대세가 되면 각 개인은 탐욕스러워지라는 사회적 압력을 받게 되고, 그것에 저항하기가 매우 어려워진다.

> 탐욕과 시기가 이토록 강한 이유는 그 선천적인 강도 때문이 아니라, 다 같이 이리가 되자는 세상의 압력에 저항하기 어렵다는 데서 기인한다.[54]

둘째, 사회적 지위에 대한 갈망이나 사회적 무시에 대한 공포 등이 탐욕을 강제하기 때문이다. 앞에서 다중 동기를 언급한 적이 있는데, 어떤 하나의 결과에 여러 가지 동기가 동시적으로 영향을 미치는 경우는 아주 흔하다. 자본주의 사회에서의 탐욕은 단지 돈이나 물건에 대한 소유욕만을 의미하지 않는다. 자본주의 사회에서 상품의 소유 정도 그리고 돈 쓰는 수준은 사회적 신분의 첫째가는 척도이다. 흔히 볼 수 있는 광고에서처럼, 멋진 차를 소유하고 잘 차려입은 남자를 아름다운 여성이 매혹적인 눈빛으로 쳐다보는 장면은 대중에게 노골적으로 이 같은 암시를 준다. 사회적 신분이 높은 사람은 그에 걸맞은 고급 승용차를 소유하고, 타인은 고급 승용차를 통해 당신의 사회적 신분을 추측하며, 높은 사회적 지위를 지닌 남성에게는 아름다운 여성이 다가온다……. 분수에 넘치는 값비싼 외제차를 몰고 다니면서 여성에게 허세를 부리는 남성이나, 허울뿐인 그들의 겉모습만 보고 환호하는 여성이나 모두 이런 암시에 익숙해지고 길들여진 상태라고 볼 수 있다. 한마디로 자본주의 사회에서 상당수의 사람들은 소유나 소비가 사회적 신분의 상승과 직결되어 있다고 착각하기 때문에 더욱더 탐욕스러워진다는 것이다.

> 우리는 단지 그 물건을 '갖기' 위해 그것을 획득한다. 아무런 쓸모도 없으면서 소유 자체에 만족한다. …… 이렇게 물건 자체를 소유하는 것만으로 만족하는 현실은 19세기에 더욱 현저했다. 그런데 오늘날은 그냥 간직하기만 하는 물건보다 사용되는 물건을 소유하는 데서 더욱 만족을 얻었다. 그러나 이 같은 점은 사용되는 물건을 소유하는 기쁨 가운데서도 사회적 지위에 대한 만족이 더욱 중요한 요인이라는 사실을 바꾸지는 않는다. 자동차, 냉장고, 텔레비전 등은 실용으로서뿐만 아니라 남에게 과시하는 자랑거리 노릇도 한다. 이것들은 소유자에게 이에 상응하는 사회적 지위도 부여하는 역할을 한다.[55]

봉건제 사회가 자본주의 사회로 이행하면서 봉건적 신분제는 경제적

신분제로 변형되었다. 즉 재산이나 소유물이 사회적 신분을 정하는 새로운 기준이 되었을 뿐, 신분에 따라 사람을 차별하고 멸시하는 불합리하고 비인간적인 신분제는 그대로 유지된 것이다. 그 결과 사람들은 차별이나 멸시를 당하지 않으려고, 흔히 말하는 '돈 없고 빽 없는 설움'을 겪지 않으려고 경제적 신분에 집착하게 되었고, 이것의 결과가 '탐욕의 전면화'이다.

자본주의 사회에서 탐욕이 보편화되는 세 번째 이유는, 돈이나 재산에 대한 탐욕이 자신의 안전을 지켜주는 버팀목이 되기 때문이다. 자본주의 사회의 신분제는 불안정하다. 봉건제 사회에서 계급적 신분은 거의 변하지 않았다. 봉건 영주는 토지가 줄어들더라도 귀족의 신분을 상실하지는 않았지만, 자본가계급은 자본을 잃으면 곧바로 하류계급으로 추락한다. 자본주의 사회는 치열한 경쟁 속에서 반드시 다수를 패배하게 만드는 잔인한 사회일 뿐만 아니라, 주기적인 경제공황과 예측하기 힘든 경기변동으로 요동치는 불확실한 사회이다. 여기서 비롯되는 불안과 공포에 더해 '내가 파산하거나 사고로 삶의 위기에 빠져도 국가나 사회는 나를 도와주지 않는다'고 믿게 되면, 사람들은 더욱더 탐욕에 집착하기 마련이다. 사회 안전망의 부재와 붕괴된 공동체는 사람들에게 자신의 안위는 자기 혼자 온전히 책임져야 한다는 부담감을 안겨줌으로써 물질적인 부에 더욱 집착하도록 만든다.

덧붙여 프롬은 '일반적으로 탐욕스러운 사람은 만족하지 못하는 사람이다. …… 탐욕은 항상 내적인 공허감의 결과이다'[56] 라고 지적했다. 이는 자본주의 사회가 사람의 정신 건강을 파괴하고, 그 결과 사람들이 더욱 병적으로 탐욕에 집착하게 된다는 것을 시사한다.

사회적 존재로서의 인간 본성에서 비롯되는 '진정한 동기'와 특정한 사회·역사적 조건에서 비롯되는 '인위적 동기'를 구분하는 것은 올바른 심리학의 관건이 되는 과제 중 하나이다.

> 이 새로운 '인간' 과학에서는 인간 욕구의 본질이라는, 지금껏 거의 손을 댄 적이 없었던 문제에 관해 기초적인 연구가 이루어져야 할 것이다. 우리가 결정해야 할 일은 다음과 같다. 어떤 욕구가 우리의 유기체에서 연유*된 것이며 어느 것이 문화 과정의 결과인가? 무엇이 개인 성장의 표현이고 무엇이 산업이 개인에게 강요한 합성품인가? 무엇이 '능동화'이고 무엇이 '수동화'인가? 어느 것이 병리에 뿌리박고 있으며, 어느 것이 정신 건강에 뿌리박고 있는가?[57]

프롬은 진정한 동기를 건강한 동기로 본 반면, 인위적 동기는 병적인 동기로 보았다. 진정한 동기인 사랑의 욕구는 건강한 동기여서 사람은 사랑의 욕구를 실현하면 할수록 정신적으로 더 건강해진다. 그러나 인위적 동기인 탐욕은 병적인 동기여서 사람은 탐욕을 실현하면 할수록 정신적으로 더 병든다. 인위적 동기를 병적인 동기라고 주장했던 최초의 철학자는 스피노자이다. 그는 '탐욕, 명예욕, 정욕 등을 보통 사람들은 병이라고 생각하지는 않지만, 사실상 그것들은 일종의 비정상적인 정신 상태'[58]라고 말했다. 마찬가지로 프롬은 '명성, 권력, 재산, 복수, 지배력을 갈망하

---

* 프롬은 진정한 동기는 인간 본성에 뿌리박고 있는 동기임을 명확히 천명했지만, 그것을 간혹 '유기체'와 같은 생물학적 개념으로 설명하기도 했다.

는 것과 같은 불합리한 열정들', 즉 인위적 동기들은 '병'적이고 '사람을 상하게 만드는 특성'을 가지고 있으므로 '이론적이고 임상적인 근거에서' 그러한 욕구들은 '사람을 손상시키는 것'으로 규정할 수 있다고 선언했다.[59]

인위적 동기가 곧 병적인 동기라는 발견은 왜 현대인의 정신 건강이 과거보다 더 나빠졌고 계속해서 악화되고 있는지를 설명해주는 열쇠이다. 자본주의 사회는 사람의 본성적 동기를 억압하고 인위적 동기를 부추겨야만 생존할 수 있는 부조리한 사회이다. 사랑의 욕구 하나만을 놓고 보더라도, 개인주의적 무한 경쟁을 강요하는 자본주의 사회는 건강한 대인관계와 공동체를 파괴함으로써 사랑의 욕구를 실현할 수 없도록 만든다. 나아가 이웃들에게 무관심해질 뿐만 아니라 그들을 적대시하고 짓밟으면서 성공하고 출세하라는, 사랑의 욕구와는 정면으로 배치되는 삶을 강요한다.

그렇다면 현대인들은 자본주의 사회가 사람의 병적인 동기를 부추기고 있다는 사실을 알고 있을까? 절대 다수의 심리학자들조차 진정한 동기와 인위적 동기를 구분하지 못하고 있으니 일반인들은 더 말할 필요가 없을 것이다. 다수의 현대인들은 몹시 고통스러워하면서도 그것이 인간의 본성적 동기의 좌절에서 비롯된 것임을 자각하지 못하고 있으며, 인위적 동기를 진정한 동기로 착각한 채 살아가고 있다. 근현대인들은 '자기가 바라는 것을 알고 있다는 환상 속에 살고 있으나, 실제로는 바라도록 되어 있는 것을 바라는 데 불과하다'[60]는 프롬의 지적은 바로 이를 두고 한 말이다. 자본주의 사회의 사람들은 자신이 진정으로 바라는 것, 즉 자기의 진정한 동기가 무엇인지 알지 못한 채 헛된 욕망만을 좇는 허무한 인생을 살아간다. 초기 자본주의 시대의 근대인에 대한 프롬의 다음 설명은 오늘날을 살아가는 사람들에게도 유효하다.

> 근대인은 어느 편인가 하면, 너무 많은 욕망을 가지고 있는 것처럼 보인다. 그리고 자신이 무엇을 바라고 있는지를 알면서도 그것을 획득하지 못하는 것이 그의 유일한 문제인 것처럼 보인다. …… 그들은 학교에서는 좋은 성적을 원하며, 어른이 되어서는 더욱더 성공하여 보다 많은 돈, 보다 많은 특권, 보다 좋은 자동차를 구해서 이곳저곳으로 여행 다니기를 원한다. 그러나 이 모든 광적인 행위를 멈추고 잠시 생각한다면 머릿속에 한 가지 의문이 떠오를 것이다. 만약 새로운 직업을 얻게 된다면, 보다 좋은 자동차를 얻게 된다면, 이런 여행을 할 수 있게 된다면…… 그 다음엔? 도대체 그게 무슨 소용이 있는가? 이 모든 것을 바라는 것은 진정 나 자신일까?[61]

진정한 동기와 병적인 동기를 구분하는 것은 올바른 심리학의 첫째가는 임무이다. 자본주의 사회가 강요하고 있는 병적인 동기가 사람에게 미치는 악영향을 폭로해야 '사람은 원래 이기적이다', '사람은 원래부터 탐욕스럽다'는 따위의 잘못된 대중적 인식을 바로잡을 수 있다. 또한 자본주의에 의해 정신적으로 불구화되어 있는 사람의 특성을 인간 본성으로 간주하는 오류에서 벗어나야, 사람에 대한 냉소적이고 허무적인 태도를 극복하고 '사람이 희망이다'라는 말에 공감할 수 있게 되며, 미래에 대한 희망을 포기하지 않을 수 있다.

프롬은 '사회 분석가의 임무는 바로 인간을 일깨워서 거짓 욕구의 허

구성과 진정한 욕구의 실재성을 인식하도록 만드는 것'[62]이라고 외쳤다. 다수의 사람들이 거짓된 동기가 정신 건강을 파괴한다는 사실을 깨닫게 된다면, 그들은 이 병적인 동기를 강요하는 세상을 바꾸기 위해 일어설 것이고 어떤 세상을 만들어야 할지도 알게 될 것이다.

사회적 욕구설과
본성적인 사회적 욕구

사람과 사회의 상호작용을 올바로 이해하려면 사람에게 본성적인 사회적 동기가 있음을 인식해야 한다. 일반적으로 사람은 사회로부터 커다란 영향을 받는다. 예를 들면 자본주의 사회의 최종 기착지라고 할 수 있는 신자유주의 체제는 한국인의 정신 건강을 극심하게 파괴했다. 이는 한국의 자살률을 통해서도 짐작할 수 있다. 그런데 만일 사회가 사람에게 일방적으로 영향을 미칠 뿐이라면, 구체적으로 말해 한국의 지배층이 일방적으로 한국인들의 심리를 좌지우지할 수 있다면 한국인은 모두 미치게 될 것이다. 그러나 사람의 본질은 일방적으로 사회 혹은 환경의 영향을 받는 존재가 아니라 사회를 변혁하는 존재라는 데 있다.

그렇다면 어째서 사람은 이러한 존재가 되는 것인가? 이를 심리학적 차원에서 설명하자면, 사람에게는 본성적인 사회적 동기들이 있기 때문이라고 말할 수 있다. 신자유주의 체제가 한국인의 정신을 병들게 만드는 데에도 한계는 있다. 왜냐하면 한국인도 사람에게 고유한 본성적인 사회적 동기를 가지고 있기 마련이고, 그것이 반복적으로 좌절되면 극심한 분노와 고통을 느끼지 않을 수 없기 때문이다. 이와 관련해 프롬은 '사회가 인간을 불구로 만들면 만들수록, 설사 인간이 의식적으로는 자기 운명에 만족하고 있다 하더라도 그는 더욱 깊이 병들어간다'[63]고 말하기도 했다.

오늘날의 한국인은 하루가 다르게 병들어가면서 고통스러워하고 있지만, 그와 동시에 세상에 대한 무의식적인 분노와 불만도 급속히 커져간다. 그리고 사람은 궁극적으로는 이런 상태를 참거나 견디지 못한다. 따라서 모든 사람이 완전히 미치거나 죽지 않는 한, '병든 사회는 사멸하고 말 것'이다. 이렇게 사람은 자신의 본성적인 사회적 동기에 기초해 사회와 상호작용하는 것이다. 이런 맥락에서 사람의 본성적인 사회적 동기를 사회변혁의 주요한 원인으로 간주하는 프롬의 견해는 타당하다.

> 사회변혁이나 혁명은 비단 사회조직의 보다 낡은 형태와 갈등하는 새로운 생산력에 의해서만 생기는 것이 아니고, 비인간적인 사회 상태와 불변의 인간적 욕구 사이에서 발생한 갈등에 의해서도 야기된다.[64]

> 인간의 가장 강한 욕구는 육체에 뿌리박은 욕구가 아니라 인간 존재의 특이성에 연유한 욕구이기 때문이다. 여기에 인본주의적 정신분석의 열쇠가 있다. …… 인간 행위의 동기가 되는 가장 강력한 힘은 인간의 존재 조건, 즉 '인간적 상황'에서 파생된다.[65]

사람의 기본 동기는 사회적 동기이며, 이는 사람의 존재 조건에서 비롯된다는 프롬의 주장은 전적으로 타당하다. 그러나 문제는, 프롬이 사람의 존재 조건을 '사회적 존재로서 사람이 맺는 세계와의 관계'에서가 아니라, 생물학적 존재인 동시에 사회적 존재라는 '사람의 모순'에서 찾았다는 데 있다. 프롬은 이 같은 모순에 기초해 다음의 다섯 가지 사회적 욕구를 제안했다.

① 관계의 욕구 혹은 관련성의 욕구

사람이 태초에 자연에서 분리되면서부터 '사람의 모순'이 생겨났기 때문에 사람은 그 분리를 극복하려고 하는데, 그것이 바로 '관계의 욕구'이다.

> 인간은 분리된 채 사랑에 의해 다시 결합되지 못하고 있다는 사실의 인식—이것이 수치심의 원천이다. 동시에 이것은 죄책감과 불안의 원천이다. 그러므로 인간의 가장 절실한 욕구는 이러한 분리 상태를 극복해서 고독이라는 감옥을 떠나려는 욕구이다. 이 목적의 실현에 '절대적으로' 실패할 때 광기가 생긴다.[66]

프롬은 '인간—모든 시대, 모든 문화의—은 동일한 문제, 곧 어떻게 분리 상태를 극복하는가, 어떻게 결합하는가, 어떻게 자신의 개체적 생명을 초월해서 합일을 찾아내는가 하는 문제에 직면하고 있다'고 주장하면서, 그 문제의 근원을 '인간의 상황, 인간의 실존의 조건'에서 찾았다.[67] 분리를 극복하는 가장 좋은 해결책은 개인이 독립성을 유지하면서 사랑과 창조적인 활동을 매개로 세계와 합일하는 것이다. 이것에 실패하면 개인들은 독립성을 포기하고 강한 권력 등과 합일하려 든다.

사람에게 관계를 맺으려는 욕구가 있음은 분명하다. 프롬의 주장처럼 사람은 '어떤 형태의 관계든 관계를' 맺어야만 정상적인 생활을 할 수 있다.[68] 그러나 이것은 사람이 자연에서 분리되었다는 사람의 모순 때문이 아니라, 사람이 오직 사회관계 속에서만 생존하고 발전할 수 있는 사회적 존재라는 사실과 관련이 있다. 즉 사회에서 배제되고 고립된 개인은 정상적인 사회적 존재가 아니므로 그는 '타인과 결합하고 그들과 관계를 맺으려는 강렬한 욕구'를 갖게 되기 마련이고, 사람에게 '가장 견디기 어려운 공포'는 '고립과 추방에 대한 공포'가 되는 것이다.

② 초월의 욕구

초월의 욕구란, '피동적 창조물의 상태를 극복하려는' 욕구이다. 여기서 피동적 창조물이 의미하는 바는 육체를 가진 생물학적 존재, 즉 동물적 삶을 살아가는 존재이다. 그러나 사람은 '이성과 상상력이 있는 까닭에'[69] 피동적인 동물의 역할, 즉 세계에 단지 적응만 하는 역할을 인정할 수 없다. 그 결과 사람은 세계를 개조·변혁하려는 욕구를 갖게 된다.

만일 초월의 욕구를 이렇게 세계를 개조·변혁하려는 욕구로 재해석한다면, 사람에게 그런 욕구가 있다는 것은 분명한 사실이다. 그러나 그것이 생물학적 존재이면서 사회적 존재라는 사람의 모순에서 비롯된 것은 아니다. 능동적인 삶은 사람이 본질적으로 사회적 존재라는 사실에서 비롯되는 현상이다. 이런 점에서 나는 '초월'이라는 개념은 그다지 타당하지 않다고 생각한다.

어쨌든 프롬은 초월의 욕구를 자연법칙에 단지 적응만 하는 수동적인 역할을 초월하려는 것으로 설명하는데, 이를 해결하는 가장 좋은 방법은 창조이다.

> 창조의 행위를 통해 인간은 피조물로서의 자신을 초월하고, 자신의 존재[*]
> 가 갖고 있는 수동성과 우연성에서 벗어나 목적이 있고 자유로운 존재[**]의
> 영역으로 끌어올린다.[70]

프롬에 의하면, 만일 사람이 창조적인 역할을 하지 못하게 되면, 즉 초
월의 욕구를 실현하지 못할 경우에는 세상을 '파괴'하려 들 수 있다. 이
런 맥락에서 그는 '파괴하려는 의지의 무서운 힘은 창조하려는 경향과
다름없이 모든 인간의 본성에 뿌리박고 있다'고 주장했으며, 사람의 '파
괴성'을 '인간의 존재에 뿌리박은 제2의 잠재력'이라고까지 말했다. 한
마디로 '창조성과 파괴성은 모두 초월을 추구하는 욕구를 충족시켜주는
것'으로 이해한 것이다.[71] 그러나 이런 견해야말로 사람의 모순에 관한
프롬 이론의 오류와 위험성을 잘 보여주고 있다. 사람의 모순, 즉 동물이
면서 사람이라는 모순의 해결에서 가장 중요한 것은 동물의 상태를 초월
하는 것이다. 따라서 창조든 파괴든 동물이 할 수 없는 것을 하면 초월의
욕구는 어떤 식으로든 충족된다. 그러나 사람이 사회적 존재라는 관점에
서면, 사람이 원하는 것은 오직 창조이지 파괴가 아니라는 사실이 분명
해진다. 즉 이 경우에 파괴는 초월의 욕구를 어떤 식으로든 전혀 충족시
켜주지 못한다.

---

[*]   동물적 존재를 의미한다.
[**] 사회적 존재를 의미한다.

③ 근원에 대한 욕구 혹은 귀속에 대한 욕구

사람이 자연계에서 분리된 것은 고향에서 쫓겨난 것을 의미하므로 사람은 잃어버린 고향을 그리워하게 된다. 하지만 사람은 원래의 고향으로는 돌아갈 수가 없으므로 새로운 고향을 찾으려 하는데, 그것이 바로 '근원rooted-ness에 대한 욕구'이다.

> 인간이 자연의 기반을 잃는다면 인간은 어디에 존재하는 것이며 또 그 인간 자신은 누구인가. …… 인간은 새로운 '인간적' 기반을 발견하는 한에 있어서만 자연의 기반이 없어도 될 수 있으며, 그러한 기반을 발견한 후에야만 이 세상에서 평안을 느낄 수 있다.[72]

프롬에 따르면, 근원에 대한 욕구를 가장 바람직하게 해결하려면 '새로운 인간적인 뿌리'를 가져야 하는데, 그것은 세계와의 '창조적인 관계'인 '모든 인간과 자연과의 계속적인 연대의 체험'이다.[73] 만일 이것에 실패하면 '당면한 공포와 위협으로부터 벗어나기 위해 어머니, 땅, 혈연, 씨족 등에 집착'하는 근친애적 관계에 빠져들 수 있다.

하지만 프롬이 말하는 '근원에 대한 욕구'는 사람에게 전혀 없거나 거의 없다는 것이 내 생각이다. 사람이 자연에서 분리된 것은 고향이나 천국을 잃은 슬픔이 아니라 사회적 존재로서의 전진과 기쁨을 의미하기 때문이다. 동물에서 사람으로의 전환을 인류가 슬퍼했다거나 괴로워했다고 보는 것은 순전히 프롬의 추측일 뿐이다. 사람은 자연계에서 분리될 때 사회 집단 단위로 분리되었다. 그러므로 사람이 그리워하는 고향은 본질적으로 자연이 아니라 사회 집단이고, 그가 원하는 것은 자신이 소속될 수 있는 건강한 공동체이다. 따라서 만일 사회 집단에 소속되려는 욕구 혹은 건강한 공동체를 갈망하는 욕구가 실현되지 않더라도 사람은 다시 자연으로 되돌아가려고 하거나 동물이 되려고 하지는 않는다.

프롬은 '어머니는 양식이고 사랑이며 따뜻함이고 대지이다'라고 하면서, '자연과의 유대 가운데 가장 기본적인 유대'를 '아이와 어머니 사이의 유대'로 보았다. 사람이 성인이 되어 '한때 존재했던 이 같은 상황에 대한 갈망'을 가지게 되는 것도 이 때문이라는 것이다.[74] 프롬에 따르면, 사람은 기본적으로 정상적인 삶을 지향하지만 만일 삶이 두려워지면 '죽음'에 '큰 매력'—프롬은 이를 '죽음 사랑'이라고도 표현했다—을 느끼는데, 그것은 죽음에 대한 매력이 곧 '어머니의 자궁 안에 머무르고 싶은 강렬한 욕망'이기 때문이라고 했다.[75]

그러나 전진이 아니면 퇴행이라는 프롬의 견해는 개체발생은 계통발생을 되풀이한다는 생물학 이론, 나아가 사람의 생애 초기가 인류의 원시시대와 유사하다고 본 프로이트나 융의 견해와 동일한 선상에 있는 것으로서, 잘못된 견해이다. 사람은 어떠한 경우에도 원시인으로 되돌아갈 수 없으며, 어머니는 자연이 아니라 사람이다. 따라서 어머니와의 관계는 그것이 제아무리 초보적인 관계일지라도 사회적 관계이지 자연과의 관계가 아니다.

하나만 더 덧붙이자면, 프로이트주의에서는 사람이 어머니의 자궁 안으로 다시 돌아가려 한다고 곧잘 주장하는데, 이러한 견해에도 동의할 수 없다. 더욱이 자궁 안에 있는 상태를 죽음과 동일시하는 견해에는 절대로 동의할 수 없다. 자궁 안의 태아는 생명체가 아니란 말인가? 사람은 마음 붙일 관계나 공동체가 없으면 차라리 홀로 있기를 원하기도 하고 극단적인 경우에는 정신분열증을 앓게 되기도 하지만, 그런 이조차 여전히 관계에 대한 욕구나 공동체에 대한 욕구를 가지고 있다. 그렇기 때문에 치료 동맹이나 환자를 진정으로 사랑하는 사람이 그의 증세를 호전시킬 수 있는 것이다. 어머니의 자궁 속으로 되돌아가려는 사람은 없다. 단지, 세상이 너무 두려워서 잔뜩 웅크리고 있는 사람이 있을 뿐이다.

④ 정체성에 대한 욕구 혹은 자기동일성에 대한 욕구

동물에게는 정체성identity이 필요 없다. 그러나 사람은 스스로를 '나라고 말할 수 있는, 그리고 자신을 분리된 실체로서 느낄 수 있는 유일한 동물'이므로 정체성을 필요로 한다. 한마디로 사람은 '나는 나이다'라고 느낄 필요가 있다는 것이다.[76] '정체성의 욕구'를 좀 쉽게 풀이하면, 스스로의 체험과 판단에 기초해 자신이 소속되고 싶은 사회 집단을 선택하고 자신이 원하는 사람이 되려는 욕구라고 말할 수 있다. 자발적으로 군인이라는 직업을 선택하거나 도덕적인 사람이 되려고 노력함으로써 군인으로서의 정체성, 성인군자라는 정체성을 확립하는 것을 예로 들 수 있다. 정체성은 스스로가 확립해가는 것이므로, 부모나 사회가 강요하는 직업이나 사회적 역할 등을 맹목적으로 수용하거나 추종하는 사람, 과도하게 의존적이고 동조적인 사람은 자기 정체성을 확립하기가 어렵다.

스스로의 의지와 힘으로 정립한 정체성을 갖지 못한 사람은 가짜 정체성 혹은 외부에서 강요된 정체성을 가지고 있다. 이런 사람은 '자기가 무엇인지 알 수 없게 되고, 무엇이 사실인지, 세계 속에서 자신이 어떤 위치를 점하고 있는지도 모르게' 된다. 그 결과 '자신의 안전성도 손상'되어 불안해진다. 이에 대해 프롬은 '불안은 단지 어떤 특수한 공포, 즉 성기나 생명 등에 대한 위협 때문에 일어날 뿐만 아니라, 자기 정체성에 대한 위기에 의해서도 일어날 수 있다'고 지적했다.[77] 결론적으로 정체성을 확립하지 못한 사람은 독립성이 없어서 세계와 건강한 관계를 맺을 수 없고, 자기 확신에 의해 뒷받침되는 안정감이 결여되어 있어서 만성적인 불안 상태에 놓이게 된다.

정체성이 뚜렷하지 않으면 사회관계를 맺기 어렵다는 것은 성 정체성 하나만 놓고 보더라도 금방 이해할 수 있다. 성 정체성이 혼란스러운 사람, 즉 자신이 남자인지 여자인지 헷갈리는 사람은 정상적인 연애를 할 수 없다. 자신이 남자인지 여자인지를 알아야 누구와 연애를 할지를 정할 수 있지 않은가? 정체성이 희미한 사람은 자기가 원하는 바를 모르고 자기가 원하는 삶도 살아가지 못하므로 불행을 피할 수가 없다.

프롬에 의하면, 정체성에 대한 욕구를 건강하게 해결하려면 전체 인격을 창조적으로 계발해 자기만의 정체성을 확립해야 한다. 만일 이것에 실패하면 오직 사회 집단을 통해서만 정체성을 확인받으려 하기 때문에 국가, 종교, 직업, 계급, 사회적 지위 등에 과도하게 몰입하거나 군중에 맹목적으로 동조할 수 있다.

현대사회에 정체성 위기가 만연해 있다는 프롬의 주장은 정당하다. 하지만 그것은 사람이 '나'를 인식하는 이성을 가지게 되어서가 아니라, 인간 본성에 배치되는 자본주의 사회가 사람들에게 자발적인, 인간적인 선택을 하지 못하도록 방해하는 동시에 인위적 동기를 강요하기 때문이다.

현대사회에 드리워진 '정체성의 위기'는, 구성원들이 저마다 '자기'가 없는 도구로 전락하고, '회사 혹은 다른 거대한 관료제 조직'의 일원으로서

만 자신을 증명함으로써 빚어진 것이다. 진정한 자기가 없는 곳에는 정체성도 없다.[78]

정체성에 대한 욕구의 근원은 동물이었던 사람이 이성을 갖게 된 데서가 아니라, 사람은 반드시 사람답게 살아야 한다는 데서 찾아야 한다. 아이들이 정체성을 형성하고 확립해나가는 과정에서 부모나 사회가 그 어떤 간섭이나 강요도 하지 않는다면 그들은 스스로 인간 본성에 부합되는 자기 정체성을 확립할 수 있을 것이기 때문이다.

⑤ 지향 틀과 헌신(신앙)의 대상에 대한 욕구

사람은 사회적 존재이므로 생물학적인 동기, 즉 육체적 생명을 유지하고 발전시킨다는 목적 외의 다른 목적을 필요로 한다. 사회적 존재인 사람에게 인생의 목적이 될 수 있는 것은 사회적 생명을 유지하고 발전시키는 것일 수밖에 없다. 그런데 사회적 생명을 유지하고 발전시키려면 세계가 어떤 곳인지를 알아야 한다. 이것은 결국 세계관을 주는 철학이 있어야만 사람은 가치관이나 인생관을 확립할 수 있고, 그 결과 삶의 의미를 찾을 수가 있다는 말이다.

우선 사람에게 '지향 틀frame of orientation의 욕구'[79]가 있다는 것은 사람이 인식과 사고의 틀을 필요로 한다는 것이다. 프롬은 이것을 다시 '진실이든 허위든 관계없이 지향을 위한 어떤 틀을 갖고자 하는 욕구'와 '세계를 객관적으로 파악하기 위해 이성에 의해 현실과 접촉하려는 욕구', 즉 진리를 파악하려는 욕구로 구분했다.[80] 나는 이를 정신적 욕구에 포함시킨 바 있는데, 이를 좀 더 통속적으로 표현하면 '이해 혹은 설명을 원하는 욕구'라고 말할 수 있다.

다음으로 사람에게 '헌신의 대상에 대한 욕구'가 있다는 것은 곧 사람이 철학을 필요로 한다는 말이다. 세계에 대한 부분적인, 단순한 이해나 지식만으로는 삶의 목적과 의미를 찾을 수 없다. 즉 그것만으로는 '인간은 왜 사는가, 인간은 왜 다른 방향이 아니라 이 방향으로 가는가 하는 철학적이고 종교적인 물음'에는 답을 할 수가 없다.[81] 세계관을 주는 철학—종교도 하나의 철학이라고 할 수 있다—이 있어야 인생관을 정립할 수 있고 인생의 의미를 찾을 수 있다. 프롬이 '헌신의 대상이 필요한 이유'를 '인생의 의미를 찾는 우리 요구에 대답하기 위해서'[82]라고 설명했던 것은 바로 이 때문이다.

지향 틀과 헌신의 대상에 대한 욕구를 해결하려면 올바른 철학과 이론을 창조하거나 받아들여야 한다. 만일 이것에 실패하면 사람들은 비합리적 세계관이나 이론에 빠져들 수 있다.

지금까지 프롬의 5대 욕구를 살펴보았는데, 그는 이 욕구들을 '자연과의 원초적 조화를 상실한 다음 마주치게 되는 불안정한 인간적 상황으로부터 제기되는 욕구들'로 규정했다. 물론 프롬이 말하는 '불안정한 인간적 상황'이란, 생물학적 존재인 동시에 사회적 존재라는 사람의 모순을 의미한다. 그러므로 프롬의 사회적 욕구설 역시 한계를 갖고 있다. 나는 《새로 쓴 심리학》(세창출판사, 2009)에서 사랑, 양심, 통제, 정신문화, 자존을 5대 욕구로 제시한 바 있지만, 무엇을 가장 중요한 본성적 욕구로 볼 것인지에 대해서는 앞으로 더 많은 고민과 연구가 있어야 할 것이다. 그렇다면 사람의 본성적인 욕구를 어떤 기준과 방법에 따라 규명해야 할까?

첫째, 본성적인 사회적 욕구는 어떤 사회·역사적 조건에서도 발견되어야 한다. 즉 그것은 특정한 사회·역사적 시기에만 나타나는 것이 아니라 인류 역사의 전 과정에서 지속적으로 발견할 수 있는 욕구라야 한다.

둘째, 본성적인 사회적 욕구의 실현은 정신 건강을 증진시키고, 좌절은 정신 건강을 악화시킨다. 예를 들면 양심의 욕구는 반드시 실현되어야 할 본성적인 사회적 욕구이므로 그것이 실현되면 정신 건강이 좋아지지만, 양심을 저버리게 되면 죄의식으로 고통을 겪게 되고 궁극적으로는 정신 건강이 악화된다. 이런 맥락에서 이기적인 욕구나 탐욕 역시 본성적인 사회적 욕구가 아니라는 것이 명백해진다. 왜냐하면 이기적 욕구나 탐욕은, 실현되면 될수록 정신 건강이 악화되기 때문이다.

셋째, 본성적인 사회적 욕구는 다양한 사회적 욕구들을 포함하는 포괄적인 욕구인 동시에, 다른 욕구에는 포함될 수 없는 욕구이다. 사랑의 욕구에는 관심을 기울이고 싶은 욕구, 친절을 베풀려는 욕구, 아끼고 위해 주려는 욕구 등이 포함될 수 있다. 반면에 사랑의 욕구는 양심의 욕구나 통제 욕구에 포함될 수 없다.

사람의 본성적인 욕구를 무엇으로 규정할 것인지에 대해서는 심리학자들마다 의견이 다를 수 있다. 그러나 누구라도 동의해야 하는 것은, 사람은 본성적인 사회적 동기를 중심으로 세계와 관계를 맺으며, 그 관계의 본질이란 사람이 자기의 동기를 실현하는 방향으로 세계를 변혁해나가는 데 있다는 사실이다.

동기 대 동기, 서로 다른 욕구들의 투쟁

프로이트는 심리 구조론에 입각해 원초아와 자아가 서로 갈등한다고 주장했다. 이런 점에서 정신분석학은 전형적인 갈등론이라고 할 수 있는데, 이러한 갈등론을 프롬은 어떻게 평가했을까? 그는 갈등론 자체는 계승했지만 프로이트의 심리 구조론이나, 생물학적 동기를 사람의 기본 동기로 간주하는 견해에는 반대했다. 이 문제에 대한 프롬의 입장은 후기 프로이트학파를 비판하는 다음의 언급에 잘 나타나 있다.

> 자아ego에 대해 새롭게 강조함으로써 사실은 프로이트의 사고 중에서 가장 가치 있는 부분, 즉 욕구들에 대한 강조가 퇴색되고 있다. …… 어떤 의미에서 자아 강도란 의미 있는 개념이긴 하나, 자아는 본질적으로 욕구들의 실행자이다. …… 무엇보다 인간에게 중요한 것은, 그리고 인간의 행동을 결정하고 인격을 형성하는 것은 어떤 종류의 욕구들이 그 사람을 움직이느냐 하는 것이다. …… 내가 프로이트의 이론에 대해 수정하고자 하는 부분이 바로 이 점이다—중요한 문제는 욕구 대 자아의 투쟁이 아니라, 한 유형의 욕구와 또 다른 유형의 욕구 사이의 투쟁이다.[83]

프롬은 원초아 대 자아의 갈등을 전면적으로 부정하지는 않았지만 그것이 그다지 중요하지 않다고 선언했다. 생물학적 동기를 사람의 기본 동기로 인정하지 않는 이상 이것은 필연적 귀결이다. 프롬은 전통적인 프로이트의 갈등론과 결별하면서 '동기 대 동기'가 갈등한다는 새로운 갈등론을 주장했다.

리비도 이론의 구속으로부터 풀려나면 정신분석학의 본질은 서로 갈등하는 인간 내부의 여러 경향들이 가진 중요한 의미와, 그러한 갈등들을 자각하지 못하도록 싸우는 저항의 힘과, 아무런 갈등도 없는 것처럼 보이게 만드는 합리화들과, 갈등을 그리고 해결되지 않은 갈등들의 병적인 역할을 자각하게 됨으로써 얻게 되는 해방 효과 등을 발견하는 것으로서 정의될 수 있다.[84]

프롬은 후기로 갈수록 충동이나 열정 같은 개념보다는 '지향orientation'이라는 말을 더 선호한다. 인간의 심리가 주요한 동기를 중심으로 다양한 요소들이 구조화되어 있는 것이라고 이해한다면, 즉 '인격'이라는 개념에 기초해 인간 심리를 바라본다면, 인격이나 전체적인 인간 심리가 드러내는 특정한 지향성을 발견할 수 있다. 예를 들면 출세욕을 주요한 동기로 가지고 있는 사람의 전체적인 심리는 일관되게 그리고 다양한 영역에서 출세를 지향하게 될 것이다. 프롬은 이 점에 주목해 전체적인 심리와 세계와의 관계 속에서 두드러지게 드러나는 지향성을 중심으로 인간 심리를 정의하는 쪽으로 선회한 것으로 보인다.

그렇다면 프롬의 갈등론은 프로이트의 갈등론보다 진리에 더 가까운 것일까? 만일 프롬이 상반되는 사회적 동기들이 갈등하고 있다는 의미에서 갈등론을 주장했다면 그렇다고 말할 수 있었을 것이다. 예를 들어, 못된 고용주에게 인격적으로 모욕을 당하면서 직장생활을 하고 있는데 직장을 그만둘 경우 취업이 어렵고 생계까지 곤란해진다고 가정해보자. 이런 상황에 놓이면 누구라도 매일같이 '당당하게 살고 싶다는 동기'와 '돈을 벌어야 한다는 동기'(혹은 해고당했을 때 예상되는 어려움을 피하려는 동기) 사이의 갈등을 경험하게 될 것이다. 그러므로 사람의 심적 갈등이란 본질적으로 상반되는 동기 사이의 갈등이라는 견해는 너무나 당연한 말이다.

그러나 프롬은 사람의 기본적인 갈등을 '동물이 되려는 동기'와 '사람이 되려는 동기'라는 양극단의 동기가 서로 갈등하는 것으로 이해했다. 즉 그는 전진하려는 동기(완전한 사람, 완전한 사회적 존재가 되려는 동기)와 퇴행하려는 동기(동물로 되돌아가려는 동기)—이것의 좀 추상적인 버전이 삶을 사랑하는 동기와 죽음을 사랑하는 동기이다—가 서로 갈등한다고 주장하면서, 일차원적인 축을 그려놓고 한쪽 끝에는 동물 그리고 반대쪽 끝에는 완전한 사람을 세워놓은 것이다. 그러나 앞에서도 이야기한 것처럼, 사람은 동물이 될 것이냐 사람이 될 것이냐 사이에서 갈등하는 것이 아니라, 사람답게 살고 싶은데 그렇게 살지 못해서 괴로워하고 갈등할 뿐이다.

프롬의 주장은 과도한 흑백논리이다. 설사 사람에게 동물로 퇴행하려는 동기가 있다고 인정하더라도, 전진하려는 동기는 처음부터 퇴행하려는 동기와 갈등하는 것이 아니다. 삶을 사랑하는 동기 역시 처음부터 죽음을 사랑하는 동기와 갈등하지 않는다. 전진하려는 동기나 삶을 사랑하는 동기는 그 실현을 방해하는 다양한 반대 동기들과 갈등을 빚을 뿐이다. 예를 들면 삶을 사랑하는 동기는 병든 사회가 강요하는, 돈과 성공을 추구하는 동기와 갈등을 빚다가 좌절될 수 있는데, 그렇다고 해서 사람들이 곧바로 죽음을 사랑하는 동기를 갖게 되는 것은 아니다. 프롬도 인정했듯이, 퇴행하려는 동기나 죽음을 사랑하는 동기는 온갖 노력을 해보았어도 모두 실패해 마침내 막다른 곳에 이르렀을 때 갖게 되는 자포 자기적인 심리일 뿐이다. 세상은 흑백이 아니고 총천연색이어서, 사람은 '백'에 이르지 못했다고 해서 곧바로 '흑'으로 가는 것이 아니라, 회색을 비롯한 다양한 색깔 속에 머무르며 계속 '백'으로 나아가려 애쓴다. 따라서 '인격 안에는 두 종류의 욕구들이 있고 이들 사이에 투쟁이 있는 것 같다'[85]는 프롬의 새로운 갈등론이 의미 있는 이론이 되려면, 그것을 양극단의 동기 사이의 갈등이 아닌 사회적 동기들 사이의 갈등으로 재정의해야만 한다.

3 사회적 성격과 무의식

진실에 대한 지식은
거의 다 무의식이다

전통적인 정신분석학의 인격론과 동기론을 계승하면서도 이를 혁신하려 했던 프롬의 시도는 '사회적 성격'에 관한 이론으로 귀결되었다. 프롬은 '사회적 성격'을 정의 내리면서 정신분석학적 개념인 인격personality 대신 성격character이라는 용어를 사용했는데, 사실 이 두 개념 사이에 본질적인 차이는 없다. 다만 성격은 집단 심리를 표현하는 개념이고, 인격은 개인 심리와 주로 관련될 뿐이다. 즉 성격이라는 개념 역시 인간의 집단 심리를 구조적·역동적 관점에서 바라보는 것이므로 본질적으로 인격과 동일한 개념이라고 할 수 있다. 그런데 정신분석학은 인격을 만들어내는 핵심 요인을 성욕이 어디에 집중되는가—예를 들면 성욕이 입에 집중되어 있는 것이 구순적 인격이다—에서 찾았지만, 프롬은 그것을 성욕과 같은 동물적 본능이 아닌 인간 본성과 사회 사이의 상호작용에서 찾았다.

사회적 성격은 사회 구조에 대해 인간 본성이 동적으로 적응해가는 결과로서 생긴다. 사회적 조건이 변화하면 사회적 성격이 변화하여 새로운 욕구가 생긴다. 이 새로운 욕구가 새로운 사상을 낳아서 사람들로 하여금 그와 같은 사상을 쉽게 받아들일 수 있게 하며, 한편 새로운 사상은 새로운 사회적 성격을 고정시키고 강화하여 인간의 행동을 결정한다. 다시 말하면, 사회적 조건은 성격이라는 매개체를 통해 이념적 현상에 영향을 미친다. 그 반면 성격은 사회적 조건에 대한 소극적인 결과가 아니라, 인간 본성에 고유한 생물학적 요소에서 기인된, 또는 역사적 진화의 결과로 내재하게 된 요소에 기인하는 동적인 적응의 결과이다.[86]

도식적으로 정리하면, 프롬은 사람(혹은 인간 본성)과 사회 사이에는 '사회의 변화 → 사회적 성격의 변화 → 새로운 욕구 → 새로운 사상 → 사회적 성격의 강화'라는 관계가 있다고 보았다. 그에 따르면 초기 자본주의(자유경쟁 자본주의)에서 후기 자본주의(국가독점 자본주의)로 이행한 사회적인 변화는 다음과 같이 사회적 성격을 변화시켰다.

자본주의 초기에서 20세기 후반에 걸친 사회적 성격의 변화이다. 권위주의적 = 강박적 = 저축적 성격은 16세기에 발달하기 시작하여 19세기 말까지는 적어도 중류계급에서 계속 우위를 차지하던 성격 구조였는데, 서서히 '시장적 성격'과 혼합되거나 혹은 그것으로 대치되었다.[87]

봉건제 사회에서 초기 자본주의로 이행함에 따라 사회는 성실한 노동과 자본의 축적을 중요시하게 되었다. 이런 사회의 요구가 봉건적 잔재와 혼합된 것이 바로 '권위주의적, 강박적, 저축적 성격'이라고 할 수 있다. 이와는 달리 국가독점 자본주의는 사회의 모든 분야가 독점자본가 집단의 손아귀에 들어가 있는 사회이다. 즉 국가독점 자본주의란, 독점 자본가들이 국가, 경제적 부, 대중매체 등 모든 것을 장악하여 그것을 자기들의 계급적 이익을 위해 사용하는 사회인 것이다. 이런 사회에서는 단지 사람의 노동력만이 아니라 사람 자체가 하나의 상품으로 전락한다. 더욱이 독점자본가들은 착취를 더 쉽게 하기 위해서 모든 사회 구성원들을 잔혹한 경쟁 속으로 몰아넣는다. 이런 사회적 변화가 만들어낸 성격이 바로 '시장적 성격'이다.

> 살아 있는 인간은 '인간 시장'에 나온 상품이 된다. …… 성공을 크게 좌우하는 것은 때에 따라 시장에서 얼마나 자신을 잘 팔 수 있느냐, 얼마나 자신의 개성을 잘 선전하느냐, 얼마나 멋지게 자신을 포장하느냐 하는 문제이다.[88]

시장적 성격은 스스로가 잘 팔리는 상품이 되기를 바란다. 즉 스스로가 더 좋은 상품이 되기를 바라는 새로운 욕구를 갖게 된다는 것이다. 이런 새로운 동기는 스펙 쌓기, 몸 가꾸기, 자기 계발 따위의 이데올로기를 만들어내고, 그런 이데올로기는 다시 시장적 성격을 가진 대중에게 환영받는다. 지금까지의 논의에서 알 수 있겠지만, 사실상 사회 변화가 초래하는 인간 심리의 변화에서 핵심은 '동기의 변화' 혹은 '새로운 동기의 출현'이다.

새로운 동기의 출현,
사회적 성격은 어떻게 형성되는가?

'사회적 성격'이란, 한 개인이나 일부 사람들만이 아니라 동일한 사회·역사적 조건 속에서 살아가는 대부분의 사람들에게 공통되는 집단 심리를 말한다. 다시 말해 그것은 '동일 문화 속의 대부분의 구성원들이 공유하고 있는 성격 구조의 핵심'[89]이라는 프롬의 정의가 말해주듯, 특정한 사회에 가장 보편적인 집단 심리인 것이다.

그렇다면 이 사회적 성격을 파악하는 것이 왜 중요할까? 프롬은 사람과 사회 사이의 관계를 '경제적 토대(넓게 보면 사회) ↔ 사회적 성격 ↔ 이상·이념'이라는 메커니즘을 통해 설명했다. 사회적 변화가 사회적 성격을 변화시키면 그것에 기초해 이상이나 이념이 만들어진다. 그리고 일단 사회적 성격에 부합되는 이념이 만들어지면 당연히 대중에게 환영받을 것이므로 그것은 변화된 사회를 더욱 공고하게 만드는 데 기여한다. 이런 견해는 '경제적 하부구조가 정치사상적 상부구조를 규정한다'는 마르크스의 사적 유물론을 조금 더 구체화한 것이라고 할 수 있다. 즉 프롬은 '경제적 하부구조(자본주의적 생산양식) → 정치사상적 상부구조(자본주의적 이데올로기)'라는 사적 유물론의 명제 사이에 '사회적 성격'을 하나 더 추가한 것이다.

여기서 또 한 가지 기억하고 넘어가야 할 것은, 어떤 지식이나 이념이 대중에게 널리 수용되려면 사회적 성격에 부합되어야 한다는 사실이다. 자본주의적 이데올로기, 즉 '끊임없는 노력이나 성공에 대한 추구라는 관념을 푸에블로 인디언이나 멕시코의 농민들*에게 강력하게 선전한다고 해도 그것은 완전히 실패한다'.[90] 마찬가지로 한국 사회가 충분히 산업화되기 이전에는 자본주의 이데올로기가 제 위력을 발휘할 수 없었다. 자본주의 이데올로기는 자본주의적인 사회적 성격이 보편화되어야 비로소 대중적으로 수용될 수 있기 때문이다. 한국의 경우 전 사회가 본격적으로 자본주의화하던 1980년대부터 자본주의적 이데올로기들이 널리 퍼진 것은 바로 이 때문이다.

그렇다면 특정 사회 속의 사람들은 왜 대부분이 '사회적 성격'을 갖게 되는 것일까? 그것은 첫째로 부모들이 일찍부터 아이들을 그렇게 양육하기 때문이다. 대부분의 심리학자들은 부모를 사회와 무관한 개인으로만 바라볼 뿐, 사회 속에서 살아가는 사회인으로는 바라보지 않는다. 반면에 프롬은 부모를 '사회의 정신적 대변자'로, 가족을 '사회의 심리학적 대행자'로 바라본다.

> 단지 부모가 그들이 살고 있는 사회의 교육 방식을 자기 아이의 교육에 적용한다는 사실만이 아니라, 그들 자신의 성격에 그들이 속해 있는 사회나 계급의 사회적 성격이 나타나 있다는 것이다.[91]

대개의 부모들은 의식적이든 무의식적이든 사회의 지배적인 이데올로기를 수용하고 있다. 만일 그렇지 않았다면 그 사회는 일찌감치 붕괴했을 것이다. 부모는 사회의 지배적인 이데올로기를 전달하는 대변자이자 매개자이기 때문에 '사회생활과 거의 접촉이 없는 아이' 때부터 사람

---

* 프롬이 살던 시대의 농민

들의 심리는 '사회에 의해 형성'된다.[92] 신자유주의 시대의 부모들에 의해 양육된 청년들에게 다음과 같은 얘기를 듣는 것은 어렵지 않다.

"수학 시험에서 100점을 맞아서 부모님께 자랑했더니, 어머니가 '네 반에서 몇이나 100점을 맞았냐?'고 물으셨어요. 그래서 세 명이라고 대답했더니 크게 실망하시며, '너 혼자 100점을 받아야 잘하는 거지'라고 말씀하시더라고요. 그 다음부터는 점수를 잘 받으면 혼자서만 그 점수를 받았다고 거짓말을 하게 되었어요."

세 과목은 100점, 한 과목은 98점을 받았는데도 칭찬은커녕 왜 다 100점을 받지 못했냐고 꾸짖는 부모, 공부를 못한다고 자식을 차갑게 대하는 부모, 못생겼다며 자식을 흉보는 부모, 길가의 노숙자를 가리키며 일류 대학 못 가면 너도 저렇게 된다고 협박하는 부모, 잘나가는 사람 앞에선 비굴한 반면 사회적 약자 앞에선 잘난 체하며 그들을 무시하고 깔보는 부모……. 이런 부모들이 바로 전형적인 '신자유주의 부모들'이다. 이런 부모 밑에서 자라난 아이들은 일찍부터 신자유주의 이데올로기를 내면화하게 된다.

사람들이 '사회적 성격'을 갖게 되는 두 번째 이유는 사회가 그러한 사회적 성격을 강요하기 때문이다. 누군가가 이 사회적 성격을 거부했을 때 발생하는 가장 큰 문제는 무엇일까? 만일 시장적 성격을 거부한다면, 즉 상품이 되라는 요구를 거부한다면 그는 돈과 성공에서 멀어질 것이다. 어떤 대기업 면접에서는 '당신이 스스로에게 가격을 매긴다면 얼마짜리입니까?'라고 물었다고 한다. '사람의 상품화'를 거부하는 사람이라면 '사람은 상품이 아니므로 돈으로 가격을 매길 수 없습니다. 저 역시 사람이므로 제 가치를 돈으로 측정해보라는 요청은 거절합니다'라고 말할지도 모른다. 그러나 이런 식으로 대답하는 사람은 취직에 성공할 수 없다!

사회적 성격을 거부했을 때 발생하는 또 다른 어려움은 다수에게 비난이나 따돌림을 받는다는 것이다. 대세를 추종하는 다수는 소수의 일탈을 반대하는 데 그치지 않고, 그 소수에게 비난을 퍼붓거나 공격하는 경향이 있다. 예를 들어 모두가 뇌물을 받고 있는 공무원 집단에 들어온 신입 공무원이 뇌물을 거부하면, 기존의 공무원들은 그를 괴롭히고 따돌린다. 아이들에게 지독한 사교육을 시키는 지역에서 한 어머니가 사교육을 시키지 않으면, 다수의 학부모들은 그것을 존중하기는커녕 '당신이 아이를 망치고 있다', '네가 그렇게 잘났냐?'고 하면서 압력을 가하고, 그래도 말을 듣지 않으면 노골적으로 경멸하며 따돌린다.

대세 추종적인 다수가 이런 짓을 하는 것은 무엇보다 대세를 거부하는 소수의 존재가 '내가 잘못하고 있는 건 아닐까?'라는 의문을 갖도록 만들기 때문이다. 자기가 잘못하고 있다는 걸 어렴풋이 알고 있더라도 모든 사람이 그렇게 하고 있다면 합리화가 가능하다. 그러나 단 한 명이라도 이탈자가 있으면 그 합리화는 위협을 받는다. 결론적으로 비인간적인 사회적 성격을 가지고 있는 사람들에게 그렇지 않은 사람의 존재는 '나는 병들었다'는 사실을 자각하게끔 자극하기 때문에 그를 비난하거나 공격한다는 것이다.

현상 유지를 원하는 지배층은 그 사회를 지탱하는 데 도움이 되는 사회적 성격을 더 많은 사람들이 받아들이기를 바란다. 그들은 자본주의 사회가 만들어낸 사회적 성격을 정당화하고 강화하기 위해 권력과 자본, 문화 산업, 여론 조작 수단 등을 총동원한다. 물론 이런 지배층의 집요한 암시와 세뇌 공작이 없더라도 사람들은 어릴 때부터 사회의 대변자인 부모로부터 사회적 성격을 받아들이도록 양육된다. 또 지배적인 사회적 성격을 거부하는 사람은 실제적으로 불이익을 받을 뿐만 아니라 사회적 압력과 공격까지 받게 된다. 그렇기 때문에 특정한 사회에서는 특정한 사회적 성격이 다수의 집단 심리가 되는 것이다.

> 사람은 자라면서 자신의 자발적이고 진정한 욕구와 관심 그리고 의지를 포기하고, 그 사회의 관습에 얽매인 의지, 욕구, 감정을 택하도록 강요받는다.[93]

여기서 한 가지 주의해야 할 점은, 사회적 성격이 항상 사회를 견고하게 유지해주는 역할만 하지는 않는다는 사실이다. 프롬은 특별한 경우에는 사회적 성격이 사회를 개조하고 변혁하는 역할을 할 수 있다고 주장했다.

> 사회적 성격은 사회의 사회 경제적 구조에 영향을 미치게 되어 사회 구조를 한층 견고히 해주는 시멘트의 작용을 하든가, 혹 특별한 경우에는 사회 구조를 두들겨 부수는 다이너마이트 작용을 한다.[94]

마르크스는 자본주의 사회에서 살고 있었음에도 반자본주의적 이데올로기인 사회주의 사상을 창시했다. 이것은 그가 지배적인 사회적 성격이 아닌 소수자의 성격을 가지고 있었음을 의미한다. 어떻게 이런 일이 가능할까? 즉 '사회 변화 → 새로운 사회적 성격 → 새로운 이념'이 아닌

'새로운 사회적 성격 → 새로운 이념 → 사회 변화'라는 흐름이 어떻게 가능한지에 대해 프롬은 명확하게 설명하지 않았다. 하지만 그의 전반적인 이론에 비추어볼 때, 다음과 같은 설명이 가능할 것 같다.

사회의 변화가 새로운 사회적 성격을 강요한다 하더라도 사회 구성원 모두가 그 사회적 성격을 갖게 되는 것은 아니다. 즉 그것을 강하게 거부하는 소수가 있을 수 있는데, 그것이 인간 본성에 어긋나서이다. 마르크스는 자본주의 사회가 사람을 세상의 주인이 아니라 자본이나 돈의 노예로 전락시키고, 사람을 상품화함으로써 그 존엄성을 유린하는 현상을 똑똑히 목격했다. 그가 자본주의 사회가 요구하는 사회적 성격을 단호히 거부하고, 인간 본성을 유린하는 자본주의 사회를 타도하는 혁명적인 사상을 창시해야겠다고 결심했던 것은 바로 이 때문이었다. 이런 점에서 사회적 성격이 해당 사회를 더 공고히 하는가, 아니면 사회를 변혁하는 데 기여하는가 하는 것을 결정하는 것은 인간 본성이라고 할 수 있다. 즉 사회의 변화가 인간 본성을 말살하는 것을 예리하게 포착하고 그 사실을 용감하게 주장할 수 있는 용기가 있는가, 그렇지 않으면 사회의 변화가 인간 본성을 말살하고 있음을 잘 알지 못하거나 그것을 알면서도 용기가 없어 침묵하는가가 사회적 성격의 역할을 결정하는 것이다.

사회적 무의식과 사회적 억압

프롬은 집단 심리를 올바로 규명하려면 단지 의식만이 아니라 무의식까지 다뤄야 한다고 강조했다. 한국인의 반공주의는 의식적 차원에서는 사회주의를 반대하는 것이지만, 무의식적 차원에서는 국민에게 빨갱이나 종북 딱지를 마구 붙여 가혹하게 탄압하는 극우 보수 세력에 대한 공포를 방어하려는 시도일 뿐이다.* 즉 반공주의자나 반북주의자한테는 빨갱이나 종북 딱지를 붙일 수가 없을 테니, 아예 가능성을 없애기 위해서 극우 보수 세력의 이데올로기를 받아들였다는 것이다. 이런 현상은 한국인의 집단 무의식을 들여다보지 않고는 한국인의 집단 심리를 올바로 파악할 수 없음을 방증한다. 프롬이 사회적 성격과 더불어 '사회적 무의식'을 중시한 것은 바로 이 때문이다.

사회적 무의식이란, '사회 구성원 대부분이 똑같이 억압하고 있는 분야'를 의미한다. 이런 정의에 근거하면, 사실상 개인적 무의식도 본질적으로는 사회적 무의식이라고 할 수 있다. 왜냐하면 '어떤 사상이나 감정이 의식 수준에 떠오르는 것을 허용 받거나 혹은 반대로 무의식 상태에 남아 있을 수 있는가를 사회가 규정'하기 때문이다.[95] 전통적인 프로이트주의자들은 개인적 무의식이 주로 부모의 금지에서 비롯된다고 말하겠지만, 부모가 자식들에게 금지시키는 것들이 대부분 사회적 금지이므로 대부분의 개인적 무의식을 사회적 무의식으로 보아도 무방하다.

한국 부모들은 대개 자녀가 잘못된 현실에 항의하거나 불의에 저항하는 것을 만류하거나 금지한다. 혼자 힘으로 아무리 애써봐야 '달걀로 바위치기'가 될 공산이 크고 결국 '모난 돌이 정 맞는다'고 하면서, 자식이 안전한 길—실제로는 비겁한 삶—로만 가도록 유도한다. 인생에서 패

---

* 이 주제에 대해서는 김태형, 《트라우마 한국사회》(서해문집, 2013) '분단 트라우마'를 참고하라.

배를 거듭하는 과정에서 비겁과 굴종을 체질화한 상당수의 부모들은 불의에 저항하는 것이 사회적 불이익, 심지어는 죽음을 초래할 수도 있다는 사실에만 주목한다. 세상을 변혁하기 위해 분투하는 삶, 불의에 저항하는 삶이야말로 진정으로 가치 있고 행복한 삶일 수 있다는 사실에 대해서는 전혀 눈을 돌리지 못한다. 그래서 한국의 부모들은 자식을 위한다는 명분으로 자기합리화를 하며, 자식들에게도 허무하고 불행할 수밖에 없는 패배와 굴종의 삶을 살도록 강요하는 것이다. 이렇게 비겁함이나 굴종 심리 같은 한국인들의 개인적 무의식은 곧 사회적 무의식이므로, 사회적 무의식을 규명해야 개인적 무의식의 본질도 이해할 수 있다.

프롬은 의식과 무의식을 구분하는 기준을 '자각성', '의식성'의 유무로 보는데, 그것은 의식과 무의식을 구분하는 유일하고도 가장 정당한 기준이다.

> 무의식이라는 게 존재*하는 것이 아니라, 다만 우리가 자각한다는 체험이 있을 뿐이며 그 밖의 것은 알아채질 못해서 무의식적일 뿐이다. 내가 어떤 사람을 두려워하기 때문에 미워한다고 하자. 더욱이 그 미움을 자각하고는 있어도 두려움을 자각하지는 않았다고 하자. 그러면 나의 미움은 의식적이고, 나의 두려움은 무의식적이라는 말이 된다. 하지만 그래도 이 두려움은 결코 신비적인 무의식이라는 장소에 존재하는 것은 아니다.[96]

무의식은 '일정한 지각 상태, 즉 자각과 무자각의 상태에 관한 것'이라

---

*   무의식은 마음속의 특정한 장소에 존재하고 있는 것이 아니라는 뜻이다.

는 언급에서도 확인할 수 있듯이, 프롬은 의식하지 못하고 있는 의식을 무의식으로 규정했다. 의식과 무의식을 구분하는 이런 기준에 비추어보면, 사회적 무의식에는 억압된 것만이 아니라 단지 의식되지 못하고 있는 의식까지도 포함된다는 사실을 쉽게 유추할 수 있다. 그럼에도 프롬은 사회적 무의식의 핵심이 억압된 집단의식이라고 생각했는데, 억압된 것은 원칙적으로 억압의 원인이 사라지기 전까지는 당사자가 제아무리 노력해도 의식될 수가 없기 때문이다. 즉 단순히 의식되지 않고 있는 사회적 무의식은 노력 여하에 따라서 다시 의식될 수가 있지만, 억압된 사회적 무의식은 그렇지 않기 때문이라는 것이다.

자본주의 사회의 지배층은 민중이 진리에 눈뜨는 걸 극도로 두려워하며 한사코 반대한다. 따라서 그들은 사람들이 감히 불순한 생각을 하지 못하도록 본보기를 보이는 등의 방법으로 공포를 조장함으로써 억압이라는 방어기제를 사용하지 않을 수 없도록 강제한다.

> 만약 대부분의 사람들이 자기들은 속았다는 사실을 깊이 자각했다고 하면, 그 원한은 기존 질서를 위기에 빠뜨릴 정도의 것이 될지도 모른다. 그러므로 이러한 생각은 억압되지 않으면 안 되며, 이 억압 과정이 잘 되어 가지 않으면 그 사람의 생활과 자유가 위험해진다.[97]

위의 언급에서 알 수 있듯이, 억압은 원칙적으로 사람을 죽이거나 처벌할 수 있는 권력에 대한 공포에 의해 유발된다. 그러나 억압의 원인은 단지 권력이 유발하는 직접적이고 노골적인 공포에만 국한되지 않는다. 직접적이든 간접적이든, 은밀하든 노골적이든 상관없이 모든 공포는 억압을 유발할 수 있다.

> 왜 사람들은 자각할 수 있었을지도 모르는 것을 억압하는가? 의심할 것도
> 없이 주요 이유는 공포이다.[98]

프롬은 억압을 유발하는 공포로 '죽임, 투옥, 굶주림'에 대한 공포, '실패자가 되는 일'에 대한 공포, '고립과 추방'의 공포 등을 거론하고 있다. 특히 그는 다수가 소수에게 가하는 압력이 얼마나 거대한지에 대해 '인간이 음으로 양으로 추방의 공포에 직면할 때에 믿어지지 않고 억압되지 않는 것은 거의 아무것도 없다고 해도 좋을 것이다'[99]라고 강조하고 있다.

사회는 억압을 위해 여러 사회적 필터를 이용하는데, 그중 대표적인 것들이 ① 언어, ② 논리, ③ 사회적 금기[100] 등이다. '언어와 논리는 일정한 체험을 자각하는 일을 곤란케 하고 불가능하게 하는 사회적 필터'[101]이다. 한국을 예로 들면, 사회주의와 관련된 단어나 사회주의적인 논리는 철저히 금기시된다. 그 결과 대부분의 한국인들은 사회주의가 무엇인지도 정확히 모르면서 맹목적으로 사회주의를 두려워하고 혐오하는 정신적 불구 상태에 놓이게 되었다. 또한 한국 사회는 노동자들이 파업을 하면 국민 생활에 불편을 끼친다고 욕하고, 대학생들이 정치 활동을 하면 학생이 공부는 안 하고 엉뚱한 짓을 한다고 욕하는 것처럼 국민의 불복종이나 저항을 금기시한다. 그 결과 상당수의 한국인들은 자기의 권리를 포기한 채 권력과 자본의 요구대로 살아가는 것을 당연시하게 되었고, 불편한 진실, 사회의 모순에 눈을 뜨는 것조차 기피하게 되었다. 이에

대해 프롬은 다음과 같이 지적하고 있다.

> 우리는 인간 행동에 관해서 알아야 할 거의 모든 것을 알고 있다. 그러나
> 우리 조상들이 그 지식을 '의식하고' 이용한 데 반해 우리는 지식이 떠오
> 르려는 순간 곧 억압한다. 왜냐하면 만일 그것을 의식한다면 인생이 너무
> 나도 곤란한, 그리고 우리가 스스로 믿는 것처럼 너무나도 '위험한' 것으
> 로 되기 때문이다.[102]

원칙적으로 억압은 성공할 수 없다. 따라서 억압을 위해 심리적인 에
너지를 사용하는 것은, 궁극적으로는 실패할 일에다 막대한 심리적 에너
지를 쏟아 붓는 짓이다. 그러므로 억압이 있는 삶은 절대로 발전적일 수
없다. 억압에다 막대한 에너지를 소모하면서 살아가는 개인이 병적이듯
이, 사회적 억압을 위해 막대한 에너지를 사용하는 사회 역시 병적인 사
회이다.

> 실제로 우리 에너지의 상당량이 우리가 알고 있는 것을 우리 자신으로부
> 터 감추기 위해 소비되고 있으며, 이런 억압된 지식의 양은 아무리 높이
> 평가해도 좋을 만큼 엄청나다.[103]

좀 과하다고 생각할지도 모르겠지만, 프롬은 '진실에 대한 지식은 거
의가 다 무의식이다'[104]라고 말했다. 이것은 무엇보다 사람이 진실을 억
압하는 까닭이 진실을 인식할 수 있는 지적 능력이 부족해서가 아니라,
진실의 인식이 가져올 후폭풍을 두려워하는 데 있음을 의미한다. 영화

〈매트릭스〉의 주인공이 충격적인 진실을 알게 된 후 고통에 겨워 기절하는 장면은 이를 잘 보여준다. 진실이 억압되어 있다는 것은 곧 사람들이 무의식적으로는 그것을 알고 있지만 단지 의식하지 못하고 있다는 뜻이다. 사람들이 이미 진실을 알고 있는 것은 삶 자체가 그에게 진실을 가르쳐주기 때문이다. 노동자계급이 노동자로서의 삶을 통해 스스로가 임금 노예임을 알게 되듯이, 자본주의 사회에서 살고 있는 사람들은 삶의 경험을 통해 그 사회가 사람을 결코 행복하게 해주지 못한다는 것을 알게 된다. 하지만 그것을 의식하고 저항하면 온갖 불이익과 탄압이 뒤따른다는 사실을 예상할 수 있기에 그것을 의식하지 않을 뿐이다. 심리 치료에서 내담자가 이미 알고 있지만 의식하지 못하고 있는 진실을 의식화해야 한다고 말하고, 사회변혁에서 민중이 이미 알고 있지만 의식하지 못하고 있는 진실을 의식화해야 한다고 말하는 것은 이와 관련이 있다.

의식화는 새로운 진실을 외부에서 주입하는 것이 아니다. 그것의 본질은 누군가가 삶을 통해 이미 알고는 있지만 명확하게 의식하지 못하고 있는 진실을 의식하도록 도와주는 것이다. 이런 점에서 의식화의 성공 유무는 억압을 지탱해주는 원인을 제거할 수 있느냐 없느냐에 달려 있다고 말할 수 있다. 즉 의식화는 본질적으로 그가 이미 알고 있는 진실이 의식에 떠오르지 못하도록 방해하는 억압을 제거해야만 성공할 수 있다는 것이다. 프롬에 의하면 억압의 주요한 원인은 공포이다. 따라서 개인 치료든 사회 치료든, 의식화는 공포가 완화될 때 성공 가능성이 높아진다. 이를 우리 사회에 적용해보면, 한국인들에게 가장 심각한 공포인 극우 보수 세력에 대한 공포를 완화하거나 제거하는 것이야말로 의식화의 성패를 좌우하는 열쇠라고 말할 수 있을 것이다.

초기 자본주의와
근대인

양심은 냉혹한 지배자다

_____

_____

_____

_____

현대 자본주의는
어떻게 사람들을 무력화
하는가?

바뀐 것은 쇠사슬의 형태일 뿐이다

_____

_____

_____

_____

현대인을
지배하는
감정들

파멸시키느냐, 파멸당하느냐

_____

_____

_____

_____

현대인의
주요한 동기

싸움터는 바로 여기, 우리 자신과 우리 제도 안에 있다

_____

_____

_____

_____

_____

현대 자본주의와
사회적 성격

새로운 인간의 탄생

_____

_____

_____

_____

자본주의와
인간 심리

제3부

고립되어 있는 현대인은

사람을 지독하게 그리워한다.

동시에 경쟁자인 다른 사람들을 몹시 두려워한다.

그래서 현대인은 지극히 사회화되어 있지만, 몹시 외롭다.

현대인은 다른 사람들과의 가까운 접촉을 두려워하지만,

혼자 있고 아무런 접촉도 가지지 못하는 것을 마찬가지로 두려워한다.

현대인이 타인과의 가벼운 잡담이나 대화 등에

연연해하는 동시에 그것에서 짙은 허무감을 느끼는

심리적 원인이 바로 여기에 있다.

'어떻게 외롭지 않으면서 혼자 지낼 수 있을까?' 하는

문제에 대한 해답이 하찮은 대화의 기능이다.

1 초기 자본주의와
     근대인

양심은
냉혹한 지배자다

초기 자본주의란, 중세 봉건제 사회가 자본가계급이 주도하는 시민혁명으로 붕괴된 이후부터 독점자본주의 단계로 넘어가기 이전까지의 자본주의를 말한다. 초기 자본주의의 정치적·경제적 상황은 다음과 같다. 시민혁명의 성공으로 인해 정치적으로는 봉건적인 권위주의 체제가 종말을 고하고 자유민주주의를 이념으로 하는 공화제가 보편화되었다. 또 경제적으로는 자본가들이 노동자를 비롯한 민중을 가혹하게 착취하면서 자본을 축적하는 한편 자본가들 사이에 치열한 경쟁이 벌어졌다. 프롬은 형식적 민주주의가 도입되고 자본과 시장의 법칙에 의해 경제 상황이 좌우되는 초기 자본주의 시대에 살고 있던 사람들을 '근대인'이라고 불렀다. 그렇다면 초기 자본주의는 근대인의 심리에 어떤 영향을 미쳤을까?

종교적 초자아,
새로운 내적 권위의 탄생

초기 자본주의의 커다란 특징은 왕이나 귀족 등의 외적 권위가 내적 권위로 대체된 점이다. 중세 봉건제 사회 말기에 등장한 신흥 자본가계급은 신분제도에 의해서 뒷받침되던 왕이나 귀족의 특권을 반대했는데, 이는 그들이 자본가계급의 이윤 추구 동기를 실현하는 데 걸림돌이 되었기 때문이다. 그래서 신흥 자본가계급은 봉건적 권위를 강하게 공격했고, 마침내 시민혁명을 성공시킴으로써 봉건제 사회를 무너뜨렸다.

계급사회에서 지배계급이 피지배계급의 복종을 이끌어내고 착취를 효과적으로 실현할 수 있게 해주는 주요한 원천은 '권위'에 있다. 즉 왕이나 귀족에게는 강력한 권위가 있었기 때문에 농노들은 그들에게 함부로 반항하지 못하고 시키는 대로 묵묵히 일했던 것이다. 따라서 봉건적 권위가 사라지면 민중은 더 이상 지배계급에 복종하지 않고 반항할 위험이 있다. 그렇다면 자본가계급은 이런 난점을 어떻게 해결했을까? 프롬에 의하면, 봉건적 권위가 더 이상 가능하지 않게 된 상황에서 신흥 자본가계급은 종교를 적극 활용했다. 중세 봉건제 사회 후기부터 본격화되었던 종교개혁운동이 바로 그러한 새로운 권위를 만들어내는 데 일조했다는 것이다.

마르틴 루터Martin Luther나 장 칼뱅Jean Calvin 같은, 신흥 자본가계급의 이익을 옹호했던 종교개혁운동의 지도자들은 성실한 노동, 근검절약, 자본의 축적 등을 강조하면서, 이런 삶을 살지 않으면 천국에 갈 수 없다고 민중을 위협했다. 외부로부터의 이런 위협은 인간 심리 내에 프로이트가 양심으로 간주했던 초자아를 만들어내기 마련인데, 바로 이 초자아가 민중에게 복종을 강제하는 새로운 권위가 되었다.

> 발흥하는 중산계급의 정치적 승리에 의해 외적 권위의 특권은 상실되고, 외적 권위가 있었던 위치에 인간의 내적 권위인 양심이 대신하게 되었다. …… 양심은 외적 권위와 마찬가지로 냉혹한 지배자이며 …… 양심의 지배는 외적 권위의 지배보다 더 냉혹하다…….[1]

프롬도 프로이트처럼 초자아를 양심으로 간주하기는 했지만, 적어도 그는 양심을 권위주의적 양심인 초자아와 인본주의적 양심으로 구분하고 있다. 나는 초자아는 양심이 아니라고 생각하지만,[*] 프롬의 저작을 읽을 때는 그가 말하는 양심이 일반적인 의미의 '양심'이 아니라 '초자아'라는 사실을 염두에 두어야 한다.

아무튼 초기 자본주의 사회에서는 봉건적 권위가 붕괴되고 새로운 내적 권위인 종교적 초자아가 생겨났다. 그 결과 근대인은, 중세인이 지주계급의 엄포와 채찍이 두려워 열심히 일을 했듯이, 내면의 초자아가 두려워 열심히 일하게 되었다. 무릇 신의 심판이 지주의 채찍보다 더 두려운 법이어서, 초자아는 근대인의 마음속에서 도저히 떨쳐낼 수 없는 강력한 동인動因으로 작용했다. 그래서 프롬은 외적인 권위보다 오히려 내적인 권위가 민중을 더 열심히 일하게 만들었다고 주장했다.

----

[*] 이에 관해서는 《새로 쓴 심리학》의 '양심' 편을 참고하라.

근대사회의 새로운 점은 사람들이 외부의 압력에 의해서보다는 내적인 충동에 의해 일을 하게 되었다는 것인데, 이는 다른 사회에서는 대단히 엄격한 주인만이 능히 할 수 있는 일이었다.

내적인 충동은 모든 에너지를 동원하여 그날그날의 업무에 종사하게 하는 데 외적인 강제보다 더 효력이 있다.[2]

사실 초자아는 종교의 협박에 의해 생겨난 것이지만, '노예들에게 그러했듯이 물리적 폭력 수단을 동원해 강압한 끝에 외부적 강제가 이제 내면화되어 사람들 자신이 자유의지로 헌신하도록 만들었다'[3]는 프롬의 말처럼, 일단 내면에 초자아가 만들어지면 사람들은 외적인 권위가 자기에게 무엇인가를 강요한다고 생각하지 않고 자기 스스로가 원해서 어떤 일을 한다고 착각하게 된다.

프롬은 종교개혁운동이 자본주의의 형성과 발전에 커다란 도움을 주었다고 일관되게 주장했다. 외적 권위(봉건적 권위)가 사라진 조건에서도 민중을 계속 지배하고 착취할 수 있게 해주었던 내적 권위, 즉 종교적 초자아를 내면화시킨 것이 바로 자본주의의 형성과 발전에 기여한 종교개혁운동의 가장 큰 공로이다. 하지만 이로써 민중은 외적 권위의 폭압에서는 해방되었지만 또다시 내적 권위의 노예가 되어야만 했다.

세상 모든 것의 상품화

자본주의 사회는 모든 것을 상품화하는 사회이다. 자급자족적인 농경사회였던 봉건제 사회에서 농민들은 자기에게 필요한 물건을 직접 만들어 사용했다. 예를 들면 조선 시대의 농민들은 초가집도 직접 짓고 짚신도 직접 만들어 신었다. 하지만 자본주의 사회는 고도로 분업화된 사회라서 사람들은 자기에게 필요한 물건을 직접 만들지 않는다. 즉 집은 건설 노동자가, 신발은 신발 공장의 노동자가 만든다. 그리고 사회적 분업을 통해 만들어진 여러 물건들이 상품으로서 시장에서 판매되고 사람들은 그 상품을 구입한다. 그렇기 때문에 자본주의 사회에서 생산되는 모든 물건들은 다 시장에서 사고 팔 수 있는 상품이어야만 하고 실제로도 상품이 되는 것이다.

자본주의 사회에서도 처음에는 단지 시장에서 거래되는 물건만이 상품으로 간주되었으나, 상품화 경향이 일반화되면서부터는 모든 것을 상품으로 취급하게 되었다. 이는 무엇보다 모든 것의 가치를 교환가치의 척도인 돈으로 측정하는 데서도 확인할 수 있다. 사실 상품이 아닌 것의 가치는 돈으로 측정할 수도 없으며 측정해서도 안 된다. 그러나 자본주의 사회는 모든 것, 즉 시간의 가치, 행복의 가치, 인생의 가치까지도 모두 돈으로 환산한다.

> 근본적으로 모든 것의 가치를 화폐단위로 계산하려는 질문 자체는 의미가 있을 수 없다. 왜냐하면 같은 단위로 잴 수 없는 두 개를 한 방정식에 다 끌어넣는 것은 불가능하기 때문이다.[4]

자본주의 사회에서 모든 것이 상품화되었음은 경제 중심, 돈 중심의 세계관이 팽배해진 것을 통해서도 확인할 수 있다. 자본주의 사회에서는 모든 것을 이윤이 남느냐 남지 않느냐를 기준으로 판단하는 경향이 지배적이다. 단기적으로 이윤이 남지 않는다는 이유로 공기업을 민영화하고, 사회보장제도를 위한 예산 투입을 꺼리고, 심지어는 돈이 되지 않으면 통일도 하지 않으려 한다. '통일은 대박이다'라는 말은 이를 역설적으로 보여준다. 이렇듯 이윤이라는 기준을 모든 것에 적용한다는 것은 세상의 모든 것이 상품화되었음을 뚜렷이 보여준다. 자본주의 사회에서 태어나고 자라난 사람들은 경제 중심주의, 돈 중심주의를 너무나 당연하게 여길지도 모르지만, 그것은 모든 것이 상품화된 자본주의 사회에만 고유한 관념이다.

> 종교적 논쟁에만 사로잡혀 있던 17세기의 고착 관념을 오늘날 우리가 측은하게 생각하듯, 장차 우리의 후손은 경제 문제에만 집착하는 우리의 고착 관념을 측은하게 여길 것이다.[5]

모든 것의 상품화가 초래하는 최대의 재앙은 '사람의 상품화'이다. 자본주의 사회는 사람까지도 상품으로 만듦으로써 사람의 지위를 수많은 상품들 중의 하나로 전락시킨다. 산재가 빈발해도 산재 방지 시설에 들어가는 돈이 산재 보상금보다 비싸면 노동자가 죽든 말든 시설을 설치하지 않는 자본가들의 행태가 이를 극명하게 보여준다. 프롬은 사람조차 인간 시장에서 돈으로 사고 팔 수 있는 상품이 되어버린 비참한 현실에 대해 수많은 현자들이 비판해왔음을 상기시키고 있다.

그들은 서로 다른 개념으로 표현하고 있지만 모두가 인간은 만유萬有의 중심적 위치를 잃고 경제적 목적을 위한 도구가 되었으며 동료 인간과 자연으로부터 멀리 떨어져 뜻있는 생활을 할 수 없게 되었다는 것이다.[6]

인간의 상품화는 인간관계에서도 극적인 변화를 초래했다. 자본주의 사회의 사람들은 서로를 상품으로 대하며 스스로도 상품으로 간주한다. 따라서 사람들 사이의 윤리는 상품 교환의 윤리로 대체된다. 인간관계의 기본 원칙이었던 사랑의 윤리가 공정 교환 혹은 공정 거래의 윤리로 뒤바뀌어버린 것이다.

> 선도 아니고 악도 아닌 이 공정성이 시장의 윤리적 원칙이며, 그것이 시장적 성격의 삶을 지배하는 윤리적 원칙이다. …… 그러나 이웃을 사랑하고 그 사람에게 일체감을 느끼고 정신적인 힘을 계발하는 목표에 생애를 바치는 따위의 일은 공정성의 윤리에는 포함되지 않는다.[7]

자본주의 사회의 사람들은 '나는 남들한테서 피해 입지 않겠다. 그 대신 나도 남들에게 피해 주지 않고 살겠다'라는 말을 자주 한다. 그러면서 자신이 착한 사람이라고 생각한다. 이것이 바로 그들이 생각하는 공정성의 원리이다. 대인관계에서 손해 보지도 않고 손해를 주지도 않는 것이 공정한 거래이고, 그렇게 사는 것이 바로 착하게 사는 삶이라는 것이다. 그러나 인간관계의 원리가 공정 교환의 원리에 국한된다면 이웃에 대한 관심과 사랑, 이웃과의 연대와 단결은 발붙일 곳이 없어진다. 한마디로 '자본주의 사회의 기본적 원칙과 사랑의 원칙은 양립할 수 없'[8]기 때문에 자본주의 사회의 사람들은 사랑을 주고받으면서 살아가는 참다운 인간관계를 경험할 수가 없고 그 결과 불행한 삶을 살게 된다.

> 물질적 재화에 있어서나 사랑에 있어서나 '받은 만큼 준다'는 것이 자본
> 주의 사회의 보편적인 윤리적 격언이다. …… 유대 기독교의 형제애의 규
> 범은 공정성의 윤리와는 전혀 다르다. 유대 기독교의 규범은 네 이웃을
> 사랑하라, 다시 말하면 이웃에 대해 책임을 느끼고 이웃과 하나가 되라는
> 것이고, 반면 공정성의 윤리는 책임이나 일체감을 느끼지 말고 멀리 떨어
> 져 있으라는 것이다.[9]

시장의 지배, 상품이 되어버린 '개인'들

자본주의 사회에서 생산되는 수많은 상품들은 반드시 교환되고 판매되
어야 한다. 그래야만 어떤 상품을 필요로 하는 사람에게 그 상품이 전달
될 수 있고, 그 과정에서 이윤이 창출된다. 상품의 교환과 판매는 오직
시장을 통해서만 가능하기 때문에 자본주의 사회는 점점 더 시장을 중요
시하게 되었는데, 그것의 귀결이 바로 시장 만능주의이다.

> 주된 조절자로서의 시장은 19세기에 전통적 제한 요소로부터 해방되고
> 그 완전한 모습을 드러냈다. 모든 사람이 자기 자신의 이득에 따라 행동
> 한다고 믿지만, 사실은 보이지 않는 시장 법칙과 경제적 기계 구조의 법
> 칙에 의해 움직여지게 되었다. …… 인간의 배후에서 작용하여 그로 하여
> 금 결정의 자유도 없이 어떤 일을 하도록 강요하는 경제 법칙의 작용은,

20세기에 들어서서야 완전한 전모를 드러낸 상황의 시초였다.[10]

시장이 없으면 자본주의 사회는 붕괴한다. 그런데 이 '시장'은 사람이 통제할 수 없다. 시장은 수많은 상품 판매자와 구매자들에 의해서 자연발생적으로, 무정부적으로 움직이므로 그 누구도 시장 전체, 나아가 경제 전체를 통제할 수가 없다. 자본가계급이나 국가조차도 시장과 경제를 통제하기는 불가능하다. 벅찬 희망을 품고 창업을 했다가 파산한 사람들, 한때는 잘나가는 직종에 근무했지만 찬밥 신세가 된 사람들은 예측할 수도, 통제할 수도 없는 경제 상황이나 경기변동을 경험하며 지독한 무력감을 느낀다. 생산과 소비 사이의 모순이 격화되어 경기가 침체되거나 경제공황이 발생할 때, 사람들은 시장의 위력 앞에 속수무책으로 무릎을 꿇으면서 불가항력을 느낀다. 이렇게 자본주의 사회에서는 사람이 시장과 경제를 지배하는 것이 아니라 시장과 경제가 사람을 지배하며, 사람은 시장의 노예, 경제 법칙의 노예가 된다.

자본주의 사회는 시장 숭배와 시장 만능주의뿐만 아니라 개인주의도 보편화시킨다. '계획이 아니라 비인격적인 메커니즘과 시장이 사회의 삶을 조절해야 한다는 신념', '연대와 사랑이 아니라 개인주의적이고 자기중심적인 행동이 모두에게 최선의 결과를 가져다주리라는 원칙'을 고수하고 따르는 것이다.[11] 사람이 시장에서 팔려 나가야 할 상품인 이상 사람의 최고 목적은 성공하는 것, 잘 팔리는 상품이 되는 것이라고 자본주의는 가르친다.

성공을 목표로 한 이 같은 투쟁에서 인간적 유대를 위한 사회적·도덕적

법칙은 파괴되고 인생에서 중요한 것은 경쟁에서 1등을 차지하는 것이었다.[12]

　원래 사람은 다른 사람에 의해 수단화되거나 도구화되어서는 안 되는 존엄한 존재이다. 그렇기 때문에 인류는 사람을 도구화했던 노예제나 봉건제를 반대해 투쟁했던 것이고, 오늘날의 심리학자들 역시 사람을 도구화·수단화하는 것은 곧 학대라고 단언하는 것이다. 그러나 '인간에 의한 인간의 이용은 자본주의 체제의 밑바탕에 깔려 있는 가치 체계의 표현'[13]이라는 말이 보여주듯, 자본주의 사회는 사람을 도구화하고 수단화하는 것을 허용할 뿐만 아니라 오히려 장려한다. 자본주의 사회에서는 타인을 잔인하게 짓밟고 착취하며 잘 이용하는 사람일수록 성공한다.

　사람의 목적이 잘 팔리는 상품이 되는 것으로 변질되고 사람들 사이의 관계가 경쟁 관계로 전락하면 개인 이기주의의 만연을 피할 수 없다. 프롬은 자본주의 제도 자체가 모든 구성원들을 이기심으로 물들인다고 지적했다.

> 체제가 낳은 이기심 때문에 지도자들이 개인적 성공을 사회적 책임보다 중시하게끔 된다. …… 자신에게는 이익을 주지만 공동체에는 해롭고 위험한 결정을 내려도 이미 아무도 놀라지 않는다. …… 일반 대중도 마찬가지다. 그들은 개인적인 일에 이기적으로 전념하는 나머지 개인적인 영역을 벗어나는 모든 일에 거의 주의를 기울이지 않는다.[14]

근대인, 세상을 홀로 상대하는
철저한 고립자가 되다

비록 자본가계급이 주도하기는 했지만, 봉건제 사회를 멸망시키고 자본
주의를 탄생시키는 혁명에 기꺼이 동참했던 민중은 투쟁 과정에서 크게
성장했다.

> 한마디로 말해, 자본주의는 단지 인간을 전통적인 속박으로부터 해방시
> 켰을 뿐만 아니라, 인간의 적극적인 자유를 증대시켜 능동적이며 비판적
> 인, 그리고 책임질 수 있는 자아를 성장시키는 데 막대한 공헌을 했다.[15]

시민혁명을 통해 한층 성장한 민중이 새로운 사회적 변혁을 연달아 성
공시킬 수만 있었다면 오늘날의 세상보다는 훨씬 나은 세상을 만들 수
있었을 것이고, 정신적으로도 훨씬 더 건강해질 수 있었을 것이다. 프랑
스대혁명이 파리코뮌의 성공으로까지 이어졌다면 오늘날의 프랑스는
크게 달라져 있었을 것이다. 하지만 시민혁명의 성과를 자본가계급이 독
점함에 따라, 민중은 다시 자본가계급에게 지배당하고 착취당하는 임금
노예의 신세로 전락하게 되었다. 게다가 프롬에 의하면 근대인은 중세인
보다 오히려 더 열악한 상황에 놓이게 되었는데, 그것은 농촌공동체가
해체된 것과 관련이 있다.

중세 봉건제 사회에서 민중은 농촌공동체에 삶의 뿌리를 내릴 수 있었
고, 공동체 성원들, 즉 농민들 사이의 관계는 기본적으로 사랑과 협동의
관계였다. 즉 중세인들은 지주의 폭정과 착취에 시달리기는 했지만, 그

들에게는 고통과 슬픔을 함께 나눌 수 있는 관계와 공동체가 있었다. 그러나 자본주의 사회는 농민을 노동자로 만들기 위해 농촌공동체들을 대량으로 파괴하고는 거주민들을 도시로 내몰았다. 그 결과 근대인은 농촌공동체가 제공하던 안정감이나 소속감을 상실한 채 자본가계급 혹은 사회를 홀로 상대하면서 생존을 도모해야만 하는 철저한 고립자가 되었다.

> 근대사회에 대비한 중세사회의 특징은 개인적 자유의 결여이다. …… 근대적 의미에서의 자유는 없었지만 중세 인간은 고독하거나 고립된 상태에 있었던 것은 아니다. …… 인생이란 의심의 여지가 없는, 구태여 의심할 필요조차 없는 명확한 의미를 가진 것이었다. 즉 그는 한 사람의 농민이고 직공이고 기사였으며, '우연히' 그러한 직업을 갖게 된 '개인'이라고는 생각되지 않았다. 사회적인 질서는 곧 자연적인 질서로 생각되었으며, 사회적 질서 속에서 그 역할을 충실히 이행하면 그에게는 안정감과 소속감이 주어졌다.[16]

프롬의 의견을 모두 다 인정하지는 못한다 할지라도, 농촌공동체가 붕괴됨으로써 근대인이 안정감과 소속감을 상실하고 고립감에 시달리게 되었다는 주장만큼은 옳다. 초기 자본주의 사회에서 농촌공동체를 대체해줄 수 있는 새로운 공동체는 노동자계급의 노동조합이었다고 할 수 있다. 그러나 노동운동은 자본가계급의 혹심한 탄압을 받았으므로 다수의 노동자들은 노동조합으로 단결하지 못했고, 노동자계급이 아닌 사람들의 처지는 더욱 열악했다. 그 당시 민중의 상황에 관해 프롬은 다음과 같이 설명하고 있다.

부도, 권력도 갖지 못한 일반 대중은 지난날에 가졌던 안전한 삶의 상태를 상실함으로써 때로는 아첨하고 때로는 위협도 당하는, 세력 있는 자들에 의해 교묘하게 조종되는 무조직적인 군중으로 변하고 말았다.[17]

고립된 사람은 단지 고립감만이 아니라 무력감으로도 고통 받게 된다. 세상을 홀로 상대하는 고립자는 필연적으로 무력감에 빠지게 되는데, 혼자서는 세상에 저항할 수도, 세상을 변혁할 수도 없기 때문이다. 프롬은 종교개혁운동 시기, 즉 중세 봉건제 사회 말기의 사람이나 초기 자본주의 사회의 사람이나 모두 고립되어 있었다는 점에서 그 심리적 본질이 같다고 주장했다. 양자 모두 고립감과 무력감의 포로라는 것이다.

교회*는 개인과 신을 결부시키는 매개체로, 한편으로는 인간의 개체성을 제한하면서 다른 한편으로는 개인을 집단의 구성 부분으로서 신 앞에 서게 했다. 그런데 프로테스탄티즘은 개인을 오직 혼자 신 앞에 서게 했다. …… 개인이 홀로 신의 권위 앞에 서게 되면 심한 압박감으로 하여 인간은 완전한 복종을 함으로써 구원을 바라지 않을 수 없다. 이러한 정신적 개인주의는 심리학적으로 볼 때 경제적 개인주의와 그다지 다른 점이 없다. 어느 경우에나 개인은 완전히 고독하며, 고립된 상태에서 신이라든가 경쟁자라든가 또는 비인간적인 경제력이라고 하는 우월한 힘에 직면하게 된다.[18]

---

* 로마 가톨릭교회를 말한다.

어떤 경우든 고립된 사람이 우월한 힘에 직면하면 무력감을 느끼기 마련인데, 무력감은 사람을 권위에 복종하도록 만드는 주요 원인이다. 그렇기 때문에 홀로 신과 마주했던 후기 중세인은 신에게 절대 복종했고, 홀로 자본가계급 혹은 시장과 마주했던 근대인은 파시즘적 권력이나 시장에 절대 복종했던 것이다. 결론적으로 근대인은, 한편으로는 정신적으로 성장했지만 다른 한편으로는 이전보다 오히려 악화되었다. 초기 자본주의 사회에 의해 변화된 이러한 집단 심리를 프롬은 다음과 같이 설명했다.

> 근대사회의 구조가 동시에 두 가지 방법으로 인간에게 영향을 미치고 있다. …… 인간은 더욱 독립적이며 자율적이고 비판적이 되었다는 사실과, 더욱 고립되어 외롭고 두려움에 사로잡히게 되었다는 사실이 그것이다.[19]

비록 정치사상적으로는 이전보다 각성되었지만 심리적으로는 더 고립되고 무력해지고 겁에 질리게 된 대부분의 근대인은 초기 자본주의 사회가 요구하는 사회적 성격을 그대로 받아들였다. '19세기의 사회적 성격은 본질적으로 경쟁적·저축적·착취적·권위주의적·공격적·개인주의적이었다'[20]는 프롬의 말처럼, 근대인은 초기 자본주의가 필요로 했던 개인주의와 경쟁주의, 근검절약과 부의 축적, 사람의 도구화, 내면적 권위에의 복종 등을 특징으로 하는 집단 심리를 공유하게 된 것이다.

2   현대 자본주의는 어떻게 사람들을 무력화하는가?

바뀐 것은 쇠사슬의 형태일 뿐이다

초기 자본주의는 독점자본주의를 거쳐서 국가독점 자본주의로 이행했다. 현대 자본주의란 엄밀하게는 20세기 후반부터 21세기에 이르는 국가독점 자본주의를 지칭하는 개념이지만, 여기서는 편의상 독점자본주의 단계 이후부터의 자본주의를 현대 자본주의라 부를 것이다.

자본가들이 치열하게 자유경쟁을 한 결과, 대부분의 자본가는 파산하고 소수의 자본가들만 살아남아 독점적 지위를 차지하게 되었다. 그들은 독점적 지위를 이용해 기업의 규모를 키웠을 뿐만 아니라, 파산한 다른 자본가들의 자본까지 흡수해 거대 자본가로 성장했다. 자본주의 사회에서 가장 힘 있는 집단이 된 독점자본가들은 마침내 국가까지 손아귀에 넣음으로써 명실공히 국가권력과 자본을 한 손에 거머쥔 절대적 지배자가 되었는데, 이런 사회를 국가독점 자본주의라고 한다. 프롬은 '사실상 물질적인 번영, 정치적·성적 자유에도 불구하고 20세기 중반의 세계는 19세기의 세계보다도 훨씬 더 병들어 있는 듯이 보인다'[21]라고 말했다. 전체 사회를 극소수의 독점자본가들이 지배하는 현대 자본주의가 초기 자본주의보다 사람들의 정신을 더욱 황폐화시키고 있다고 보았기 때문이다.

> 지난 수십 년에 걸쳐 더욱 발전한 자본주의의 독점적 상태와 함께 인간적 자유에 대한 두 경향의 각각의 비중이 변화한 것 같다. 개인적 자아를 약화시키는 성향의 요소들은 그 비중이 커지고, 개인을 강하게 하는 성향의 요소들은 상대적으로 약해졌다.
>
> …… 이러한 발전에서 가장 중요한 요소는 증대된 독점적 자본의 힘이다.
>
> …… 사회 전체를 지배하는 거대한 힘은 소수 집단에 의해 행사되었으며, 그 집단의 결정에 사회 대부분의 운명이 달려 있었다.[22]

현대 자본주의가 현대인의 심리에 미치는 악영향을 이해하기 위해, 먼저 현대 자본주의의 특징부터 살펴보기로 하자.

국가는 '그들'만의 권력
: 형식적 민주주의

현대 자본주의 나라들은 거의 다 민주주의를 표방한다. 그러나 프롬에 의하면, 현대 자본주의의 민주주의란 단지 겉으로만 민주주의일 뿐 내용적으로는 독점자본가들의 독재이다.

법적으로 얘기하자면 주주들이 기업을 소유하고 따라서 그들이 기업의
정책을 결정하고 경영자를 정하는 것이다. 그러나 실제적으로 얘기하자
면 그들은 그들의 소유권에 거의 책임을 느끼지 않으며, 정규적인 수입에
만족하면서 경영진이 하는 일에 묵묵히 따른다. …… 대기업의 경우 6퍼
센트만이(1930년의 경우) 전체 소유권자 혹은 다수의 소유권자에 의하여
지배되었다.

현대 민주주의의 관리 상황도 대기업의 상황과 다르지 않다. …… 결정은
민중에게 전혀 알려지지 않은 영향력 있는 핵심 인물들에 의해서 내려진
다. 개개의 시민이 그가 자기 나라의 제반 결정을 좌우하고 있다고 믿지
만, 실제로 그는 단지 보통의 주주가 '그의' 회사에 대한 지배에 참여하는
것보다 조금 낫게 하고 있는 정도에 불과하다. …… 실제에 있어서는 그
의 통제와 지식을 넘어선 힘에 의해서 결정이 내려지고 있음에도 불구하
고, 그 결정을 마치 자기 자신의 것인 양 받아들이며 자기가 결정의 창조
자라는 환상에 빠진다.[23]

　삼성의 주식을 누구나 살 수 있다고 해서 삼성을 다수 국민이 공동 소
유하는 것은 아니며, 삼성의 행동에 다수 국민이 영향을 미칠 수 있는 것
도 아니다. 삼성은 어디까지나 삼성을 지배하고 통제할 수 있는 주식을
소유하고 있는 이건희 일가의 것이다. 즉 형식적으로 삼성은 다수 주주
들의 기업이지만, 내용적으로는 이건희 일가의 기업이라는 것이다. 마찬
가지로 모든 국민들의 투표에 의해 대통령이나 권력기관이 선출된다고
해서 그 권력이 자동적으로 국민의 권력이 되는 것은 아니며, 국가의 정
책이나 행동에 국민이 영향을 미칠 수 있는 것도 아니다. 실제적으로 국

가는 그 사회를 지배하는 지배층의 손아귀에 쥐어져 있는 그들만의 권력일 뿐이다. 그렇기 때문에 프롬을 비롯한 많은 양심적인 학자들은 현대 자본주의의 민주주의를 그저 무늬만 민주주의라는 의미에서 '형식적 민주주의'라고 격하시켜 부르는 것이다. 현대 자본주의 사회의 민주주의가 형식적 민주주의가 될 수밖에 없는 이유는 다음과 같다.

첫째, 국민들이 투표할 수 있는 대부분의 정당이 지배층의 이익만을 옹호한다. 미국의 경우 공화당은 군수 자본가나 산업 자본가를 대변하는 반면, 민주당은 금융 자본가나 IT 자본가를 대변한다. 한국의 경우에도 새누리당은 극소수 지배층과 부유층의 이익을 노골적으로 옹호하는 반면, 새정치민주연합의 전신이었던 민주당은 기본적으로 극소수 상류층에서 소외된 나머지 주류층의 이익을 대변한다. 국가독점 자본주의 사회에서 전체 국민 혹은 민중의 이익을 대변하는 정당은 돈이 없고 힘이 없어서 설사 창당을 하더라도 성장할 수가 없다. 운이 좋아 세력을 조금이라도 확장할라치면 지배층의 교묘한 책략과 방해 공작을 받아 조기에 몰락하거나 변질된다. 북유럽의 사회민주주의 정당보다도 온건한 강령을 가지고 있는 한국의 진보정당이 약진할 때마다 새누리당과 민주당이 연합하여 펼친 종북 공세로 만신창이가 되었던 현실은 이를 잘 보여준다. 결국 현대 자본주의 나라의 국민들에게는 진정한 의미에서 정치적 선택의 자유가 없다. 유권자는 선거 때마다 정당이 다수의 국민을 위해 일해주기를 기대하면서 투표를 하지만, 그 결과는 매번 기대를 배신당하는 것이다. 현대 자본주의에서 주류 정당은 결코 국민의 이익을 대변하지 않기 때문이다.

둘째, 권력이 국민의 기대를 배신하거나 대국민 사기극을 저질러도 국민에게 이를 응징할 힘이나 수단이 없다. 권력을 잡은 정당이 국민이 원하지 않는 짓만 골라 하거나, 선거 때 내건 공약을 모르쇠로 일관하는 특대형 사기를 쳐도 국민들은 달리 어찌할 도리가 없다. 물론 국민 중심의 탄핵 제도나 소환투표제가 있으면 좀 낫겠지만 그마저도 국민이 하나의 힘으로 결집되어야만 가능한 것이니, 지배층은 그런 빈틈을 악용해 권력을 사유화한다.

셋째, 국민들 사이에 정치적 무관심이 만연해 있다. 현대 자본주의 나라의 정당들은 지배층을 대변하거나 그들과 긴밀하게 얽혀 있으면서도 자신들의 정체를 노골적으로 드러내지는 않는다. 그러면 표를 얻을수 없을 테니까. 대신 이들은 서민을 위한 정치, 일반 국민을 위한 정치를 하겠다고 거짓말을 일삼으면서 사탕발림식 공약을 내걸고 집권에 성공하지만, 권력을 잡으면 유권자와 한 약속을 내팽개치고 저들의 잇속만 챙기는 행태를 반복한다. 이런 반복된 악행이 만들어낸 결과가 바로 극심한 정치적 무관심이다. 유권자는 선거를 하면 할수록 '그 나물에 그 밥'임을 알게 되고, 정권을 교체해도 세상이 달라지지 않음을 경험하게 된다. 프롬의 말처럼 현대 자본주의는 국민에게 '정치 문제에서 깊은 무력감을 주고' 있으므로 국민들은 점점 더 정치에 무관심해지는 것이다.

충격적인 문제의 핵심은 현실에 대한 감각이 완전히 상실되었다는 사실이다. 보통 중대한 정치 문제들도 전형적인 시민의 마음속에서는 취미의 영역에도 도달하지 못하는 여가 시간의 관심사거나 잡담거리에 지나지 않는다.[24]

상당수의 국민들이 정치에 무관심한데 투표가 무슨 의미가 있을까? 결국 정치에 무관심한 사람들은 아예 투표를 안 해서 부자 정당을 돕는 역할을 하고, 투표에 참여한 가난한 이들 중 상당수는 계급 배반 투표를 함으로써 부자 정당을 지지한다. 이렇게 정치에 무관심한 국민은 선거를 마치 하나의 운동경기 대하듯 할 뿐이다.

넷째, 정치조차 상품화되고 희화화된다. 요즘에는 한국에서도 정치인들이 연예계로 진출하거나 연예 프로그램에 출연하는 것이 유행이다. 새누리당과 새정치민주연합 의원들이 한 자리에 앉아서 같이 노닥거리는 연예 프로그램까지 등장했을 정도다. 국가독점 자본주의 사회에서의 정치는 본질적으로 민중이 소수 지배층에게 대항하여 자신들의 권리를 사수하느냐 못하느냐 하는 치열한 전쟁이다. 그러나 형식적 민주주의가 국민을 계속 배반함에 따라 정치적 무관심이 팽배해지면, 정치 역시 하나의 상품이자 격투 게임 같은 것으로 타락해버리기 마련이다. 그렇게 되면 정당이나 정치인은 노이즈 마케팅을 불사해서라도 스스로를 튀는 상품으로 만들려고 기를 쓰고, 국민은 대중매체를 활용해 자기 포장을 더 잘한 정당에 표를 던진다. 이쯤 되면 정치란 국민의 삶과는 아무 상관도 없는 하나의 구경거리이자 쇼일 뿐이고, 투표는 정치 상품을 구매하는 행위에 지나지 않게 된다.

> 선전 광고에 돈을 많이 뿌려 공중에게 물건을 사도록 하는 데 익숙해졌기 때문에 대중들은 정치적 이념이나 정치적 지도자를 같은 방식으로 생각한다.[25]

형식적 민주주의의 사회적 역할은 소수의 지배층이 다수의 국민을 영구적으로 지배할 수 있도록 민주주의의 외피를 제공하는 것이고, 심리적 역할은 폭압적인 방법을 동원하지 않고서도 정치적 무력감을 만연시키는 것이다.

시스템이 지배한다
: '관료주의'와 '과학'이라는 익명의 권위

민중에게 복종을 강제하는 주요한 도구인 '권위'는 현대 자본주의에서 익명의 권위로 바뀌었다. 즉 중세 봉건제 사회의 봉건적 권위는 초기 자본주의에서 내적인 권위로 변형되었고, 그것이 다시 현대 자본주의에서는 익명의 권위로 대치된 것이다.

	중세 봉건제 사회	초기 자본주의	현대 자본주의
권위	봉건적 권위 (왕이나 귀족의 권위)	내적인 권위 (신의 권위: 종교적 초자아)	익명의 권위 (관료주의와 과학)
특징	외적이고 공공연한 권위	내적인 권위	익명의 권위

과학기술과 학문이 발전하고 물질주의를 숭상하는 자본주의가 강화됨에 따라 종교의 입김은 점차 약해졌다. 한마디로 사람들이 점점 더 신을 믿지 않게 되었다는 것이다. 또한 노동운동을 비롯한 민중운동의 성장과 (비록 형식적 민주주의이기는 하지만) 민주주의 이념과 제도 등 각 분야의 민주화는 민중의 권리 의식을 자극했는데, 그 결과 권위에 대한 대

중의 외경심이나 복종심이 크게 줄어들었다. 프롬은 노동 현장과 가정에서 권위가 추락하는 현상을 다음과 같이 지적하기도 했다.

> 노동자는 확실히 더 이상 자기의 '상관'을 마치 자기보다도 고귀하거나 우월한 존재로 존경하지는 않는다. …… 자녀들은 이젠 양친을 두려워하지 않는다…….[26]

봉건적 권위와 종교적 초자아의 몰락, 그리고 사회 각 분야에서의 권위의 쇠퇴로 인해 현대 자본주의는 새로운 권위를 필요로 하게 되었는데, 그것이 바로 '익명의 권위'다.

프롬이 지목하는 대표적인 익명의 권위는 '관료주의'와 '과학'이다. 현대 자본주의의 전성기였던 20세기는 '정부, 기업, 그리고 노동조합에서 위계적으로 조직된 관료제들의 세기'라고 말할 수 있다. 그런데 이 관료제 아래서 대중은 '명확한 권위가 존재하지 않고 또 복종하도록 강요당하지 않기 때문에' '자신이 원하는 대로 행동하고 있으며 오직 합리적인 권위만을 따르고 있다는 착각에 빠'진다.[27] 봉건적 권위가 지배하던 시기에는 지주가 농민들을 직접 지배하고 착취했다. 그래서 민중은 때가 되고 조건이 되면 겹겹이 쌓여 있던 분노를 지주를 향해 폭발시킬 수 있었다. 중세 시대에 세계 각지에서 지속적으로 폭발했던 농민 봉기가 이를 잘 보여준다.

그러나 관료제의 시기에 민중을 지배하는 것은 관료제 시스템 그 자체이다. 예를 들면 경찰이라는 관료 조직이 민중을 지배하는 경우에 경찰의 총수는 빈번하게 바뀌더라도 경찰이라는 관료 조직이 민중을 억압하는 현실은 바뀌지 않는다. 즉 현대 자본주의에서는 특정한 사람이 아닌, 관료 조직이라는 시스템 그 자체가 권위가 되고 사람들은 이 관료제에 복종하게 된다. 이런 현상을 두고 프롬은 '어떤 사람에 대한, 분명하게 드러나는 개인적인 복종은 조직―거대 기업들, 당국자들 등―에 대한 순종으로 대체되었다'고 표현하고 있다.[28]

현대 자본주의에서는 관료주의 외에도 과학이 중요한 익명의 권위로 기능한다. 현대 자본주의에서 과학은 절대적인 숭배를 받고 있어서, 그것이 진리인지 아닌지와는 별개로 무엇이든 '과학'을 표명하기만 하면 자동적으로 강력한 권위를 획득한다. 사람들은 실험 결과, 통계 자료, 전문가의 말 등에 금방 주눅이 들어 그것을 당연한 것으로 받아들이며 복종하는데, 그 결과 초래되는 것은 '지적인 열등감과 무력감 그리고 의존심'이다.

> 개인적인 삶이나 사회적인 삶의 근본적인 문제에 대해, 또한 심리적·경제적·정치적·도덕적인 문제에 대해 우리 문화의 거대한 한 부분은 단 하나의 특징―논점을 흐리게 하는―을 가지고 있다. 그 연막의 하나는 문제가 너무 복잡해서 보통 개인으로서는 파악할 수 없다는 주장이 있다. 사실은 그 반대로, 개인적이고 사회적인 삶의 근본 문제는 대개의 경우 아주 단순해서 누구나 쉽게 이해할 수 있을 것으로 기대된다. 그런데 그 문제들이 몹시 복잡해 '전문가들'만이 이해할 수 있고 전문가도 그 자신의 한정된 분야에서만 이해할 수 있는 것처럼 보이는 것은, 실제로―때로는 의도적으로―인간들이 정말로 중대한 문제에 직면했을 때 자신의 사고 능력에 대한 자신감을 잃어버리게 한다. 무질서한 자료와 정보에 둘러싸여 자

신의 무력함을 한탄하면서 개인은 전문가가 무엇을 하고 어디로 가야 할 것인가를 찾아낼 때까지 애처로운 인내력을 가지고 기다린다.[29]

관료주의처럼 과학(과학적 상식) 역시 익명의 권위이므로 그것에 대한 복종은 이미 '복종으로서 의식되지 않'는다. 왜냐하면 그것은 '상식으로서, 객관적 필연성을 받아들이는 것으로서 합리화되'기 때문이다.[30]

현대 자본주의는 익명의 권위를 통해 민중을 지배하고 착취하는 사회인데, 프롬은 공공연한 권위보다 익명의 권위가 정신 건강에 더 해롭다고 주장했다.

> 익명의 권위는 공공연한 권위보다 효과적이다. …… 외적 권위의 경우 명백하게 질서가 있고, 명령하는 자가 있다. 사람은 권위와 싸울 수 있다. …… 익명의 권위에는 명령도, 명령하는 자도 눈에 띄지 않는다. 그것은 눈에 보이지 않는 적에게 포격을 받는 일과 흡사해, 맞서야 할 사람도, 싸워야 할 아무것도 존재하지 않는다.[31]

즉 외적이고 공공연한 권위는 눈에 보이는 적에게 포격을 받는 것이지만, 익명의 권위는 눈에 보이지 않는 적에게 포격을 받는 것이다. 어쨌든 포격을 받는 사람은 심각한 상처를 입고 고통스러워할 수밖에 없는데, 그래도 적이 보이는 게 훨씬 더 낫다. 그래야만 '공공연한 권위가 존재하는 한 갈등이 있었고 반항(비합리적 권위에 대한)이 있었다'[32]는 말처럼 고통의 원인이라도 알 수 있고, 적과 싸울지 말지를 선택할 수 있기 때문이다. 반면에 적이 보이지 않으면 고통의 원인을 알 수 없으므로 저항 자체가 원천적으로 불가능해진다.

> 종전에 개인들은 적어도 자기를 비난하는 어떤 사람이나 원리의 존재를
> 알고 있음으로써 그에 대해 저항할 수 있었다. 그러나 도대체 누가 '과학'
> 에 저항할 수 있겠는가.[33]

　익명의 권위는 폭력이나 물리력을 동원하는 대신 '동조의 장치를 통해' 작용한다. 다수의 대중이 복종하여 그것이 대세가 되면 개개인들은 강력한 사회적 압력을 받게 된다. 즉 대세를 따르지 않으면 사회로부터 버림받을 수 있다는 공포가 '나는 모든 사람이 하는 대로 따라야 하고, 어디가 다르거나 유별나서는 안 된다'[34]는 압박감을 유발해 익명의 권위에 복종하도록 강제한다는 것이다. 이러한 강제는 효과적으로 대중을 통제할 수 있도록 도와준다.

사회적 암시와 세뇌,
또는 교육이거나 문화이거나

현대 자본주의의 극소수 지배층은 다수의 민중을 영속적으로 지배하고 착취하기 위해 끊임없는 암시와 세뇌 공작에 매달린다. 이에 대해 일찍이 슈바이처Albert Schweitzer는 '현재의 여론이란 것은 신문과 선전과 조직과 재력, 그리고 여론을 마음대로 하는 기타 세력에 의해 지탱되고 있다'[35]고 폭로하기도 했다. 어떤 이들은 '암시'라는 말은 그나마 괜찮지만

'세뇌'는 좀 지나친 표현이 아니냐고 따질지도 모른다. 아마도 그들은 세뇌란 폭력을 사용하여 강압적으로 사상을 주입하는 것이라고 믿는 것 같다. 하지만 사상이나 지식을 자유롭고 합리적인 사고를 통해 자발적으로 받아들이지 않고, 폭력을 사용하든 사용하지 않든, 또 의식적이든 무의식적이든 그것을 외부로부터 주입하는 것은 모두 세뇌라고 봐야 한다. 즉 자유롭고 합리적인 사고를 무장 해제시킨 상태에서 반복적으로 주입되는 설득과 암시, 선전과 선동 등은 본질적으로 세뇌인 것이다.

> 사람들은 어릴 때부터 부모, 학교, 교회, 영화, 텔레비전, 신문 등으로부터 이 모든 이데올로기를 주입받았기 때문에, 그것을 스스로 고찰하고 관찰한 것처럼 생각해버린다. 이러한 과정이 우리와 적대되는 사회에서 행하여지면 그것을 '세뇌'라 부르며, 혹은 그처럼 격렬한 표현을 쓰지 않더라도 '교화'라든지 '프로파간다'라고 부르는데, 우리의 것일 경우에는 '교육'이라든지 '보도'라고 말한다.[36]

현대 자본주의의 암시가 세뇌임을 가장 잘 드러내주고 있는 것은 광고이다. 현대인들은 그야말로 광고의 홍수 시대에 살고 있다. 이런 현실은, 프롬의 견해에 따르면, 지배층에 의해 끊임없이 세뇌당하고 있음을 의미한다. 이를 지나치게 과장된 표현으로 치부한다 하더라도, 적어도 광고가 자유롭고 합리적인 사고 과정에 기대어 사람을 설득하는 방식이 아니라는 것만큼은 확실하다. 현대의 광고는 마치 최면술사의 암시처럼 동일한 메시지를 '반복'(특정한 문구나 논리의 반복)하고, 상품과는 무관한 '권위 있는 이미지가 주는 영향을 이용'(유명인이 등장하는 광고)하고, '성적인 매력'(섹시한 여성이 등장하는 광고)을 결부시키고, '비판력을 마비'시키고(4대강사업이 친환경적이라는 공익광고), '두려움을 자극'(약 광고나 보험 광고)하고, '백일몽을 자극'(크게 한탕 할 수 있다거나 성공할 수 있다고 부추기는 광고)하는데, '이 모든 방법은 본질적으로 비합리적'이다.

프롬은 현대의 광고를 다음과 같이 비판했다.

> 상품의 질과는 아무 상관도 없고, 아편이나 지독한 최면술처럼 고객의 비판력을 질식시키고 말살해버린다. 그런 것은 마치 영화처럼 백일몽과 같은 성질에 의해 고객에게 일종의 만족을 주는데, 그와 동시에 인간의 하찮음과 무력감의 정도도 증대시킨다.
> 사실 비판적 사고력을 둔화시키는 이런 방법은 민주주의에 대한 수많은 공공연한 공격보다 훨씬 더 위험하며, 발매 금지당하는 외설 문학보다―인간의 완전함이라는 관점에서―더 비도덕적이다.[37]

현대인들을 독점자본가들이 좋아하는, 일 잘하는 바보로 만드는 데 가장 큰 기여를 하는 것은 광고이지만 교육 역시 동일한 기능을 수행한다. 이와 관련해 프롬은 '대체로 교육의 사회적 기능은' '개인의 성격을 사회적 성격에 접근시키며, 욕구를 사회적 필요에 일치되도록 하는 일'이라며 '어떤 사회든 그 사회의 교육 조직은 이 기능에 의해 결정된다'고 지적했다.[38] 현대 자본주의에서 교육기관의 교육 목표나 내용은 사람을 성숙한 인격과 올바른 시민의식을 가진 존재로 키워내는 것이 아니다. 그들의 목표는 기업이 부려먹기 좋은 실용적 지식만을 가지고 있는 기능공을 양성하는 데 있다. 오늘날 한국 대학의 현실은 이를 생생하게 증명하고 있다.

광고와 교육 외에도 독점자본가들이 장악하고 있는 정부와 언론 매체들은 적극적으로 여론 조작을 함으로써 민중의 정신을 오염시킨다. 그 결과 국민은 점점 더 '정치, 경제, 사회 분야의 사실적 정보'에 접근하기가 어려워지고, '여러 정부 기관이 퍼뜨리고 보도 기관이 그대로 전하는 매우 거짓된 정보를 제공받'게 된다. 또한 대중매체는 정부 편향적이고 자본 편향적인 뉴스를 중점으로 보도하며, 사건의 본질은 전혀 건드리지 않은 채 피상적인 내용으로 일관한다.

> 실제로 신문, 잡지, 텔레비전, 라디오는 사건을 원료로 뉴스라는 상품을 생산한다. 팔리는 것은 뉴스뿐이므로, 보도 기관은 어느 사건이 뉴스이며 어느 사건이 뉴스가 아닌지를 결정한다. 따라서 좋은 정보라는 것도 기껏해야 표면적인 기성품이며, 시민에게 사건의 이면을 통찰하고 보다 깊은 원인을 알아낼 기회를 주는 일은 거의 없다. 뉴스 판매가 하나의 장사인 한 신문이나 잡지는 (무절제할 정도로) 판매성이 높고 광고주의 비위를 거스르지 않는 기사를 실을 수밖에 없을 것이다.[39]

현대 자본주의의 문화 상품들도 민중의 정신 건강에 해롭기는 마찬가지다. '영화 산업, 만화 출판업, 그리고 신문의 범죄 기사면 등'은 '최고의 이득을 올리기 위해서 인간의 가장 저열한 본능'을 '인위적으로 자극'한다. '그 결과 공중의 정신은' 나날이 악에 '중독'돼간다.[40]

과학기술의 급속한 발전은 지배층으로 하여금 광고, 교육, 언론 매체, 문화 상품 등을 통해 전방위적인 암시와 세뇌 공작을 할 수 있게 해주었다. 물론 과학기술은 인터넷 공간이나 소셜 네트워크 서비스 등을 이용해 민중이 자기 의견을 말할 수 있게 도와주기도 했지만, 평범한 사람들이 지배층의 암시와 세뇌에 맞서기란 완전히 역부족이다.

현대인들에 대한 끊임없는 암시와 세뇌는 무엇보다 비판적인 사고 능력을 저하시킨다.

> 우리는 최면술 같은 선전 때문에 제정신이 아니다. …… 광고와 정치 선전에 쓰이는 최면적 방법은 정신 건강, 특히 명석하고도 비판적인 사고와 정서적 자주성에 매우 위험하다.[41]

'인간이 비판적으로 혹은 냉철하게 사고할 수 없다면 자유로울 수 없고, 자신만의 독특성이나 독립성을 유지할 수 없게 된다'[42]는 말처럼, 비판적 사고를 할 수 없는 사람은 자유로운 존재, 독립적인 존재, 개성적인 존재가 될 수 없다. 지배층의 암시와 세뇌에 속수무책으로 당할 것이기 때문이다.

현대인들에 대한 끊임없는 암시와 세뇌는 또한 현실 감각을 상실하게 만든다. 흔히 현실주의자란 처세에 능한 약삭빠른 사람으로 이해되는 경우가 많은데, 원래의 의미에서 현실주의란 현실을 있는 그대로 정확하게 인식하는 것을 말한다. 이런 점에서 보면 현대인은 완전히 현실 감각이 마비되어 있는 비현실주의자이다. 현대인은 눈에 보이는 '현실의 이면에 무엇이 있는가, 왜 사물들은 그렇게 존재하는가, 그리고 어떻게 될 것인가 하는 것을 물으려고도 하지 않'는다. 그리하여 '일간신문을 경건하게 읽고 있는데도 실로 놀랍게도 정치적 사건의 의미를 모르고 있'다.[43] 이렇게 대부분의 현대인은 현실, 즉 현대 자본주의가 본질적으로 민중을 지배하고 착취하는 불합리하고 비인간적인 제도라는 사실, 사람은 동물이 아니라 사회적 존재라는 사실 등을 모르고 있다. 그들은 오직 어떤 상품이 좋고 유행이 무엇인지, 누가 잘나가고 유명한지, 무엇이 밥 먹고 사는 데 도움이 되는지에 관한 자질구레한 지식들만 알고 있을 뿐이다.

> 우리들에게 현실주의가 있다고 얘기하는 것은 거의 망상에 가까운 왜곡이나 다름이 없다 …… 현대인은 인간 존재의 현실을 모두 은폐하고 자신의 인위적이고 윤색된 허위의 현실로 이에 대치한다. 반짝이는 유리구슬을 얻기 위하여 땅과 자유를 잃어버린 노예들과 크게 다를 것이 없다. 실로 현대인은 인간의 현실과는 너무 멀리 떨어져 있기 때문에 …… 어느 누구도 일의 단편만을 할 뿐 전체를 하지 않기 때문에, 그리고 사물과 인간 조직의 차원이 전체를 이해하기에는 너무나 방대하기 때문에 그 전체를 볼 수가 없다. 따라서 현상의 밑에 깔려 있는 여러 법칙들을 통찰할 수가 없다.[44]

쇠사슬에서 투명 쇠사슬로
: 승자 독식과 사회 양극화

국가독점 자본주의 사회에서 사회적 부는 극소수 독점자본가 집단에 집중된다. 그 결과 부자들은 더 부유해지고 민중은 더 가난해지는 빈부 격차, 사회 양극화가 심화된다. 그런데 민중이 가난해지면 필연적으로 대중의 구매력이 저하되므로 상품 과잉 상태가 초래된다. 쉽게 말하면 독점자본가들이 만든 물건이 더 이상 팔리지 않게 된다는 것이다. 이런 자본주의의 모순을 일시적으로라도 완화시키기 위해 미국의 독점자본가들은 신자유주의 이데올로기를 조작해내어 그것을 전 세계에 강요했다. 이러한 미국의 제국주의적 만행은 2008년 미국 발 금융 위기가 잘 보여주듯 세계 경제를 파국으로 몰아갔고, 그것은 여전히 현재 진행형이다.

신자유주의는 본질적으로 독점자본가들에게 민중, 나아가 인류를 무제한으로 착취할 수 있는 새로운 자유를 주는 것이므로 자본주의의 모순을 해결하기는커녕 더욱 악화시킬 뿐이다. 오늘날 전 세계의 자본주의 나라들이 극심한 경제 위기와 사회 혼란을 경험하고 있는 것은 바로 이 때문인 것이다. 내가 《불안증폭사회》(위즈덤하우스, 2011)에서 지적했듯이, 신자유주의 이데올로기는 한국의 주류 세력을 통해 거침없이 확산되어 한국 사회의 전 영역을 완벽하게 손아귀에 장악했다. 그 결과 오늘의 한국인은 심각할 지경으로 정신 건강이 악화되었고, 불행의 늪에 빠져 허우적거리게 되었다.

현대 자본주의는 겉으로는 민주주의를 표방하고 있지만 실제로는 자본가계급의 독재체제일 뿐이다. '서구 민주주의 국가들에서 권위주의가 상당히 감소했는데도 그와 더불어 개인의 실제적 자유 또한 감소되었다 …… 바뀐 것은 종속의 사실이 아니라 종속의 형태이다'[45]라는 말은 바로 이를 지적한 것이다. 그런데 프롬에 의하면, 새로운 '종속의 형태'는 과거보다 더 나쁘다. 왜냐하면 그것은 겉으로 보이던 쇠사슬을 투명하게 만들어버려, 사람들이 쇠사슬에 묶여 있다는 사실조차 모르게 만들었기 때문이다.

가장 중요한 것은 인간은 쇠사슬에 묶이지 않아도 노예가 될 수 있다는 사실을 잊어버렸다는 점이다. …… 외부의 쇠사슬이 단지 인간의 내면에 채워졌을 뿐이다. 사회의 암시 장치가 인간에게 가득 채워놓는 욕망들과 생각들은 외부의 쇠사슬보다 더 철저하게 인간을 묶어놓는다. …… 외부의 쇠사슬은 벗어 내던지려고 애쓸 수 있겠지만, 있는지도 모르는 사슬을 어떻게 없애버릴 수 있겠는가?[46]

지금까지 현대 자본주의의 주요한 특징들을 살펴보았다. 그렇다면 현대 자본주의는 현대인의 심리에 어떤 영향을 미쳤을까?

3 현대인을 지배하는 감정들

파멸시키느냐,
파멸당하느냐

현대 자본주의는 불합리하고 반인간적인 사회다. 따라서 현대 자본주의는 사람의 본성적인 사회적 동기들을 심각하게 좌절시키기 마련이다. 그리고 만성적이고 반복적인 동기의 좌절은 필연적으로 부정적인 감정의 비대화로 귀결된다. 프롬이 현대인의 집단 심리를 분석하면서 현대인에게 고유할 뿐만 아니라 가장 치명적인 '감정'에 주목한 것은 바로 이와 관련이 있다. 그렇다면 현대인은 현대 자본주의로 인해 어떤 감정들을 떠안은 채 살게 되었을까?

고립감 : 추방의 공포

초기 자본주의 사회는 농촌공동체를 파괴함으로써 근대인을 고립시켰다. 그러나 농촌에서 쫓겨나 노동자가 된 사람들은 서서히 노동조합을 비롯한 새로운 공동체를 통해 단결해나갔다. 한국의 경우 농촌공동체가 본격적으로 해체되기 시작한 1970년대 이후에도 한국인들은 직장, 학교, 마을 등의 기층 공동체를 통해 고립을 어느 정도 방어했다. 이런 기층 공동체는 1980년대에 노동조합이나 학생회를 탄생시키고 그것을 지탱해주는 모체로 기능했지만, 1990년대부터 신자유주의는 기층 공동체 내에서도 경쟁을 강요함으로써 기층 공동체를 차례차례 붕괴시키기 시작했다. 그리고 한국의 지배층은 노동자를 정규직과 비정규직으로 분열시키고, 성과급 등을 이용해 정규직 노동자들 사이를 분열시켰다. 스펙 경쟁, 학점 경쟁, 취업 경쟁, 상대 평가제 등을 활용해 대학생들도 분열시켰다. 그 결과 21세기 현재 한국에서는 거의 모든 기층 공동체가 전면적으로 해체되어 모든 한국인들은 완전한 고립자가 되었는데, 사정은 다른 자본주의 나라들에서도 크게 다르지 않다. 현대인은 만인이 만인을 죽이려 드는 약육강식의 전쟁터에서 살아남기 위해 홀로 분투해야만 했다.

> 각자는 스스로 전진함으로써 스스로의 운명을 결정해야 했다. 용기를 내어 헤엄치지 않으면 빠져죽는 수밖에 없었다. 이제 다른 사람들은 함께 일하는 동료가 아니라 서로 경쟁하는 상대가 되고 말았다. 그리하여 인간은 상대방을 파멸시키느냐, 아니면 파멸당하느냐 하는 기로에 서게 되었다.[47]

고립된 개인에게 모든 것의 성패는 오직 자기 자신에게 달려 있다. 고립자는 인생의 무게만이 아니라 세상의 무게까지 홀로 짊어지게 되었다. 현대인은 철저하게 자기중심적으로, 개인주의적으로 세상을 바라보게 되었고, 사회에 대해서는 침묵하는 대신 매사에 자기 탓을 하게 되었다.

> 성공의 기회라든가 실패의 위험은 모두 자기 자신의 것이 되었으며, 또한
> 각자가 다른 사람과 싸우는 치열한 경제적 투쟁에서 죽거나 상처를 입는
> 일도 자기 자신의 책임이 되었다.[48]

고립되어 있는 현대인은 사람을 지독하게 그리워한다. 동시에 경쟁자인 다른 사람들을 몹시 두려워한다. 그래서 현대인은 '지극히 사회화되어 있지만, 몹시 외롭다'. '현대인은 다른 사람들과의 가까운 접촉을 두려워하지만, 혼자 있고 아무런 접촉도 가지지 못하는 것을 마찬가지로 두려워한다.' 현대인이 타인과의 가벼운 잡담이나 대화 등에 연연해하는 동시에 그것에서 짙은 허무감을 느끼는 심리적 원인이 바로 여기에 있다.

> '어떻게 외롭지 않으면서 혼자 지낼 수 있을까?' 하는 문제에 대한 해답이
> 하찮은 대화의 기능이다.[49]

심리적으로 고립된 사람은 당연히 고립감을 느끼기 마련인데, 이 고립감은 굉장히 끔찍하고 무서운 감정이다. 왜냐하면 그것은 사회적 유기 공포가 극에 달했을 때, 즉 사회에서 이미 버림받았다고 확신하는 사람의 감정이기 때문이다. 프롬은 사회적 유기 공포를 '사회로부터 고립되거나 추방당하는 공포'라고 표현했는데, 이것을 사람에게 가장 강력한 공포로 보았다.

나는 인간의 최대 공포는 개인적으로도 사회적으로도 집단으로부터의 완전한 고립, 완전한 추방을 당하는 일이라고 믿고 있다.[50]

생물학적 존재에게 가장 치명적인 공포는 죽음에 대한 공포이다. 반면 사회적 존재에게 가장 치명적인 공포는 사회적 유기 공포다. 물론 사람에게도 죽음에 대한 공포는 있지만, 그 공포가 정말로 죽음 자체에 대한 공포인지는 한번 의심해볼 필요가 있다. 프롬은 죽음에 대한 공포가 육체적 생명이 끝나는 것에 대한 공포가 아니라고 말한다.

죽음에 대한 두려움은 얼핏 더 이상 살지 못한다는 것에 대한 두려움처럼 보이지만 실은 그렇지 않다. 죽음은 우리와 관계가 없다고 에피쿠로스는 말했다. "왜냐하면 우리가 존재하는 동안 죽음은 아직 우리 곁에 와 있지 않으며, 죽음이 닥쳐왔을 때는 이미 우리가 존재하지 않기 때문이다." …… 두려움은 죽음의 공포가 아니라 가지고 있는 것을 잃는 데 대한 공포이다.[51]

죽음에 대한 공포란 사실 상실에 대한 공포이고, 그 핵심은 관계의 상실, 즉 사회로부터 영원히 고립된다는 공포이다. 나는 한국의 상당수 젊은이들과 깊은 대화를 나누는 과정에서 그들이 자살 생각을 아주 빈번하게 하고 있다는 사실에 큰 충격을 받은 적이 많았다. 그런데 그들이 자살하려고 했던 것은 육체적 생명을 더 이상 유지할 수 없어서가 아니었다. 그들 대부분은 사는 게 너무 재미가 없어서, 고독하고 외로워서 자살을 하려고 했다. 자살을 할 때 고통스러울까봐 자살하지 않았다고 말하는 젊은이들이 많았으니, 고통 없이 죽음에 이를 수 있는 방법이 개발된다면 아마 자살자 수가 급증할 것이다. 사람에게 사회적 유기 공포가 가장 치명적인 감정이므로, 그것의 결과라고 할 수 있는 고립감 역시 치명적이다. 프롬의 말처럼 '인간에게 있어서는 그가 인간인 한' '완전한 고립이나 분리의 감각은 거의 광기의 감각에 가까운 것'이 된다.[52]

대세 추종적인 사람에게 고립감은 특히 치명적인데, 그것은 그가 자신의 정체성을 대세 혹은 사회에서 찾고 있기 때문이다. 그런 이들에게 사회에서의 고립은 곧 자기 정체성의 상실을 의미한다. 상당수의 한국인들은 한국 사회의 대세인 돈과 성공을 좇고 있어서 그것에 더 가까이 접근할 수 있는, '나는 잘나가는 사람'이라는 자기 정체성을 붙잡고 있다. 이런 사람에게 경쟁에서의 패배가 초래하는 '나는 공부 못하는 사람이야', '나는 돈을 잘 벌지 못하는 사람이야'라는 자기 평가는 자신이 사회로부터 추방되었다는 공포만이 아니라 자기 정체성을 상실했다는 고통까지 느끼게 한다. 프롬이 '추방에 대한 공포는 정체성 상실에 대한 공포도 의미하며, 더욱이 이 두 가지의 공포를 합친 것이야말로 가장 강력한 효과가 있다'[53]고 말했던 것은 이 때문이다. 사회적 고립이 지속되어 고립감과 고독감이 극심해지는 것을 피할 수 없으면 사람은 결국 미친다.

> 다른 사람들로부터 홀로 떨어져 있다고 느끼는 단절감은 육체적 굶주림이 마침내 죽음으로 이어지는 것과 마찬가지로 정신적인 파멸을 초래한다. …… 고독감이 일정 한계를 넘어설 경우 정신분열증적 불안으로 대표되는 정신이상 상태가 된다. …… 육체적 고독감은 정신적 고독을 수반할 때 진정으로 견디기 어렵다고 할 수 있다.[54]

고립된 개인이라 할지라도 운이 좋으면 생물학적 동기는 충족시킬 수 있다. 하지만 고립된 개인은 그 어떤 사회적 동기도 실현할 수가 없다. 사랑의 욕구조차 실현 불가능하지 않은가. 그렇기 때문에 고립감을 느끼는 사람은 미치지 않기 위해, 어떻게 해서든 고립감에서 벗어나려고 발버둥 친다. 대부분의 한국인들이 대세를 추종하면서 기를 쓰고 성공하려 드는 것 역시 사회로부터 고립되는 게 두려워서이다. 하지만 대세에 추종하면 고립감을 극복할 수 있을까? 프롬에 의하면 그것은 불가능하다. 왜냐하면 '비록 사회 전체가 비인간적인 행동 기준을 택했다 하더라도 완전히 비인간적으로 되는 것은 무서운 일'이어서 '사회의 목표와 인간성의 목표 사이의 갈등이 크면 클수록, 개인은 이 위험한 대립 사이에서 번민하게' 되기 때문이다.[55] 내가 어릴 때에 아버지는 다음과 같은 얘기를 자주 하시면서 내 의견을 묻곤 했다.

"한 토끼가 어떤 섬에 갔는데, 그 섬의 토끼들은 모두 눈이 하나였다. 그래서 그 섬의 토끼들은 두 눈 달린 토끼를 놀리고 괴롭혔단다. 그렇다면 눈이 하나인 것이 비정상인데도 그런 토끼가 절대 다수라고 해서 두 눈박이 토끼가 자기 눈을 하나 빼야 하는 걸까?"

지금 와서 돌이켜보면, 아버지의 질문은 고립감을 방어하기 위해 잘못된 대세를 추종해야 하느냐, 아니면 홀로 고립되는 것을 감수하고라도 인간성을 지켜야 하느냐는 갈등을 반영하고 있었던 것 같다. 만일 두눈박이 토끼가 눈을 하나 빼는 것이 고립감을 극복하는 옳은 해결 방법이 아니라면, 즉 대세를 무분별하게 추종한다고 해서 고립감을 극복할 수 있는 것이 아니라면 어떻게 해야 할까? 프롬은 '신을 믿으며 암자에 홀로 사는 수도승이라든가 또는 격리되어 있으면서도 동지들과 일체감을 느끼는 정치범은 정신적으로는 결코 고독하지 않다'[56]고 주장했다. 그의 말대로 독립운동이나 민주화 운동을 하다가 긴 옥살이를 해야만 했던 상당수의 정치범들이 고독하지 않을 수 있었던 것은 현실적으로는 그들에게 조직이 있었고, 정신적으로는 그들에게 조국이 있어서였다.

과거 한국에는 거의 30~40년이나 수감되었던 장기수들이 있었는데, 만일 그들이 그 긴 시간 동안 고립감에 시달렸다면 모두 미치고 말았을 것이다. 하지만 그들은 정신이 멀쩡한 상태로 긴 수감 생활을 이겨냈는데, 그 비결 중 하나는 수감자끼리 조직을 만들어 끊임없이 소통하고 학습을 했다는 데 있었다. 이런 사례가 시사해주듯이, 건강하지 않은 사회에서 고립감의 극복은 대세 추종이 아니라 프롬이 권장했던 '이상이나 확신에 바탕을 둔 연대라는 가장 고귀한 행동'[57]을 통해서만이 가능하다. 고립감은 오직 건강한 사람들의 조직과 연대를 통해서만 완치할 수 있고 나아가 예방할 수 있다.

무력감
: 복종과 의존과 학대의 연쇄들

현대 자본주의는 현대인들에게 정치적·경제적·지적인 무력감을 강요한다. 자본주의 사회는 말 그대로 사람이 아닌 자본, 돈이 기본이 되는 사회이다.

자본이 결정적인 중요성을 갖게 되었다는 사실은, 경제가 초인간적인 힘에 의해 결정되고 그로 말미암아 인간의 운명마저 결정됨을 의미했다. 자본은 하인의 지위를 벗어나 주인이 되었다……[58]

현대인은 무정부적으로 널뛰는 시장 상황이나 경기변동을 예측할 수도, 그것에 영향력을 미칠 수도 없어서 깊은 무력감을 느낀다. 단지 노동자계급이나 소규모 자영업자만이 아니라 자본가계급도 마찬가지다. '시장의 법칙이란 마치 신의 뜻처럼 인간의 의지나 영향력 너머에 있는 것'처럼 여겨진다.[59] 또한 주기적인 불황이나 경제공황 같은 '사회현상은 인간에 의해 발생한 것인데도 불구하고 아무런 목적과 의식 없이 발생한 자연적인 파국인 것처럼' 나타난다. 마구잡이로 날뛰는 자본주의 경제는 자본주의 제도가 존속하는 한 그 누구도 통제할 수 없다. 그렇기 때문에 급격한 경기 하락으로 사업이 파산하거나 해고를 당해 실업자로 전락했을 때, 부동산이나 주식 시세의 변동으로 빈털터리가 되었을 때, 현대인은 거대한 자연재해 앞에서 속수무책이었던 과거의 원시인처럼 극심한 무력감에 빠질 수밖에 없다.

형식적 민주주의로 인해 현대인은 정치적으로도 무력감을 느낀다. 번번이 민의를 배신하고 조롱하는 자본가계급의 정부와 정당, 그리고 극소수에게만 유리한 제도와 정책을 옹호하는 정부와 정당을 현대인은 거의 통제하지 못한다.

경제적 영역에서 진실인 것은 정치적 영역에서도 진실이다. …… 오늘날 유권자들은 거대한 산업 조직과 마찬가지로 멀지만 강제성을 띤 거대 정당과 직면해 있다. 선거 쟁점들은 언제나 복잡하고, 그것을 은폐하려는 온

갖 수단들로 하여 점점 더 복잡해졌다. …… 정당의 거대한 힘과 크기에
직면하면, 유권자 각자는 자기가 얼마나 작고 하찮은 존재인가를 느끼지
않을 수 없다.[60]

사회적 암시와 세뇌 그리고 반민중적인 대중매체 역시 현대인에게 지적인 무력감을 강요한다. '경제적·정치적 양상은 전보다 훨씬 복잡하고 광범위해'진 반면 '그것을 꿰뚫어볼 수 있는 개인의 힘은 점점 상실'된다.[61] 즉 현대인의 비판적 사고 능력이 점점 허약해지고 현실 감각을 잃어가는 데 비례해 지적인 무력감도 심해지는 것이다.

현대인이 정치, 경제, 지식, 문화 등을 통제하지 못한다는 것은 곧 자기의 삶과 운명을 전혀 통제하지 못한다는 것을 의미한다. 현대인이 무력해지는 것은 무엇보다도 고립되어 있기 때문이다. '고립된 존재로서 개인은 외부 세계와 비교해 철저하게 무력하며, 따라서 외부 세계를 몹시 두려워한다.'[62] 사람이 무력해지는 것은 사회적 존재로서의 능력을 상실해서인데, 그런 능력은 오직 사회관계 속에서만 가질 수 있다. 그러므로 사회관계에서의 고립이야말로 사람을 무력감에 빠뜨리는 주범이다.

무력감도 고립감 이상으로 치명적인 감정이어서 사람은 나름대로 이를 방어하기 위해 필사적으로 노력하는데, 그 과정에서 다양한 병리적 현상들이 나타나게 된다.

첫째, 무력감은 무엇보다 복종심과 의존심을 심화시킨다. 제1차 세계대전에서 패하고 혁명운동도 실패하여 무력감에 젖은 독일인들이 히틀러를 지지했던 것, 신자유주의에 시달려 무력해진 상당수의 한국인이 권위주의의 상징인 박근혜 후보에게 표를 던진 것 등이 이와 관련이 있다.

둘째로, 무력감은 약자에 대한 학대 현상을 증가시킨다. 무력감이 심한 사람일수록 통제력이나 힘에 더 집착하는데, 그들이 힘을 과시할 수 있는 대상은 한정되어 있다. 바로 사회적 약자와 가족이다. 무력한 사람은 여러 사람들이 누군가를 둘러싸고 돌팔매질을 할 때, 그곳에 끼어들어 칼질을 하는 식의 광기와 잔인성을 드러낼 위험이 크다. 즉 그는 가난한 사람, 장애인, 소수자, 종북 세력으로 낙인찍힌 집단 등 힘이 약하다고 판단되는 사람이나 집단을 마구잡이로 학대한다. 집 밖에서는 철저하게 무력한 사람이 집에만 들어오면 힘없는 가족을 학대하는 폭군이 되는 것은 이 때문이다. 프롬은 부모들이 아이를 사랑과 학대가 뒤섞인 방식으로 잘못 양육하고 있는 현실을 다음과 같이 지적했다.

> 대체로 어느 시대든 부모들이 아이들을 다룬 이야기들을 읽어보면, 또한 오늘날의 인간의 역사를 보면, 대부분의 부모들의 주요한 관심이 아이들을 통제하는 것이라는 것을 알게 될 것이다. 나는 부모들의 사랑이라는 것을 일종의 가학적인 것으로 간주한다. "최선을 다하여라, 그리고 나는 나의 통제를 거역하지 않는 만큼만 너를 사랑한다." 이것이 가부장적 사회에서의 아버지의, 혹은 아내에 대한 남편의 사랑이다. 로마시대 이후로 아이들은 부모의 소유물이었고 지금도 마찬가지이다.[63]

그래도 명색이 부모인데, 그들이 자식을 건강하게 사랑하지 못하고 학대하는 것은 왜일까? 프롬은 그 주요한 원인이 부모들의 무력감에 있다고 보았다.

대부분의 사람들에게 자기 자신이 힘을 가졌다는 느낌, 통제에 대한 감각, 자신이 중요하다는 느낌, 뭔가를 움직이고 뭔가 할 말이 있다는 것은 아이를 소유하는 것을 통해 이루어진다. 그러므로 내가 말하고자 하는 것은 부모가 악덕하다는 것이 아니라, 그것이 자연스러운 일이라는 것이다.[64]

세상에서 무력감에 시달리는 아버지는 집에 돌아와서 아내와 자식을 학대하고, 남편에 대해 무력감에 시달리는 아내는 자식을 학대한다. 그리고 학대당하며 자라난 자식들은 무력감을 떠안은 채 세상에 나아가 다시 무력한 아버지, 어머니가 된다. 현대인에게 무력감을 강요하는 자본주의 사회는 오래 지속되면 될수록 가정을 더 혹심하게 파괴할 것이므로 현대인의 정신 건강은 앞으로 급속도로 나빠질 것이다. 이렇게 무력감은 가학증 혹은 학대 심리를 조장함으로써 전 사회를 병들게 한다.

그러므로 무력한 사람이 권력을 획득하는 것은 정말로 위험천만한 일이다. '왕따'를 당하던 무력한 개인이 총기를 획득하면 무차별 대량 살상범이 될 수 있고, 지배 집단의 힘을 등에 업은 무력한 개인이 권력의 자리에 앉으면 철권 통치자가 될 가능성이 높다. 정치적 무능력에도 불구하고 한국의 극우 보수 세력이 얼굴마담으로 내세워준 덕분에 대권을 잡을 수 있었던 박근혜 대통령은 어떨까?

무력한 사람이 권총이나 칼 또는 강력한 무기를 가지고 있다면, 그는 다른 사람의 생명이든 자기 자신의 생명이든 무조건 이를 파괴함으로써 삶을 초월할 수 있다.[65]

무력감이 너무 심해지면 사람은 모든 의욕이나 희망까지 포기할 수 있다. 즉 사람은 '고통을 견디기 너무 힘들면 그것을 끝내고 싶은 희망조차 잃게'[66] 되는 지경에 이르는 것이다. 만일 다수가 이런 심리를 갖게 되면 그들은 앉은 자리에서 죽음을 기다리거나 구세주를 기다릴 뿐 자기의 힘으로 무엇인가를 하려고 하지 않으며, 또 할 수 있다고 믿지도 않는다.

> 무력감에 젖은 사람은 자기 소원을 관철하여 자주적으로 무엇인가를 달성할 수 있다고 믿지 않는다. 무엇인가를 바라거나 요구하는 일을 단념할 정도이다.[67]

극심한 무력감을 견디다 못해 상당수의 사람들은 자기의 주체성이나 독립성 그리고 스스로에 대한 신뢰를 포기하고 강력한 힘, 권위에 빌붙는다. 하지만 그런 방식으로는 무력감을 극복할 수 없다. 무력감은 근본적으로 고립을 탈피할 수 있는 힘, 즉 '동포와 연대할 수 있는 능력'에 의해서만 극복할 수 있다. 이런 힘이야말로 무력감에서 해방되어 세상을 변혁할 수 있게 해주는 유일한 원천이다.

권태감
: 지옥이 있다면, 바로 이 무한한 권태

현대 자본주의가 만연시키는 또 하나의 치명적인 감정은 권태감이다. 현대 자본주의는 사람들 사이의 관계를 사람 대 사람의 관계가 아닌, 상품대 상품의 관계로 변질시켰다. 하지만 상품과는 깊은 관계를 맺을 수가 없고, 항상 제자리를 맴돌 뿐 발전적일 수가 없다. 따라서 상품화된 사람들 사이의 관계에서는 권태감을 피할 도리가 없다. 현대인은 무엇보다 대인관계에서의 권태감에 시달리게 되었는데, 프롬은 이성 관계를 예로 들면서 다음과 같이 설명하고 있다.

> 남성들과 여성들이 시장 지향성과 이미 강하게 각인되어 있는 역할들에 일치하여 파트너를 선정하게 되면 서로들 권태로워지는 건 피할 수 없는 일이다. …… 우리는 인간에게 일어날 수 있는 끔찍스러운 일들에 대해선 죄다 얘기하는 듯해도 가장 끔찍스러운 하나의 사실에 대해선 거의 말하지 않는다. 무료함, 혼자만의 무료함이 그것이다. 더 좋지 않은 건, 같이 무료해진다는 것이다.[68]

현대 자본주의는 또한 노동에서 권태감을 느끼도록 강요한다. 원래 노동이란 '인간의 자기표현이자 개별적 인간의 육체적·정신적 힘의 표현'이다. 즉 노동은 원래 '생산물이라는 목적을 위한 수단인 것만이 아니라 인간적 에너지의 의미 있는 표현으로서 그 자체가 하나의 목적'이므로, '노동은 즐거운 것'이다.[69] 그러나 현대 자본주의는 노동을 지겨운 고역으로 전락시킨다. 노동자는 자신이 생산한 생산물에 대해서 그리고 생산 과정에 대해서 어떠한 권리도, 통제권도 없다. 단지 노동의 대가로 약간의 임금만을 받을 뿐이다. 자본주의 사회에서 민중은 노동의 주인으로서 노동을 하는 것이 아니고, 사람답게 살기 위해서 노동을 하는 것도 아니다. 단지 밥그릇을 챙기기 위해서 노동한다. 그러니 노동이 권태감을 초래할 수밖에 없는 것이다.

현대 자본주의에서는 또한 삶 자체가 권태감을 강요한다. 사람은 삶의 의미를 찾을 수 있어야 삶에 집중할 수 있고 삶을 즐길 수 있다. 삶에서 아무런 의미를 찾을 수 없다면 삶이란 끝없는 권태감을 낳을 뿐이다. 개인으로 고립되어 있으며 정치적·경제적·지적으로 무력해진 현대인에게 삶이란 무슨 의미가 있을까? 기껏해야 돈을 많이 버는 것, 성공하고 출세해서 명망을 얻는 것, 맛난 것 많이 먹고 좋은 곳 많이 구경하는 것, 좋은 물건 사서 갖고 놀거나 폼 잡는 것을 목표 삼아 살아갈 뿐이다. 하지만 그러한 것들은 삶의 의미와는 아무 상관도 없기 때문에 현대인은 권태감 속에 침잠한다.

> 사실 정신적인 고통의 가장 나쁜 형태 가운데 하나는 자기 자신이나 스스로의 인생을 꾸려나가는 데 무엇을 해야 좋을지를 알지 못하는 권태다. 인간은 금전적인 또는 다른 보상이 없다 하더라도 무언가 의미 있는 방법으로 자신의 정력을 소비하기를 열망한다. 왜냐하면 아무것도 하지 않고 가만히 있음으로 해서 생기는 권태를 견딜 수 없기 때문이다.[70]

사람은 생산적이고 창조적인 경험과 활동을 하고 싶은 욕구, 그리고 사회를 위해서 무엇인가 가치 있는 일을 하고 싶은 욕구를 가지고 있는 사회적 존재이다. 따라서 이런 욕구들이 좌절되면 사람은 여러 부정적인 감정들을 느끼게 되는데, 그중 대표적인 것이 바로 권태감이다. 따라서 누군가가 권태감을 느낀다는 것은 그가 사회적 존재다운 삶을 살고 있지 못하다는 것을 의미한다. 권태감은 본질적으로 사회적 존재로서의 생명이 꺼

저가고 있다고 느낄 때 체험하는 감정이므로 정말 견디기가 힘들다.

> 나는 권태를 최대의 고문 중의 하나라고 믿는다. 만일 지옥을 상상한다면,
> 지옥이란 무한한 권태에 빠져 있는 곳임에 틀림없다. 사실 사람들은 권태
> 를 피하려고 미친 듯이 노력하며 가지각색의 것에 달려든다. 그것은 권태
> 를 견딜 수 없기 때문이다.[71]

현대인은 끔찍스러운 권태감에서 벗어나기 위해 여러 가지 시도를 하
게 된다. 그러한 시도의 하나가 대상을 자꾸 바꾸는 것이다. 예를 들어 현
대인은 이성 관계에서 권태감을 느끼기 시작하면 파트너한테 질려서라
고 생각한다. 그래서 '파트너를 바꾼다면 모든 게 달라질 거라고 착각'[72]
하며 파트너를 교체한다. 이런 식으로 현대인은 상품을 새 것으로 교체하
고, 직업이나 취미를 바꾸고, 심지어는 사람까지 교체한다.

권태감에서 벗어나기 위한 두 번째 시도는 말초적 쾌락에 빠지는 것이
다. 현대인은 권태로운 하루의 일과 혹은 일주일의 일과가 끝나면 미친
듯이 음주 가무를 하고, 성적 쾌락에 빠지고, 시간 때우기 좋은 영화나
연예 프로그램을 보고, 스릴 넘치는 운동을 하면서 권태감으로부터 도피
하려 한다.

> 권태를 얼버무리기 위해서 강렬한 자극, 스릴, 섹스, 서스펜스를 구한다.
> …… '권태로부터의 도피'야말로 현대인의 주요한 목적이다.[73]

권태감에서 벗어나기 위한 최후의 극단적 시도는 자살이다. 프롬은

'소외된 생활 방식에서 빚어지는 권태와 생활의 단조로움이 또 하나의 자살 요인을 이룬다'[74]고 지적했는데, 실제로 자본주의 나라들에는 권태로움을 못 이겨 자살하는 재벌 2세들도 간혹 있고, 한국에서도 거액의 자산을 소유한 이가 노숙자가 되어 세간에 화제가 된 적이 있다. 거대한 부가 제공해주는 물질적인 혜택뿐 아니라 사회적인 권력과 지위까지 소유한 이들이 권태로움을 못 이겨 자살을 하는 장면을 볼 때면, 돈으로는 절대 해결할 수 없는 인간 존재의 위기를 다시 한 번 생각하게 된다.

권태는 본질적으로 '생산력의 마비 상태' 그리고 '무력감의 경험'과 관련이 있다.[75] 따라서 권태감은 비생산적이고 무력한 상태를 그대로 두고서는 절대로 극복할 수가 없다. 오직 무력감을 떨쳐내고 생산적인 활동, 특히 정신적으로 생산적인 일을 해야만 극복할 수 있다. 구체적으로 말하면 건강한 대인관계를 회복하고 이웃들과의 연대를 이룩하며, 건강한 공동체에 소속되어 세상을 더 아름답게 만드는 활동을 하는 데서 삶의 의미를 찾아야만 권태를 극복할 수 있다.

본질적으로 생산적인 일이란, 단순히 무엇인가를 만들어내는 것이 아니라 사회에 기여하는 일을 의미한다. 이명박 전 대통령이 허울뿐인 친환경 사업인 4대강사업을 밀어붙였던 것, 인체에 해로운 가짜 참기름을 제조하는 일 등은 생산적인 일과는 전혀 무관하다. 반대로 불우한 이웃을 돕거나 불의에 항의하는 활동 등은 생산적인 활동이라고 할 수 있다. 진정으로 가치 있고 의미 있는 일을 하게 되면 누구라도 그 일에 몰입할 수 있고, 그것에서 즐거움을 만끽할 수 있다. 이것이 바로 권태감에서 해방되는 유일한 길이다.

기타 감정들
: 무가치감과 회의감

프롬은 앞서 현대인에게 가장 치명적인 감정으로 고립감, 무력감, 권태감 세 가지를 꼽았다. 현대인의 정신적 고통은 대부분 이 세 가지 감정과 불가분의 관계에 있으며, 이들은 다른 부정적인 감정을 유발하는 원인으로 작용한다. 그런 감정들 중에서 대표적인 것이 무가치감과 회의감이다.

　무가치감이란, 자신을 사회적으로 가치가 없는 존재로 여기는 감정이다. 사회로부터 고립되고 무력한 사람은 스스로를 쓸모없는 사람이라고 여기게 되므로 필연적으로 무가치감을 느끼게 된다. 무가치감은 자존감 혹은 자존심을 손상시키고 끌어내리기 때문에 정신 건강에 치명적이다. 자존감은 자신이 사회적으로 가치 있는 사람이라는 감정, 즉 사회적 존재감 혹은 가치감에 바탕을 두고 있는 감정이다. 이런 점에서 사회적 가치감은 자존감으로, 무가치감은 곧 자기 허무감이나 무존재감으로 보아도 무방하다.

　원칙적으로 자존감은 사람의 사회적 가치, 즉 그가 사회에 얼마나 기여하는가에 따라 결정되어야 한다. 그러므로 사회에 조금이라도 도움이 되는 노동을 하는 노동자나 농민을 비롯한 다수의 민중은 자존감을 가져야 마땅하다. 하지만 현대 자본주의 사회에서는 사람의 사회적 가치가 '사회적 기여도'에 의해서가 아니라, 그 사람이 얼마나 잘 팔리는 상품이냐에 따라 정해진다. 예를 들면 사회를 위해 아주 유익한 소설을 쓰는 소설가라 할지라도 책이 잘 팔리지 않으면 낮은 사회적 평가를 받는다. 이렇게 사람의 사용가치라고 할 수 있는 사회적 가치를 시장이 좌우하기 때문에 현대인은 자존감의 추락을 피할 수가 없다.

> 다른 상품과 마찬가지로 이때의 인간의 질적 가치, 아니 인간 존재 그 자
> 체의 가치를 결정하는 것은 시장이다. …… 사용가치가 있다 하더라도 팔
> 리지 않는 상품은 아무런 가치가 없는 것처럼 말이다. …… 만일 다른 사
> 람들이 찾는 인간이라면 그는 쓸모 있는 인간이며, 아무도 찾지 않는다면
> 그는 쓸모없는 인간이다. 자기에 대한 평가가 성공에 의존하는 것은, 근대
> 인에게 인기라는 것이 그토록 놀랄 만한 중요성을 갖는 이유이다. 한 인
> 간이 실제적인 일을 잘 해나가는지 아닌지에 대한 것만이 아니라, 자존심
> 을 유지할 수 있는지, 아니면 열등감의 심연으로 떨어질 수밖에 없는지
> 하는 것도 다 인기와 관련되어 있다.[76]

시장의 횡포로 자존감이 심각하게 손상된 현대인, 즉 무가치감이 심한
현대인일수록 재산의 소유나 명성에 집착한다. 무가치감을 방어하기 위
해서, 즉 자신이 사회적으로 가치 있는 사람임을 인정받고 과시하기 위
해서 재산이나 명성을 얻으려는 동기를 유발하기 때문이다.

> 자신이 보잘것없는 인간이라는 생각을 덜 하려면, 보다 많은 재산을 소유
> 해야만 했다. …… 자아를 지탱하는 다른 요소들은 명성과 권력이었다. 그
> 것들의 일부는 재산의 소유에서 생겨나고, 때로는 경쟁을 이겨냄으로써
> 직접 생겨나기도 했다. 다른 사람들로부터 받는 존경이나 그들을 지배하
> 는 힘은 재산에 의한 도움에 더하여, 불안정한 개인적 자아를 지탱했다.[77]

대다수의 현대인이 자존감의 상실을 부, 명성, 권력 등을 추구함으로써 만회하려 하지만, 실상 그런 것들은 자존감과는 아무런 상관이 없다. 자존감은 오직 자신이 사회적으로 가치 있는 일을 할 때에만 생겨날 수 있는 것이기 때문이다. 그렇기 때문에 부, 명성, 권력 등을 좇으면 좇을수록 자존감은 오히려 더 추락한다. 그리하여 마침내 현대인은 자기의 내면이 텅 비어 있다는 자기 허무감에 사로잡히게 된다. 이것을 프롬은 헨리 입센의 희곡에 나오는 인물 '페르 귄트'의 예를 들어 다음과 같이 설명했다.

> 작품 〈페르 귄트〉에 등장하는 주인공 페르 귄트는 물질적인 이익만 추구하는 사람으로, 그는 끝내 자기 자신을 상실해버리고 알맹이는 없이 껍질만 겹겹이 싸인 양파 같은 존재라는 사실을 알게 된 인간으로 묘사되어 있다. 입센은 페르 귄트가 이 같은 사실을 발견했을 때, 그는 허무라고 하는 '쇠로 만든 국자' 속에 던져지기보다는 차라리 지옥에 떨어지기를 원할 정도의 인간적인 파국에 직면한다는 것을 묘사함으로써 허무라는 것이 얼마나 끔찍스러운 것인가를 나타냈다.[78]

한편 현대인은 지독한 회의감으로 고통을 겪고 있다. 현대인은 홀로 고립되어 있어서 극히 무력하며, 비판적 사고 능력이 마비되어 지적인 무력감에도 젖어 있다. 그 결과 세계란 무엇인지, 또 인생은 무엇이고 어떻게 살아야 잘 사는 것인지에 대한 해답을 찾지 못한 채 끝없이 방황한다. 자신의 모든 열정, 나아가 한 생을 다 바쳐서 헌신할 만한 가치 있는 일도, 인생의 목적도 없는 것이다. 그러나 사람이 사람인 이상 그에게는 해답이 필요하다. 세계란 무엇이고 사람은 어떤 존재이며, 인생은 어떠해야 하는지에 대한 해답이 없이는 도저히 행복해질 수 없는 존재가 바로 사람이기 때문이다. 그래서 현대인에게도 삶을 가치 있는 것으로 만들어줄 '믿음' 혹은 '신념'이 필요하다. 프롬은 이를 '신앙'이라고 표현하고 있다.

> 신앙을 갖지 못한 자는 …… 어떤 종류의 생산적인 일도 할 수 없기 때문에 괴로워한다. 또한 그는 의심이 많아 누구와도 친밀해지지 못하거나 우울증을 일으키거나 장기적인 계획을 세우지 못한다.[79]

신념이 없는 사람의 삶이란 그저 하루하루를 버티면서 죽음으로 다가가는 목적 없는 삶이고, 어두운 밤에 미로 속을 걷는 것만 같은 불안하고 혼돈스러운 삶이다. 신념을 가질 수 없는 혹은 신념을 상실한 현대인은 그래서 회의감으로 고통을 겪는 것이다.

회의감은 첨단 과학기술의 세기인 21세기를 살아가는 현대인이 왜 아직도 미신에 빠지고 광신도가 되며 파시즘적 교리에 투항하는지를 설명해준다. 그러나 사이비 신념이나 신앙으로는 결코 회의감을 잠재울 수 없다. 사이비 종교일수록 '자기가 소속되어 있는 종교적 단체야말로 인류 중에서 신에게 선택받은 사람들의 단체'라고 생각하며, '열렬한 광적인 신념을 가지고, 그칠 줄 모르는 회의를 수없이 침묵시켜야'만 하는 것이기 때문이다.[80]

회의감을 극복하게 해주는 유일한 해결책은 세계와 사람에 대한 과학적인 이해에 기초하는 올바른 신념을 가지는 것뿐이다. 물론 이런저런 이유로 인해 지금 자신이 가지고 있는 신념이 틀렸을 수도 있다. 그러나 그걸 알게 되었을 때 그것을 인정할 용기만 있다면, 그런 신념이라도 있는 것이 아예 신념이 없는 것보다는 훨씬 낫다. 전자는 점차 옳은 신념으로 접근할 수 있게 해주지만, 후자는 영원히 신념을 가질 수 없게 만들 것이기 때문이다.

> 합리적 비전의 잉태로부터 이론의 형성에 이르는 모든 단계에서 '신앙'이 필요하다. 적어도 그 타당성에 대해 일반적 동의에 도달할 때까지는 추구해야 할 합리적이고 타당한 목표로서의 비전에 대한 신앙, 적당하고 그럴듯한 주장에 대한 신앙, 궁극적 이론에 대한 신앙이 필요하다.[81]

4 현대인의 주요한 동기

싸움터는 바로 여기,
우리 자신과 우리 제도
안에 있다

사람에게 부정적 감정이 극심해지면 그것을 방어하려는 동기가 그의 주요 동기가 된다. 부정적 감정의 비대화는 곧 고통이자 정신병의 본질이기도 하므로, 사람은 무엇보다 고통과 병에 집중한다. 배가 너무 아프면 어떻게든 일단 배의 통증부터 없애려 하고 그것의 치료에 집중하게 되는 것과 같은 이치이다. 현대인은 지독한 고립감, 무력감, 권태감 등에 시달리고 있으므로 이 감정들을 방어하려는 동기를 주요한 동기로 갖게 되었고, 인간 본성에 기초한 동기는 오히려 부차적이고 사치스러운 동기로 전락했다. 한마디로 현대인은 물질적으로 가난해서가 아니라 정신적으로 몹시 병들어 있어서, 그에게는 사람답게 사는 삶이 마치 비현실적인 동화처럼 들린다는 것이다.

힘 : 무력한 자의 굴종과 숭배

인질범에게 붙잡힌 피해자가 인질범을 동정하거나 심지어는 찬양하는 비정상적인 심리 현상을 '스톡홀름 신드롬'이라고 한다. 물론 인질들이 처음부터 그런 심리를 갖게 되는 것은 아니다. 그러나 총을 들고 있는 인질범, 즉 언제라도 자기의 목숨을 빼앗을 수 있는 인질범의 힘에 대한 두려움과, 그런 인질범에게 꼼짝없이 붙잡혀 학대당하는 무력감이 극심해지면 그런 병적인 심리를 가질 수 있다. 남편에게 매를 맞으며 사는 아내가 '남편이 나를 사랑해서 때리는 것이다'라고 믿고, 부모에게 학대당하는 아이가 '나는 이런 대접을 받아 마땅한 나쁜 아이다'라고 인정하는 것도 같은 맥락이며, 폭압적인 독재 권력에게 짓눌려온 국민이 '박정희 덕분에 우리가 잘살게 됐다'며 그를 찬양하고 업적을 기리는 것 역시 힘 센 자 앞에서 무력한 자가 갖게 되는 병적인 심리의 전형이다.

무력감의 포로가 된 사람의 주요한 관심사는 무력감을 방어하거나 그것에서 탈출하는 것이다. 그리고 이럴 때 사용하는 가장 흔한 방식이 힘에 복종하거나 힘을 숭배하는 것이다. 현대인은 무력하기 때문에 힘의 상징인 강력한 권위나 파시즘에 취약하다. 즉 무력감을 해결하지 못하는 한 언제라도 강력한 권위나 파시즘이 득세할 수 있다는 의미이기도 하다.

오늘날 개개인을 무기력한 원자로 만들려는 경향이 커지고 있다. 권위적인 제도는 개인을 통치자들의 손에서 놀아나는 우유부단하고 둔감한 도구로 강등시키려 시도한다. 그들은 개인을 테러, 냉소주의, 국가권력, 대집회, 광적인 연설가, 여타의 온갖 암시 수단들을 총동원해 박살내고 있다. 마침내 홀로 서기에는 너무 나약하다고 느끼게 되는 바로 그때, 그들은 사람들을 보다 큰 전체에 깃들인 강함과 영광에 무기력한 일부로 참여하도록 부추겨 세우는 것이다.[82]

무력한 사람은 강한 힘에 복종하는 데 그치지 않고 그 힘을 광적으로 숭배하면서 찬양할 수 있다. 폭압적인 권력이 자기를 지배하고 착취하는 데도 반항하기는커녕 그것을 찬양하는 합리화를 시도하는 것이다.

> 만일 나를 지배하는 사람이 원체 훌륭하고 완전한 사람이라면 그에게 복종하는 것을 부끄러워하지 않아도 된다. …… 그 결과 억압적 권위에 있어서는 권위에 대한 증오나 비합리적인 과대평가 및 칭찬이라는 요소가 증가하는 경향이 있다.[83]

무력한 사람이 강한 힘에 복종하고 의존하면서 그것에 빌붙는 것은 무력감을 일시적으로 완화시켜주는 최면 효과를 가진다. 사실 자기는 아무것도 아닌 무력하기 짝이 없는 사람이지만, 강한 힘에 빌붙으면 마치 자기에게 힘이 있는 듯한 착각을 일으킬 수 있다. 집회 때마다 항상 군복을 입고 때로 가스통이나 가짜 총을 들고 나오기도 하는 극우 노인들, 나이가 젊음에도 기꺼이 극우 보수 세력의 주구가 되어버린 '일베(일간베스트 저장소)' 등의 심리가 이와 무관치 않다.

이와 관련해 프롬은 '외부의 그 강력한 권력은 개인으로도, 제도로도, 신으로도, 국가로도, 양심으로도, 또는 육체적 강제로도 대체될 수 있다. 강력하고 영원하고 매혹적인 것처럼 느껴지는 외부의 강력한 권력과 일체가 됨으로써, 개인은 그 강력함과 영광에 참가하려고 한다.'[84]고 말하기도 했다.

　강력한 힘에 복종하며 나아가 그것을 숭배하는 현대인의 심리는 유명인에 대한 대중의 반응을 통해서도 확인할 수 있다. 현대 자본주의 사회에서 유명세란 곧 돈이자 권력이고 힘의 상징이다. 현대인은 유명인을 맹목적으로 지지하거나 숭배하고, 나아가 자신을 그와 동일시함으로써 무력감에서 탈출하려 한다. 이 '유력한 인물과 명성의 최면적인 흡인력'을 교묘히 이용하는 사회현상에 관해 프롬은 이렇게 비판했다.

> 어떤 사람의 이름이나 어떤 책의 제목이 교묘한 홍보에 의해서 유명해지면, 보통 사람들은 그 작품이 주장하는 바들을 기꺼이 믿으려고 한다. …… 그가 한 사람으로서, 작가로서, 미술가로서 혹은 무엇으로서든 보통 실력이기만 하면, 그리고 자기도취적이고 공격적이고 술을 잘 하고 외설스러운 뉴스거리가 잘 되는 사람이라면, 그는―약간의 능력만 가지고 있다면―손쉽게 당대의 "앞서가는 미술가들 혹은 작가들" 중의 하나가 될 것이다. …… 미술상들, 저작권 대리인들, 광고인들, 출판사들 모두가 그의 성공에 재정적인 관심을 가지고 있다. 그는 그 사람들에 의해서 "만들어지고" 그리하여 일단 전국적으로 광고되는 작가, 화가, 가수가 되면, 일단 "유명 인사"가 되면, 그는 위대한 사람이 되는 것이다. …… 대중의 눈에 든다는 사실이 그렇게 전적인 중요성을 가진 시대는 아마도 없었을 것이다.[85]

　한 가지 주의해야 할 것은, 무력한 사람의 힘에 대한 태도가 양면적이라는 사실이다. 무력한 사람은 한편으로는 강력한 힘에 기꺼이 굴종하지만 약한 사람에 대해서는 힘을 과시한다. 무력한 사람은 자기에게 힘이 있었으면 하는 절절한 바람을 가지고 있으므로, 기회만 된다면 자기 힘을 과시하고 싶어 한다. 강한 힘의 상징인 미국 앞에서는 비굴하기 짝이 없지만 힘없는 국민에게는 힘을 과시하는 데 열중하는 한국의 극우 보수 세력을 예로 들 수 있다. 이러한 양면성으로 인해, 사회 전반에 무력감이 팽배해지면 강한 힘에 빌붙어서 약자를 짓밟는 사회현상이 기승을 부리게 된다. 이와 관련해 일찍이 존 듀이John Dewey는 다음과 같이 경고하기도 했다.

"우리의 민주주의에 대한 심각한 위협은 외국에 전체주의 국가가 존재하기 때문이 아니다. 우리의 개인적인 태도와 제도 내부에, 외국 여러 나라들에서 외적 권위와 규율, 획일성, 지도자에 대한 의존 등 파시즘이 승리를 얻게 한 조건들이 있다는 사실이 위협이 된다. 따라서 싸움터는 바로 여기―우리 자신과 우리 제도 안에 있다."[86]

현실 회피
: 현실에 관해서는 절대로 말하지 않는다

현대 자본주의는 고립감, 무력감, 권태감 등을 강요하기 때문에 현대인은 현실을 감당할 수가 없다. 감정을 중심으로 말하자면, 현대인은 자신들을 고통스럽게 하고 점점 미쳐가게 만드는 끔찍한 감정들을 지속적으로 유발하는 현실을 감당할 수가 없다는 것이다.

현실 회피 동기가 현대인에게 주요한 동기가 되는 것은 바로 이 때문이다. 어떻게 해서든 현실을 망각하거나 회피해야만 정신적 고통을 조금이라도 덜 수 있다. 그러기 위해서 현대인은 할 수 있는 모든 것을 다한다. 쓸데없는 잡담을 하고, 말초적 쾌락에 빠져들고, 영화나 텔레비전을 보고, 게임과 도박을 하고, 스릴 넘치는 운동을 하는 등 현실 회피에 도움이 되는 일에 끊임없이 몰두한다. 이런 활동들을 중단하면 어쩔 수 없이 현실을 직면해야만 하는데, 그것은 도저히 참을 수 없는 고통을 주기 때문이다.

이런 점에서 현대인은 프롬의 말 그대로 철저한 비현실주의자다. 현대인은 오직 자기가 보고 싶은 것만 보고, 안전한 개인적 공간에만 머무르려 한다. 그는 현실을 보려고 하지도 않고 현실 속으로 나아가려고 하지도 않는다. 현대인은 사람들을 만나더라도 '현실에 관해서는 절대로 말하지 않는다'는 원칙을 가지고 무수한 잡담을 할 뿐이다.

비현실주의자들이 절대 다수인 현대 자본주의 사회에서 소수인 현실주의자는 비록 권력에 의해서는 박해를 받겠지만, 민중에게 현실을 볼 수 있는 용기를 줌으로써 그들을 잠에서 깨우는 위대한 인물이다. 인류 역사 속에서 우리는 이런 일을 앞장서서 했던 많은 현실주의자들을 만날 수 있다.

> 사실 부처도, 성서 속의 예언자들도, 예수도, 에크하르트도, 스피노자도, 마르크스도, 슈바이처도 '물렁이들'이 아니었다. 반대로 그들은 고집 센 현실주의자들이었고, 그들 대부분이 박해받고 중상모략을 받은 것은 그들이 덕을 설교했기 때문이 아니라 진실을 말했기 때문이다.[87]

대세 추종
: 고립으로부터의 도피

무력감과 고립감이 심해질수록 사람은 대세를 추종하려 한다. 무력감이 심한 사람에게 대세란 곧 힘이고, 고립감이 심한 사람에게 대세란 곧 사회이다. 무력한 자는 무력감으로 인해 대세를 거스를 수가 없고, 고립된 자는 고립감으로 인해 대세를 따르지 않을 수 없다. 따라서 무력감과 고립감의 화신인 현대인은 지독한 대세 추종 동기를 가질 수밖에 없다.

> 이 특수한 메커니즘은 현대사회에서 대부분의 정상적인 개인들이 취하고 있는 해결 방법이다. 간단히 말해, 개인이 자기 자신이 됨을 그치고 변화하는 것이다. 즉 그는 일종의 문화적인 양식에 의해 부여되는 성격을 완전히 받아들이고, 다른 모든 사람들과 전적으로 동일한, 그리고 다른 사람들이 그 자신에게 기대하는 그런 상태로 변화된다. 그와 함께 '나'와 외부세계와의 갈등은 사라지고, 고독과 무력함을 두려워하는 의식도 사라진다. 이 메커니즘은 어떤 동물에게서 찾아볼 수 있는 보호색과 비교할 수 있다. …… 개인적인 자아를 버리고 로봇이 되어 주위 수백만의 다른 로봇과 동일해진 인간은 이미 고독이나 불안감을 느낄 필요가 없다. 그러나 그 대신 그가 지불한 대가는 혹독하게 비싼 것으로, 그것은 바로 자아의 상실이다.[88]

일부 사람들은 현대인을 아주 독립적이고 개성적인 존재라고 말한다. 그들이 말하는 현대인은 남들과 똑같아 보이는 걸 싫어해 옷도 색다르게 입고, 독특한 물건을 소유하려 하고, 남다른 취향을 선호한다. 그러나 프롬은 이런 엉터리 개성 추구를, 로봇으로 전락해 독립성이나 진정한 개성을 상실한 현대인이 그것을 비정상적으로 만회하려는 시도로 본다. 만일 현대인이 정말로 독립적이고 개성적인 존재라면, 그는 다수가 '예'라고 말할 때 분연히 일어나 '아니오'라고 말할 수 있어야 한다. 그러나 현대인은 '아니오'라고 말하기는커녕 대세에 거의 저항하지 않는다. 현대인은 남들과 달라지는 것, 비주류가 되는 것을 몹시 두려워해서 그것이 주류 사상이든, 주류 문화든, 주류 상품이든, 주류의 생활양식이든 상관없이 항상 대세를 따른다.

현대인은 대세를 거부해서 비난을 받거나 집단 따돌림을 당하느니 독립성과 개성을 포기한, '자아를 상실'한 로봇이 되기를 원하고 실제로도 그렇게 되었다. 그럼에도 현대인은 두려움, 무력감, 고립감 때문이 아니라 스스로가 원해서 대세를 추종—대세를 추종한다는 사실 자체도 모를수 있다—하고 있다고 굳게 믿는다.

인간 상품
: 만인은 만인의 상품

자본주의 사회에서 '만인은 만인의 상품'이므로, 현대인은 타인들은 물론이고 스스로를 상품으로 취급한다. 즉 현대인은 자기 자신이 상품인 동시에 스스로를 판매해야 하는 '인간 상품'이 되는 것이다. 현대인의 인간 상품화는 다음과 같은 결과들을 낳는다.

첫째, 현대인의 인생 목적이 스스로를 더 잘 팔리는 인간 상품으로 만드는 것으로 획일화된다. 오늘날 한국인은 인생의 목적이 거의 한 가지로 획일화되어 있다. 돈을 더 많이 버는 사람이 되는 것, 즉 스스로를 잘 팔리는 인간 상품으로 만들어 돈을 많이 버는 것이 대다수 한국인들의 인생 목적이다.

> 그의 목적은 그저 시장에서 자기 자신을 성공적으로 팔리게 한다는 데 있다. 그의 자아의식 역시 사랑하고 생각하는 그런 개인으로서의 행동에서 비롯되는 게 아니라 사회경제적인 그의 역할에서 비롯된다.[89]

둘째, 현대인의 자기 평가는 전적으로 자신이 인간 시장에서 얼마나 잘 팔리느냐에 의해 좌우된다. 인간 상품은 사람의 진정한 사용가치, 즉 사회적 가치가 높은가 낮은가와 상관없이 그가 시장에서 얼마를 받고 팔릴 수 있는가라는 교환가치에 의해 평가된다. 따라서 현대 자본주의 사회에서 인간의 존엄성은 여지없이 유린되며, 현대인의 자존심은 변덕스러운 시장에 의해 좌우되므로 그는 자존심을 유지할 수가 없다.

> 그의 가치 관념은 성공 여부에 달려 있다. 즉 자신을 후한 값에 팔 수 있는가, 자신을 당초와 비교해서 더 비싼 값에 내놓을 수 있는가, 요컨대 자신이 성공적인 존재인가의 여부에 가치의 기준이 놓여 있는 것이다. …… 확실히 가치 관념은 항상 그 자신과는 아무 상관없고 외부적인 요인, 즉 시장의 변덕스러운 판단에 의해 결정된다.[90]

셋째, 현대인의 자기 개념 혹은 정체성은 사회가 요구하는 바로 그것이 된다. 자아의식(자기 개념)은 '나의' 경험, '나의' 생각, '나의' 감정, '나의' 결심, '나의' 판단, '나의' 행동의 주체로서 자신을 경험하면서 형성된다.[91] 그러나 현대인은 어릴 때부터 자신이 원하는 것을 시도해볼 기회를 박탈당한 채, 인간 시장에서 잘 팔리는 인간 상품이 될 것을 강요당한다.

한국의 청소년과 청년들 중 다수는 자기 정체성은 둘째로 치더라도 자기가 진정으로 원하는 것이 무엇인지조차 모른다. 일류 대학에 진학하기 위해, 좋은 직장에 취직하기 위해, 어릴 때부터 청년기까지의 황금 같은 시기를 공부 기계로만 살도록 강요당했기 때문이다. 요즈음 취직 이전까지의 한국인들의 자기 개념은 '공부 기계'이고, 취직 이후의 자기 개념은 '돈 버는 기계'이며, 퇴직 이후의 자기 개념은 '돈 못 버는 기계'이다.

현대 자본주의 사회가 잘 팔리는 인간 상품은 이러저러하다는 표본을 제시하면, 현대인은 그것을 자기 개념으로, 정체성으로 받아들인다. 인간 상품이 된 이상 현대인은 스스로를 더 잘 팔리는 인간 상품으로 만들어야만 한다는 동기를 갖지 않을 수 없다. 그 결과 잘 팔리는 인간 상품이 되려는 동기는 현대인을 지배하는 주요한 동기가 된다.

소유와 소비
: 행복에 관한 새로운 미신

현대인은 아마도 인류 역사상 소유하고 소비하려는 동기가 가장 강한 존재일 것이다. 현대인들이 소유와 소비에 집착하는 이유는 무엇일까?

첫째, 불확실성이 지배하고 있는 현대 자본주의 사회에서 소유와 소비는 스스로를 방어하는 무기이다. 소유 외에 안전한 것은 아무것도 없으며, 경기변동에 따라 자본가까지도 한순간에 파산할 수 있는 것이 바로 자본주의이기 때문이다. 따라서 자본주의 사회의 지배층은 땅이나 돈, 보물 등이 그들의 기득권과 안전을 지켜줄 수 있는 유일한 방어 수단이라고 생각한다. 그러나 그들이 더 많이 소유할수록 한편으로는 더 안전해졌다고 느끼겠지만 다른 편으로는 내면이 더 공허해진다. 그들은 적어도 무의식적으로는 땅, 돈, 보물 같은 것들이 없는 한 자신이 사회적으로 아무런 가치도 없는 존재라는 것을 알고 있다. 그렇기 때문에 소유물의 상실이란 자신을 지켜주는 방어 무기를 잃는 것인 동시에, 자신의 존재 가치를 상실하는 것이다. 탐욕스러운 이들이 점점 더 소유와 소비에 집착하고 점점 더 죽음을 두려워하게 되는 것—이를 해결하기 위해서 주로 사이비 교회에 간다—은 바로 이 때문이다.

> 조심성 많고 무언가 소유하고 있는 사람들은 안정감을 느끼지만, 필연적으로 매우 불안정하다. 그들은 자신의 소유, 즉 돈·위신·자아—다시 말하면 자신의 외부에 있는 어떤 것—에 의존하고 있다. …… 무엇이든 가지고 있는 것은 잃어버릴 수 있다. …… 나는 가지고 있는 것을 잃을 수 있기 때문에 필연적으로 가지고 있는 것을 '잃을 것이라고' 항시 걱정하게 된다. 나는 도둑을, 경제적 변동을, 혁명을, 병을, 죽음을 두려워하고 사랑을, 자유를, 성장을, 변화를, 그리고 미지의 것을 두려워한다.[92]

많이 가진 자들, 소유에 집착하는 자들은 항상 변화를 두려워한다. 잃을 게 너무 많아서 그렇고, 잃음과 동시에 자기의 존재 가치까지 상실하게 되기 때문이다. 따라서 그들은 변화를 두려워하는 보수주의자가 될 수밖에 없다.

둘째, 현대 자본주의에서 소유와 소비는 사람을 평가하는 중요한 척도이다. 현대인들이 사람을 평가하는 기준 혹은 사람들의 순위를 매기는 기준은 아주 단순하다. '그 사람이 모는 자동차의 브랜드로 사람을 평가하는 풍조'[93]라는 말에서 알 수 있듯이, 더 많이 소유하고 소비하는 자, 더 좋고 비싼 걸 소유하고 소비하는 자가 높은 평가를 받고 서열이 높은 사람이 된다. 한마디로 소유와 소비가 남들한테 잘난 척할 수 있는 강력한 수단이라서 현대인은 그것에 집착한다는 것이다.

> 수전노 …… 그는 자선사업이나 미술품 구입에 수백만 달러를 사용하기도 하는데, 그것은 (세금 혜택은 제쳐놓고) 자신의 사회적 지위가 그만한 비용을 요구하기 때문이고, 또 세인에게 좋은 이미지를 주려는 선전 효과 때문이다.[94]

셋째, 현대인은 내적인 공허감이나 허무감을 소유와 소비를 통해 보상하려 한다. 섭식 장애에 관한 여러 심리학 연구들은 폭식을 유발하는 주요한 원인 중 하나가 내적인 불안정함이나 공허감임을 보여주고 있다. 즉 폭식을 하는 사람은 배가 고파서가 아니라 사랑이 고파서, 혹은 텅 빈 내면을 채우기 위해서 폭식을 한다는 것이다. 이와 마찬가지로 소유와 소비에 대한 과도한 집착은 내적 공허감이나 허무감이 그만큼 심하다는 증거이다.

소비 욕구 뒤에는 내적 공허감—허무감이 존재한다 …… 이런 사람은 내
적으로 공허하고, 무기력하게 느끼며, 사물을 마구 소유함으로써 비로소
무엇인가 그를 강하게 해주는 것으로 자신을 채웠다는 느낌을 갖게 된
다.[95]

이러한 경향은 문화적 영역에서도 마찬가지로 확인된다. 현대인은 영
화관이나 공연장에 가고, 텔레비전을 보거나 음악을 듣는 것을 문화생활
이라고 착각한다. 또한 주말이나 휴가철에 휴양지에 가서 먹고 마시고
구경하는 것을 여가 생활이라고 착각한다. 하지만 그 대부분은 진정한
문화생활이나 여가 생활과는 별 상관이 없다. 그것은 공허감, 허무감, 권
태감 등을 달래기 위해 문화상품과 여가상품을 수동적으로 소비하는 것
일 뿐이다. 이와 관련해 프롬은 '여가에 관한 한 자동차, 텔레비전, 여행,
섹스가 오늘날 소비주의의 주된 대상'이라고 지적하며, '우리는 그것을
능동적 여가 활동이라고 부르지만, 오히려 수동적 여가 활동이라고 부르
는 편이 나을 것이다'라고 비판했다.[96]

넷째, 독점자본가들은 끊임없이 현대인의 소유욕과 소비욕을 부추긴
다. 자본가들은 현란한 광고를 이용해 현대인의 눈앞에다 예쁜 보석을
흔들어대며 '이것 어때? 갖고 싶지?'라고 끊임없이 유혹한다. 또한 '우리
소비자들에겐 우리가 어떤 것을 사야만 비로소 온전한 기쁨을 누릴 수
있다는 믿음이 끊임없이 주입되고 있다'는 말처럼, 즐거움과 행복은 소
유와 소비에 있다는 그릇된 미신을 집요하게 퍼뜨린다. 그 결과 현대인
은 이것저것을 소유하고 싶다는 소유욕에 시달리게 되었고, 그런 것들을
다 소유하게 되면 행복해질 거라는 미신을 믿게 되었다. 반면에 현대인

은 '바로 전 세대에서는 자명하게 여겨졌던 것'을 '더 이상 알지 못한다', 즉 '삶 속에서 최상의 환희를 만끽하기 위해 어떤 기구도 필요 없다'는 사실을 알지 못한다.[97]

> 현대인에게 만약 천당이 무엇인지 말하라면 그는 아마도 많은 물건을 살 수 있는 충분한 돈이 있고, 그 돈으로 물건을 잔뜩 진열해놓은 세계에서 가장 큰 백화점 같은 곳에 가서 사고 싶은 대로 살 수 있는 상태라고 묘사할지도 모른다.[98]

현대인은 '나는 존재한다 = 나는 갖고 있다 = 나는 소비한다'[99]라는 등식, 그리고 '인생의 목적과 행복 = 소유와 소비'라는 등식의 포로가 되었다. 그 결과 현대인은 사람의 존재 가치도, 삶의 기쁨과 행복도 모두 소유와 소비에서 찾는, 인류 역사상 가장 소유욕과 소비욕이 강한 기형적인 존재로 전락하고 말았다.

> 현대인의 주요 목표는 그의 기술, 지식, 자기 자신, 그리고 '인격이라는 상품'을 다른 삶과 유익하게 교환하는 것이다. 다른 사람도 역시 공정하고 유익한 교환을 바라고 있다. 이런 상황에서 움직인다는 목표 이외에는 아무런 목표도 없고, 공정한 교환이라는 원칙 이외에는 아무런 원칙도 없고, 소비한다는 만족 이외에는 아무런 만족도 없다.[100]

프롬의 격렬한 비판을 불편해하는 이들은 이렇게 항변할지도 모른다. '그러면 요즘 같은 세상에서 아무것도 소유하지 않는 무소유의 삶을 살라는 말이냐?' 그럴 수만 있다면 안 될 것도 없겠지만, 프롬이 현대인의 소유욕과 소비욕을 비판한 것은 그것 자체가 불필요해서가 아니라, 과도한 소유욕과 소비욕이 비정상적이고 병적인 동기이기 때문이다. 프롬은 훌륭한 목수가 좋은 톱을 소유하는 것과 같은 바람직한 소유를 '기능적 소유'로 규정하면서, 그런 소유의 유익함을 다음과 같이 설명했다.[101]

① 내 능동성이 끊임없이 고무된다. 내가 사용하는 것만을 소유하므로 나는 끊임없이 능동적이 되도록 고무되기 때문이다(목수는 톱을 자주 사용하며, 그는 톱을 사용하면 할수록 창조적인 존재가 된다).

② 소유하려는 욕심(탐욕)이 생길 수 없다. 내가 가지기를 원할 수 있는 것은 생산적으로 사용하는 나의 능력에 알맞은 양의 물건들뿐이기 때문이다(목수는 필요한 만큼의 톱을 원할 뿐이다. 톱을 계속 수집하거나 교체하는 일 따위는 하지 않는다).

③ 내가 가진 것을 사용하느라고 바쁘기 때문에 다른 사람이 가진 것을 시기하는 것은 쓸데없는 짓일 테니 시기심이 생길 수 없다(훌륭한 목수는 현재의 톱으로도 충분히 창조적이고 바쁘게 지내므로, 다른 목수가 사용하는 톱에 관심을 돌릴 틈이 없다).

④ 지금 가진 것을 잃어버릴까 두려워하지 않게 된다. 기능적 재산은 쉽게 보충할 수 있기 때문이다(톱이 망가지거나 부서지면 어느 때라도 다시 살 수 있다).

5 현대 자본주의와 사회적 성격

새로운 인간의 탄생

현대인의 주요한 동기와 감정을 올바로 규명하면 현대인의 전체적인 심리 혹은 성격에 대해서도 논할 수 있다. 동기와 감정은 전체적인 인간의 심리, 그리고 인간 심리에 관한 역동적 개념인 '사회적 성격'에서 핵심 요소이기 때문이다.

현대 자본주의는 무엇보다 현대인의 동기와 감정을 규정함으로써 새로운 인간, 프롬의 개념으로 표현하자면 '새로운 사회적 성격'을 탄생시킨다. 이런 '새로운 인간'을 프롬은 다음과 같이 정의하고 있다.

사실상 유럽과 북미에서 승리하고 있는 관료적이고 산업적인 문화는 새로운 유형의 사람을 탄생시켰다. 이러한 인간을 조직적 인간, 로봇 인간, 소비적 인간이라 설명할 수 있다. 게다가 그는 기계적 인간이다. 이 말로 나는 기계적인 모든 것에 깊이 집착하고 살아 있는 것에 반감을 느끼는

기계 부속품 같은 인간을 표현하고 싶다.[102]

프롬의 이론에 근거한 현대 자본주의에 전형적인 사회적 성격들은 다음과 같다.

권위주의적 성격
: 무력한 자의 심리

'권위주의적 성격'이란 본질적으로 프로이트주의에서 사용하던 '사도마조히즘적 인격'(가학증-피학대증적 인격)과 같다. 프롬은 '사디즘-마조히즘'이라는 용어가 '(성적) 도착과 신경증이라는 관념과 결부'되어 있어서 '정상적인 인간'에게는 적합하지 않으므로 그것을 '권위주의적 성격'으로 명명한 것이라고 밝혔다.[103] 따라서 권위주의적 성격이 무엇인지 알려면 일단 사디즘-마조히즘에 대해 살펴볼 필요가 있다.

일반적으로 '사디즘'이란 성적 파트너를 괴롭히고 학대하는 데서 성적 쾌감을 느끼는 병이고, '마조히즘'이란 괴롭힘과 학대를 당하면서 성적 쾌감을 느끼는 병을 말한다. 외국 영화 등에 간혹 등장하는, 연인을 묶어 놓고 채찍 같은 걸로 때리는 장면을 떠올리면 될 것이다. 프로이트와는 달리 프롬은 성적 본능을 사람의 기본 동기로 인정하지 않는다. 따라서 그는 프로이트와는 반대로 성적인 사디즘이란 가학적인 심리의 성적인 표현일 뿐이라고 생각했다.

도착과 마조히즘적 인격의 차이는 본질적으로, 도착은 자기로부터 벗어나려는 성향이 육체를 통해 표현되면서 성적 감정과 결부된다. 그리고 정신적인 마조히즘에서 그 성향은 전 인격을 지배하며, 자아가 의식적으로 달성하고자 하는 모든 목적을 파괴하려고 하지만, 도착의 마조히즘적 추구는 거의 대부분 육체적 영역에 한정되어 있다. 아니, 오히려 그것은 성과 융합됨으로써 성적 영역에서 일어나는 긴장의 해방에 참여하여 직접적인 해방을 찾아내려고 한다.[104]

요약하면, 사디즘-마조히즘은 성적인 문제에서 비롯된 것이 아니라 인격의 전체적인 지향에서 비롯된다는 것이다. 그렇다면 그것의 심리적 본질은 무엇일까?

사디즘에선 복종자를 파괴하는 것이 문제가 아니다. 그보다는 복종자를 전적으로 자신의 목적을 위한 수단으로 만들고자 절대적인 힘을 가지려는 게 사디스트가 의도하는 바이다.[105]

프롬은 사디즘의 본질이 '힘'을 추구하는 데 있다고 보았다. 즉 사디스트가 추구하는 쾌감의 본질은 자신에게 타인을 괴롭히거나 학대할 수 있는 힘이 있음을 확인하는 데 있다는 것이다. 힘에 대한 과도한 추구는 사실상 과도한 무력감과 통한다. 힘이 있는 사람은 굳이 힘을 추구할 필요가 없지만, 무력한 사람은 맹렬하게 힘을 추구하기 때문이다.

만일 내가 사람을 죽일 수 있는 힘을 가지고 있다면, 나는 그보다 '강한 사람'이다. 그러나 심리학적인 의미로는, 힘에 대한 욕망은 강함에 있는 것이 아니라 약함에 그 뿌리를 두고 있다.[106]

사디즘과 마찬가지로 마조히즘의 심리적 본질 역시 힘의 추구에 있다. 물론 마조히즘은 외부의 강한 힘에 빌붙는다는 점에서, 자기에게 힘이 있음을 확인하려는 사디즘과는 차이가 있다. 그러나 '인간의 무력감이 마조히즘 철학의 중심 사상이다'[107]라는 말이 보여주듯, 마조히즘 역시 힘을 갈망하기는 마찬가지다. 무력한 사람은 양면적이다. 즉 무력한 자의 힘에 대한 갈망은, 강자에게는 비굴하고 약자에게는 힘을 과시하는 것으로 표현된다. 무력한 자의 약자 학대는 사실상 무력한 자기 자신, 그래서 혐오스럽기 짝이 없는 자기 자신에 대한 학대이기도 하다. 즉 그는 자신의 무력함을 끔찍이 싫어하기 때문에 무력한 약자를 혐오하고 경멸하면서 학대하는 것이다.

복종에 대한 사랑, 찬미, 그리고 기꺼이 응하는 마음은 힘에 의해 자동적으로 야기된다. 권력은 그것이 지키고자 하는 가치 때문이 아니라, 그것이 힘이라는 이유 때문에 그를 열광시킨다. 그의 '사랑'이 힘에 의해 자동적으로 야기되듯이, 무력한 인간이나 제도는 자동적으로 그로부터 경멸감을 불러일으킨다. 그는 무력한 인간을 대하면 공격하고, 지배하고, 절멸시켜버리고 싶어진다. 이와는 다른 성격의 소유자는 무력한 자를 공격한다는 생각만으로도 간이 서늘해지지만, 권위주의적 인간은 상대방이 무력해질수록 한층 더 분기한다.[108]

프롬은 사도마조히즘의 원인으로 무력감 외에도 고립감을 거론하고
있다.

> 마조히즘적 노력과 사디즘적 노력은 둘 다 견딜 수 없는 고립감과 무력감
> 에서 도피하고자 하는 개인이 그렇게 할 수 있도록 돕는 경향이 있다. 마
> 조히즘적 인간에 대한 정신분석학적 관찰, 그리고 경험적 관찰에 의하면,
> 그들이 고립감과 무력감으로 인한 두려움에 가득 차 있음을 증명하는 많
> 은 실례를 접할 수 있다.[109]

고립된 사람은 그것이 설사 병적인 관계일지라도 자신이 관계 속에 있
음을 어떻게든 확인하려 한다. 비록 학대당하는 관계일지라도 관계가 아
예 없는 것보다는 낫다는 말처럼, 사디스트와 마조히스트는 고립을 너무
나 두려워해서 병적인 관계를 통해서라도 위안을 얻으려 한다.

이렇듯 사디즘과 마조히즘의 주요한 원인은 무력감과 고립감이라고
할 수 있는데, 그중에서도 핵심은 무력감이다. 고립감은 사도마조히즘적
관계를 통해서만 방어할 수 있는 게 아니며, 그것이 어떤 관계든 모든 관
계는 고립감의 방어에 도움이 된다. 반면에 무력감으로부터 탈출하려는
시도는 거의 예외 없이 사도마조히즘적 관계로 귀결된다. 무력감이 심한
사람은 그 정도는 다를지라도 필연적으로 사디즘적·마조히즘적 심리를
갖게 된다는 말이다. 따라서 '마조히즘적인 사랑이나 사디즘적인 사랑은
스스로가 독립적으로 존재할 수 없는 근본적인 무기력에서 생겨나는 간
절한 욕구의 한 표현이다'[110]라는 말처럼, 사도마조히즘적 심리의 기본적
인 원인은 무력감이라고 할 수 있다.

사디즘과 마조히즘이 모두 무력감에 뿌리를 두고 있는 신경증이므로, 무력한 사람은 이 두 심리를 동시에 가지고 있다. 일찍이 프로이트가 '사디스트는 항상 마조히스트이다'[111]라고 말했던 것은 바로 이 때문이다. 프롬 역시 동일한 견해를 가지고 있다.

> 마조히즘적 욕망과 사디즘적 성향은 서로 혼합되어 있다는 사실을 확인할 수 있다. 이들 양자는 표면적으로는 모순되어 보이지만 본질적으로는 동일한 욕망에 그 뿌리를 두고 있다.[112]

프롬은 사도마조히즘이 정상인의 심리이자 비非성적인 심리이므로 그것을 '권위주의적 성격'으로 바꿔 불러야 한다고 주장했다. 그리고 이 권위주의적 성격의 본질은 바로 무력감이다.

권위주의적 성격은 심한 무력감으로 인해서 동기적으로는 힘을 강력하게 갈망하고, 감정적으로는 힘을 사랑하는 동시에 약함이나 무력함을 지독하게 증오한다. 또 지식적으로는 모든 것을 힘이 있는 것과 무력한 것으로 구분하는 흑백논리적인 세계관을 신봉한다. 권위주의적 성격의 핵인 '힘을 갈망하는 동기'에 대해서는 앞에서 살펴보았으므로 이번에는 감정, 지식의 문제만 살펴보기로 한다.

권위주의적 성격은 힘을 사랑하는 동시에 무력함을 증오—이것은 사실상 무력한 자기 자신에 대한 무의식적 증오이다—하는 감정적 특징을 가지고 있는데, 이런 감정 반응은 아주 강렬해서 항상 강한 힘에는 열광하지만 쇠퇴해가거나 약해 보이는 힘은 잔인하게 공격한다. 종교개혁가 루터는 몰락해가던 '교회의 권위에 대항하여' 싸웠지만, '정작 황제라는 세속적인 권위에 대'해서는 '복종을 가장 열렬히 요구'했다.[113] 히틀러는 '보다 큰 힘'이라고 생각되는 '신, 운명, 필연, 역사, 자연' 등에 대해서는 굴종적인 방식으로 반응했지만,[114] 반면에 '힘없는 자'라고 생각된 '무력한 혁명가'—힘이 없는데도 감히 강력한 대영제국을 공격하려고 한 인도의 혁명가들—는 심하게 경멸했다. 히틀러는 영국이 강하다고 생각되었을 때에는 영국을 사랑하고 찬미했지만, 영국이 약해졌다고 생각되자 영국을 경멸하면서 공격했다.

프롬은 이런 히틀러의 감정적 특징을 '사도마조히즘적 인격에서 나타나는 매우 전형적인 현상인, 강자에 대한 사랑과 무력한 자에 대한 증오'라고 평하면서, '그는 기존의 강한 권력과는 절대로 싸우지 않고, 그가 본질적으로 무력하다고 생각한 집단과는 항상 싸웠다'고 지적했다.[115] 식민지 시절 한국의 친일파들은 일본이 가장 강하다고 생각될 때에는 일본을 찬양하면서 미국을 경멸하고 증오했다. 그러나 미국이 일본을 멸망시키자 그들은 하루아침에 미국을 찬양하면서 일본을 향해서는 침을 뱉어댔다. 그러나 한국의 극우 보수 세력은 일본이 재기에 성공하자 다시 저자세를 취하며 아양을 떨기 시작했고, 최근에는 중국이 부상하자 중국에 대해서도 굽실거리고 있다. 이것은 한국의 극우 보수 세력의 심리야말로 무력감의 화신인 권위주의적 성격의 전형임을 뚜렷이 보여준다. 단언컨대 만일 북한이 미국을 힘으로 압도한다면, 그들 중 일부는 정신적으로 미치겠지만 대부분은 하루아침에 북을 찬양하고 숭배하는 열렬한 종북 세력이 될 것이다. 그들이 사랑하는 것은 이념이 아니라 강한 힘이기 때문이다.

이렇듯 권위주의적 성격은 그 특유의 동기와 감정으로 인해 '힘' 중심의 세계관을 신봉한다. 이와 관련해 프롬은 다음과 같이 말했다.

> 권위주의적 철학에 평등이란 개념은 존재하지 않는다. …… 그가 보기에
> 이 세계는 힘을 가진 자와 가지지 않은 자, 다시 말해 우월한 자와 열등한
> 자로 이루어져 있다.[116]

권위주의적 성격은 힘에 과도하게 집착하기 때문에 세상을 힘 중심으로 본다. 그 결과 세계 속의 모든 것을 힘 있는 것과 약한 것으로 구분하는 흑백논리에 사로잡히게 되고, 강자가 약자를 지배하고 학대하는 것은 당연하다는 약육강식의 원리를 굳게 믿는다.

통속적으로 말해 권위주의적 성격이란 '강자 앞에서는 한없이 약하고 약자 앞에서는 한없이 강한' 사람이다. 권위주의적 성격자는 마치 하이에나처럼, 사자가 힘이 셀 때는 머리를 조아리며 굽실거리다가 사자가 상처라도 입을라치면 잽싸게 달려들어 물어뜯는다. 그에게는 그 어떤 확고한 신념도, 건강한 사랑도, 의리나 정의도 존재하지 않는다. 오직 힘에 대한 무시무시한 갈망만이 존재할 뿐이다.

> 이 이분법─상위의 힘에 대한 종속과 하위의 힘에 대한 지배─은 ……
> 권위주의적 성격의 특징적인 태도이다.[117]

한국 사회가 한국인들에게 무력감을 강요한 지는 이미 오래되었다. 과거에는 그래도 권위주의적 성격이 한국의 지배층 내에서만 일반적이었고 일반인들 사이에는 그다지 심하지 않았다. 그러나 요즘에는 권위주의

적 성격 혹은 심리가 일반인들 사이에도 만연되어 있다. 한국의 지배층은 강자인 미국에 굴종하고 숭배하는 대신 약자인 국민을 경멸하고 학대한다. 사회생활을 하는 아버지는 강자인 지배층에게 굴종하는 대신 집에와서 약자인 아내와 아이들을 학대—아내가 남편과 아이들을 학대하는경우도 많다—하고 경멸한다. 어머니는 강자인 지배층과 남편에게 굴종하는 대신 약자인 아이들을 학대하고 경멸한다. 모든 어른들에게 학대당하는 아이들은 어른이나 힘센 아이한테는 비굴한 대신 약한 아이를 집단으로 따돌리며 경멸한다. 무력한 아이들은 자라서 병든 사회에 굴종하는무력한 아버지, 어머니가 되어 약자를 학대하고 경멸한다. 이런 악순환의 흐름이 한국에서는 이미 굳어져가고 있는 듯하다.

내가 《트라우마 한국사회》에서 '우월감 트라우마'라고 명명했던 것이바로 이와 관련이 있다. 이런 무력감의 악순환과 대물림을 하루라도 빨리 끝장내지 못한다면, 극우 보수 세력을 압도할 수 있는 강한 정치 세력이 등장하지 못한다면, 극우 보수 세력이 영구 집권할 가능성은 점점 더높아질 것이다.

대세 추종적 성격
: 고립자의 심리

프롬은 '로봇화한 인간'에 대해 자주 언급하고 있는데, 나는 이것을 '대세 추종적 성격'으로 재정의하고자 한다. 대세 추종적 성격은 동기적으로는 대세를 맹목적으로 추종하려 하고, 감정적으로는 타인들과 똑같아야만 안심하면서 사회적 고립을 극도로 두려워하며, 지식적으로는 대세나 다수가 곧 참이라는 견해를 신봉한다.

오늘날 절대 다수의 현대인은 대세를 추종하면서 지독하게 획일화되어 있다. 획일화된 존재는 독립적이고 변혁적인 존재가 아니므로, 현대인에게 진정한 의미의 개성이란 존재하지 않는다. 현대인이 과도할 정도로 남들과의 차별성을 추구하면서 사이비 개성에 집착하는 까닭도 그가 몰개성의 시대에 살고 있기 때문이다.

> 개성 숭배의 한 가지 이유는 자명하다. 개성이 사실상 사라질수록 그것은 더욱더 말들로 찬양되는 것이다. 산업, 텔레비전, 소비 풍습은 그것들이 조종하는 사람들의 개성에 경의를 바친다. …… 소위 차이라는 것들은 개성적인 남자 혹은 여자가 자유로이 개성적인 물건들을 택한다는 환상을 만들어내는 목적에 기여한다. …… 개별자*들이 아님에도 불구하고 그들은 많은 개성을 가지고 있고, 그들은 그 개성을 열심히 그리고 자랑스럽게 키운다.[118]

사회관계에서 배제됨으로써 세상에 홀로 남겨졌다는 감정이 바로 고립감이다. 사람은 이 고립감을 극도로 두려워하는데, 대부분의 현대인이 대세를 추종하는 것도 이 고립감을 방어하기 위해서다. 그 이유는 다음과 같다.

첫째, 현대 자본주의가 사람들에게 대세를 추종하라고 끊임없이 세뇌

---

*   독립적인 존재를 의미한다.

하고 강요하기 때문이다. 현대인은 어릴 때부터, 아니 '세상에 태어나자마자 무리 중의 다른 사람들로부터 이탈하는 것을 두려워'하도록 교육받는다.[119] 또한 '가정과 학교에서 양육되고 교육받아 거대한 조직 안에서' 생활하게 된 현대인은 대세에서 이탈한 사람들을 차별하고 무시한다. 즉 현대인 스스로는 자기가 원해서 대세를 추종하고 있다고 믿겠지만, 사실은 그가 사회적으로 세뇌되고 사회적 압력에 굴복한 결과 대세를 추종하게 되었을 뿐이다.

> 사실 우리들의 견해와 생각에 존재하는 상당한 정도의 획일성이 정치적 압력의 결과이며 두려움 때문이라는 것은 쉽게 설명할 수 있다.[120]

둘째, 고립되고 무력해진 사람이 세계와 맺는 관계는 적응과 순응일 수밖에 없기 때문이다. 현대인은 자신이 세상의 주인이라고 믿지 않으며, 자신에게 세상을 변혁할 수 있는 힘이 있다고도 믿지 않는다. 그 결과 현대인은 오직 사회에 적응하고 순응하기만 하는 삶을 살게 되었고, 세상을 능동적으로 대하기보다는 수동적으로 대하게 되었다. 한마디로 현대인은 엄마가 주는 젖을 먹고 사는 어린아이처럼, 세상이 제공하는 상품이나 가치관을 일방적으로, 수동적으로 받아들이면서 살아가는 어른 젖먹이가 된 것이다. 이런 현대인의 심리를 프롬은 '수용적 지향'이라고 정의하기도 했다.

> 20세기 중반에는 저축적 지향이 '수용적' 지향에 자리를 내줬다. 수용적 지향의 목적은 항상 새로운 것을 흡수·소유하는 것, 그리고 계속 입을 벌

린 채 받아들이려는 태도로 살아가는 것이다.[121]

현대인은 자신이 자유롭다고, 즉 수많은 상품들 중에서 자신이 원하는 것을 선택하는 자유를 만끽하고 있다고 착각하지만, 그것은 세상을 창조하고 변혁할 수 있는 자유를 박탈당한 채 수동적으로 세상을 받아들이는 로봇의 자유일 뿐이다.

> 인간은 항시 수동적이며 소외된 소비자로 남아 있을 뿐이다. 그는 그가 구입한 상품을 소비하는 그 같은 텅 비고 소외된 방식으로 구기 운동, 영화, 신문, 잡지, 강의, 자연 경치, 사교적 모임 등을 '소비하고 있을' 뿐이다. …… 실제로 인간은 '자신의' 여가를 자유롭게 즐길 겨를이 없다. 즉 자신의 여가 시간을 어떻게 쓰느냐는 것도 그가 구입하는 상품처럼 산업에 의해 결정지어진다.[122]

셋째, 현대인의 자기 개념 혹은 정체성조차 대세에 의해 규정되기 때문이다. 한 프랑스 영화에는 극소수의 사람만 빼고 어느 날 갑자기 온 세상 사람들이 다 사라지는 장면이 나온다. 그 극소수의 사람들조차 하나둘씩 사라지기 시작해 마침내는 두 사람만 남게 되었을 때, 그중 한 명이 나머지 한 명에게 이렇게 말한다. "나는 지금까지 사람들한테 나를 맞추면서 살아왔어. 그런데 이제는 내가 누구인지 모르겠어." 프롬도 현대인에게 본질적으로 이와 동일한 질문을 한다.

> 만일 내가 다른 사람들이 되기로 기대한 것 외에 아무것도 아니라면, '나'

는 도대체 누구인가.[123]

　사회가 요구하는 자기 개념을 맹목적으로 받아들인 사람은 절대로 대세를 거역할 수가 없다. 대세를 거역하는 것은 곧 자기를 상실하는 것이기 때문이다. 예를 들어 사회가 퍼뜨리는 '잘나가는 사람은 좋은 물건을 가진 사람'이라는 자기 개념을 받아들인 사람은 최신 유행의 상품, 값비싼 상품을 무리해서라도 구매하지 않을 수 없다. 만일 그가 그런 상품을 구입하지 않기로 결정하면 '잘나가는 사람'이라는 자기 개념이 붕괴되어 자기를 상실하게 될 것이기 때문이다.

　현대인이 대세 추종적 성격을 가지고 있다는 것은 그가 사회가 프로그램해준 대로 살아가는 로봇이 되었다는 뜻이기도 하다. 로봇에게는 생명이 없다. 즉 로봇은 이미 생명체로서는 사망한 존재라고 할 수 있다. 그렇기 때문에 로봇이 된 현대인은 '다른 로봇과의 차별성'을 개성이라고 착각한 채 자신이 로봇이 아님을 증명하기 위해서, 자신이 살아 있음을 확인하기 위해서 타인과의 차별성에 집요하게 매달리는 것이다.

　　한 인간이 심리적으로 로봇인 것은 설사 생물학적으로는 살아 있더라도 감정적·정신적으로는 죽어 있음을 의미한다. …… 만족과 낙천주의를 가장하고 있으나, 실제로는 그 배후에서 심각한 불행에 빠진 채 근대인*은 절망의 벼랑 끝에 서 있다. 그는 개성이라는 개념에 절망적으로 매달린다. 즉 그는 타인과 '달라지기를' 원하고, 또한 '다르다'는 것만큼 그가 찬양할

---

* 　현대인도 마찬가지다.

말은 없다.[124]

병적인 사회에서 대세란 대체로 좋지 않은 것이다. 따라서 대세를 추종하는 것은 사람에게 해가 되며, 더욱이 별 생각 없이 맹목적으로 대세를 추종하는 것이 습관이 되면 결국 사람은 로봇이 되고 말 것이다. 프롬의 다음과 같은 충고가 몹시 소중하게 여겨지는 것은 이 때문이다.

> 다른 사람들이 우리의 행동을 이해하지 못한다면, 그렇게 한들 어떠랴?
> 우리에게 자기들이 이해하는 일들만 해달라는 그들의 요청은 우리를 지배하려고 하는 시도이다. 그것이 그들의 눈에 '반사회적'이거나 '불합리한' 것으로 보인다면 그대로 놔두자. 대개 그들은 우리의 자유와 자기 자신이 되려고 하는 우리의 용기를 못마땅하게 생각하는 것이다. …… 그렇게 '설명'이 필요하다는 것 때문에 얼마나 많은 인생들이 망가졌던가. …… 자유로운 사람은 오직 자기 자신에게만, 그리고 설명을 요구할 정당한 권리를 가진 몇 안 되는 사람들에게만 설명할 필요가 있다…….[125]

쾌락 지향적 성격
: 권태로운 자의 심리

현대인은, 좀 심하게 말하면, 몸은 살아 있지만 정신은 이미 죽었다. 즉 사회적 존재로서의 생명은 이미 죽었다는 것이다. 사회적 생명은 사회적 존재로서의 삶, 즉 세상을 개조하고 변혁하는 창조적이고 생산적인 삶을 살아야만 가질 수 있다. 그러나 권력과 자본의 노예인 현대인은 세상에 적응하고 순응만 할 뿐이라, 기계적인 노동을 하면서 수동적이고 비생산적인 소비에만 열중한다. 이런 점에서 현대인은 사회적 존재로서는 거의 사망한 것이나 마찬가지다. 육체적 생명이 시들어가고 있음은 몸의 상태로 알 수 있고, 사회적 생명이 시들어가고 있음은 정신의 상태로 알 수 있다. 즉 사회적 생명이 꺼져가고 있음은 생산적인 정신 활동의 부재 혹은 활력 있는 정신 활동의 부재로 나타나는데, 그럴 때 체험하는 감정이 바로 권태감이다.

사회적으로 죽어 있는 사람은 정신 활동을 통해서는 자신이 살아 있음을 느낄 수가 없으며, 그것은 당연히 극심한 정신적 고통을 유발한다. 그래서 어쩔 수 없이 육체적인 감각, 말초적인 쾌락을 통해서라도 자신이 살아 있음을 확인하려 한다.

영화 〈파이트 클럽〉에서 일부 하층계급 사람들은, 비밀스러운 장소에 모여 피가 낭자해질 때까지 미친 듯이 치고받는 격투 시합에 중독되어간다. 그들이 불법 격투 시합에 지독하게 매료되었던 것은, 육체적 고통이나 피에 대한 감각이 자신이 살아 있음을 느끼게 해주는 유일한 수단이기 때문이다. 노동자, 웨이터, 청소부 등 남들한테 천대받는 잡일을 하던 그들은 현실에서는 그 어떤 재미나 보람도 찾을 수 없다. 나아가 그들은 자신이 이미 사회적으로, 정신적으로 죽어 있다는 극심한 고통에 시달린다. 그렇기 때문에 그들은 다른 사람과 치고받으면서 자신이 아직 죽지 않고 살아 있다는 희열을 느껴보려 하는 것이다. 이렇게 정신적인 비생산성 혹은 정신적 사망은 말초적 쾌락을 통해서 그것을 보상하려는 동기를 유발한다.

근대인은 삶에 굶주려 있으나, 로봇이 되었으므로 자발적인 활동이란 면에서 삶을 경험할 수는 없다. 그래서 대용품으로서 어떤 종류의 흥분이나 전율—음주, 스포츠, 또는 영화에 나오는 가공인물을 대신하여 경험하는 흥분이나 전율—이라도 취하게 된다.[126]

'쾌락 지향적 성격'은 동기적으로는 말초적 쾌락을 추구하고, 감정적으로는 쾌감을 사랑하는 반면 고통과 슬픔은 몹시 두려워하며, 지식적으로는 쾌락주의(사람에게 가장 큰 기쁨은 쾌락이다)적이고 허무주의(인생은 허무한 것이니 마음껏 즐기다 가야 한다)적인 세계관을 신봉한다.

쾌락 탐닉은 고립감, 무력감, 권태감, 우울감과 같은 고통스러운 감정들과 그것의 원인을 회피할 수 있게 해준다. 즉 자신이 이미 정신적으로 사망했다는 끔찍한 사실에 직면하지 않을 수 있도록 도와주는 것이다.

> 만약 내가 욕구의 충족을 연기하지 않는다면 (그리고 내가 가질 수 있는 것만 원하도록 조건 지어져 있다면) 나는 갈등도 회의도 없고 결정을 내릴 것도 없다. …… 나는 항상 쾌락에 열중해 있기 때문에 나 자신을 나 자신으로 의식하고 반성할 필요가 없다. 나는 말하자면 '욕망 충족의 기관'일 뿐이다.[127]

실제로는 불가능하지만 쾌락만 추구하는 동물적인 존재, 즉 생각 없이 사는 존재로 전락하면, 그는 정신적으로 아무런 생산적인 활동을 하지 않아도 더 이상 정신적인 고통에 시달리지 않을 수 있을 것이다. 오직 쾌락만 충족되면 만족해하는 비정신적인 존재인 동물로 전락했기 때문이다. 현대인은 우선 상품, 경치, 음식, 음료, 술과 담배, 대중용 책과 영화 등의 소유와 소비를 통해 쾌락을 추구한다. 현대인은 또한 게임, 운동, 섹스 등의 여러 활동을 통해서 쾌락을 추구하는데, 이것들은 사회적·정신적 무능력이 초래하는 고통을 회피하고 보상해주는 역할을 한다. 즉 사회적·정신적으로 무능력한 사람일수록 게임 능력, 운동 능력, 성적 능력 등에 더욱 심하게 집착한다는 것이다.

> 오히려 성적 능력이 그들이 확신하는 유일한 힘이기에 성 만족을 바로 사랑의 대체물로 만들어버린다. 모든 다른 삶의 영역에서의 생산 무능력과 거기서 생겨나는 불행은 성행위를 통해 보상되고 은폐된다. 성욕과 성 만족의 의미는 성격 구조와의 연관성 속에서만 확실해질 수 있다.[128]

마지막으로 현대인은 가벼운 잡담과 웃음 등을 통해서도 쾌락을 추구한다. 현대인은 사람에게 가장 중요하고 본질적인 문제들을 제외한 모든 것들을 화제 삼아 마구 떠들어댄다. 삶에 진정으로 도움이 되는 문제들은 절대로 다루지 않는 오락 프로그램이나 신변잡기식 토크쇼를 즐기면서 낄낄댄다. 현대인은 흔히 이렇게 묻는다. "'아무 생각 없이' 보거나 즐길 수 있는 것 없나?" 가벼운 잡담이나 웃음 등이 현대인의 정신적 사망 사실을 회피하기 위한 수단으로 이용되는 현상은 현대 문화가 죽음을 한사코 멀리하는 데서도 확인할 수 있다.

영화 〈오블리비언〉에서 주인공은 지구를 점령하고 있는 외계인들의 거대 우주선에 핵폭탄을 가지고 들어가 자폭하려 한다. 그러자 얼마 전까지만 해도 그의 기억을 삭제해 지구인들을 공격하는 앞잡이로 부려먹던 외계인 대장은 "죽을 필요 없어"라고 말하면서 그를 회유한다. 부귀영화를 보장해줄 테니 계속 앞잡이 노릇을 하면서 인생을 즐기라고, 정의로운 죽음을 택한다는 것은 어리석은 망상일 뿐이라고 말이다. 만일 주인공이 쾌락주의자였다면 그는 그 달콤한 제안을 받아들였을지도 모른다. 그러나 한 치의 주저 없이 자폭 단추를 누르며 그가 남긴 말은 삶에 대한 그의 태도가 어떠했는지를 단적으로 보여준다.

"사람은 누구나 다 죽는다. 그러니 어떻게 죽는지가 중요하지."

프롬은 죽음이라는 주제를 꺼리는 것은 곧 삶을 기피하는 것이라고 말한다.

> 우리 시대는 죽음을 쉽게 부정하고, 그렇게 함으로써 삶의 근본적인 한 측면을 부정하고 있다. 죽음과 고통에 대한 자각이 삶의 가장 강력한 자극의 하나가 되고 인류 연대성의 기초가 되며, 또한 그것 없이는 환희나 열정이 그 강도와 깊이를 더할 수 없는 그러한 경험이 되도록 하는 대신, 개인은 그 인식에 대한 억제를 강요받고 있다.[129]

쾌락 지향적 성격을 가진 사람은 마치 자기는 아무런 근심 걱정도 없이 신나게 인생을 즐기고 있다고 생각할지도 모른다. 실제로 그는 조금이라도 짬이 나면 쾌락을 추구하느라 분주하게 돌아친다. 하지만 그가 끊임없이 사소한 쾌락들을 필요로 하는 것은, 쾌락이 정말 좋은 것이어서가 아니라 그것 외에는 아무런 기쁨이나 즐거움도 없어서이고, 그것이 없는 순간을 도저히 견딜 수가 없어서이다. 쾌락 지향적 성격자가 극력 회피하고 있는 그의 내면 깊은 곳에는 자신이 이미 정신적으로 사망했다는 사망 통지서가 도착해 있다.

시장 지향적 성격
: 인간 상품의 심리

자기 자신을 상품으로 취급하는 동시에 '나'라는 상품을 파는 판매자
가 된 사람을, 마르크스는 '자의식적이고 스스로 행동하는 상품'[130]이라
는 의미에서 '인간 상품'(이를 '상품 인간'이라고 번역하기도 하는데 이보다는
'인간 상품'이 마르크스가 의미한 바를 더 정확히 나타내는 것 같다)이라고 명
명했다. 프롬은 현대인에게 가장 보편적인 사회적 성격을 '시장 지향성'
으로 보았는데, 인간 상품이 된 현대인의 성격이 바로 '시장 지향적 성
격'이다.

시장 지향적 성격은 동기적으로는 교환에서 손해를 보지 않고 이익을
추구하려 하고, 감정적으로는 값비싼 대상은 사랑하는 반면 값이 저렴한
대상은 깔보며, 지식적으로는 돈(가격)을 중심으로 모든 것을 바라보는
돈 중심의 세계관을 신봉한다. 프롬은 이 '시장 지향성'이 '교환하려는
욕구가 현대인에게 주요한 동인이 됐다는 사실과 밀접한 관련이 있다'고
주장했다.[131]

사람이 인간 상품이 된 조건에서 시장 지향성은 대인관계에서도 작용
할 수밖에 없다.

더욱 중요한 것은 대인관계에서도 교환하려는 동인이 작용한다는 것이

다. 사랑도 종종 그들이 기대할 수 있는 것을 최대한으로 얻고자 하는 두 남녀 사이의 유리한 교환 이외에 아무것도 아니다.[132]

시장 지향적 성격이 보편화된 사회에서 사람들 사이의 관계란 상품들 사이의 교환 관계이다. 현대인의 사교 생활이란 것도 대부분 인간 상품 교환을 위한 작은 인간 시장이다. 사교 모임에서 현대인은 자신이 값비싼 상품으로 비치도록 스스로를 한껏 포장할 뿐만 아니라, 값비싼 인간 상품에 걸맞은 말과 행동을 하느라 애쓴다. 반면에 타인의 상품 가치를 깎아내리기 위해 그들의 약점이나 결함을 찾아내느라 분주하게 눈을 굴린다. 그러고는 자신의 상품 가치가 높다고 판정되면 몹시 즐거워하고, 그렇지 않을 경우에는 크게 낙담하고 절망한다.

파티에 참석하는 등 사교 일반의 기능은 대부분 교환을 위한 것이다. 사람들은 되도록이면 자기에게 이익이 되는 교환을 하기 위해서 실제의 자기보다 조금이라도 값이 더 나가는 포장을 하려고 애쓴다.[133]

시장 지향적 성격은 현대인의 정신 건강에 치명적이다. 그것은 우선 현대인의 자존심을 사정없이 추락시킴으로써 커다란 고통을 유발한다. 시장 지향적 성격자는 자신의 가치를 교환가치에서 찾는데, 물건의 가치가 전적으로 시장에 의해 좌우되듯이 그의 자존심도 전적으로 시장에 의해 결정된다. 즉 주식 중독에 걸린 사람의 행복과 불행이 주식 시세를 따라 널뛰듯이, 시장 지향적 성격자의 자존심도 인간 시장에서의 시세에 따라 오르락내리락 하는 것이다.

오늘날의 일반인들은 상당히 외롭고 또한 스스로도 그렇다고 느낀다. 자기 자신이 마치 상품인 양 여겨지고, 자신의 가치는 성공 여부와 시장성, 타자의 인정에 달려 있다는 느낌이 드는 것이다. 그의 가치는 자신의 내적 인격이나 인격의 실제 가치에 근거하는 게 아니며, 자신의 힘이나 사랑의 능력, 인간의 질에 근거하는 것도 아님을 그는 알아차리게 된다. 물론 그가 이런 것들을 팔 수 있다거나, 성공하거나 남들에게 인정받는 경우는 제외하고 말이다. …… 대부분 사람들의 자긍심이 아주 쉽게 흔들리는 것도 바로 이런 이유에서이다. …… 타자에 의존하는 자존감은 점점 더 불안해지기 마련이다.[134]

시장 지향적 성격은 또한 현대인을 '자기 계발의 포로'로 만듦으로써 정신적 에너지를 소진시킨다. 유행에 뒤처지는 한물 간 상품, 소비자가 더 이상 원치 않는 상품 등은 시장에서 팔리지 않는다. 따라서 그런 상품은 제아무리 사용가치(쓸모)가 높더라도 교환가치(가격)의 하락을 피할 수 없다. 결국 상품 생산자와 판매자들은 유행이나 소비자의 기호를 재빠르게 파악해서 신상품을 만들어내야 한다는 강박감에 시달리게 된다.

인간 상품이라고 해서 예외가 될 수 없다. 현대인이 유행에 지독하게 민감해지고 자기 계발에 목을 매는 것은 인간 상품의 필연적 귀결인 것이다. 하지만 현대인의 자기 계발 노력은 깨진 독에 물 붓기이자 끝이 없는 소모전이다. 한 가지 자기 계발에 성공하더라도 시장이 곧 다른 것도 계발하라고 요구하기 때문이다. 더 이상 팔리지 않는 저가 인간 상품이 되지 않으려면 현대인은 죽을 때까지 자기 계발을 해야만 한다. 한국에서 자기 계발서나 자기 계발 시장이 지속적으로 호황을 누리고 자격증을 열 개씩 따는 사람들이 늘어나는 까닭이 바로 여기에 있다.

하루 판매량이 많은 손가방 종류는 저녁때가 되면 자신 스스로가 뿌듯하게 느껴질 수 있는 반면, 다른 종류의 손가방은 유행에 뒤진다거나 너무 비싸다거나 여타 이유에서 그리 잘 팔리지 않았을 경우 의기소침해질 것이다. …… 이 비유는, 우리는 특별한 존재가 되어선 안 되고, 늘 첨단 상황에 적응하고자 우리의 인격을 변화들과 맞아떨어지게 준비해놓고 있어야 함을 의미하고 있다. …… 사람들도 인간 시장에서 최종 시세 가격에 따른다. 최근의 시장 시세는? 영화관, 주류 광고, 패션 광고, 브이아이피가 무엇을 입고 말하는지에 대한 얘기 속에서 찾을 수 있다. …… 여기에선 모든 게 일정한 전형들을 따르고 있고, 우리는 최신 유행을 따르며 유행에 맞게 행동하고자 기를 쓰고 있다.[135]

시장 지향적 성격을 가지고 있는 현대인은 자존심의 추락을 피할 길이 없다. 절대 다수의 현대인은 성공한 극소수에 속하지 못해서, 즉 값비싼 인간 상품이 되는 데 실패해서 자존심이 추락한다. 그러나 극소수의 성공자라고 해서 자존심을 지킬 수 있는 것도 아니다. 값비싼 인간 상품이 되는 것이 진정한 자존심과는 아무런 상관도 없기 때문이다.

자존심이란 원래 사람의 사회적 가치, 사회적 기여도에 의해 결정되는 것이지 시장에 의해서 결정될 수 있는 게 아니다. 따라서 인간 상품으로 전락한 사람은 어떠한 경우에도 자존심을 유지할 수가 없다. 시장 지향적 성격을 가지고 있는 현대인은 사회의 끝없는 자기 계발 요구에 부응하기 위해 부지런히 쳇바퀴를 돌리는 다람쥐 인간이 된다. 그는 절대로 세상에서 유일무이한 존재, 남들과는 다른 특별한 존재가 되어서는 안 된다. 잘 팔리는 인간 상품이 되기 위해서 계속 스펙─사람에게 스펙이라는 말을 사용하는 현실이야말로 인간 상품으로 전락한 사람의 비참한 처지를 극명하게 보여준다─을 쌓아야 하고, 유행에 뒤처지지 않기 위해서 자신의 심리와 행동을 카멜레온처럼 계속적으로 또 재빠르게 바꿔가면서 살아남아야 한다.

마지막으로, 시장 지향적 성격을 가진 현대인은 사랑에 대한 기대 따위는 아예 접고 살아야만 한다. 인간관계가 상품과 상품 사이의 관계가 되어버린 세상에서 사랑을 꿈꾼다는 것은 미련하고 어리석은 짓일 뿐이기 때문이다.

지금까지 살펴보았듯이 권위주의적 성격, 대세 추종적 성격, 쾌락 지향적 성격, 시장 지향적 성격은 현대 자본주의가 만들어낸, 현대인의 전형적인 사회적 성격이다. 이중에서 권위주의적 성격과 시장 지향적 성격은 프롬의 설명을 그대로 따랐지만, 대세 추종적 성격은 '로봇화한 사람'에 관한 그의 설명과 '수동 지향성'에 관한 언급을 사회적 성격 이론에 근거해 재구성한 것이다. 또한 프롬은 쾌락 지향성에 관해서는 큰 비중으로 다루지 않았으나, 나는 이것이 현대인의 중요한 심리라고 생각했기에 임의로 추가했다.

권위주의적 성격 혹은 심리는 무력한 자의 전형적 심리이므로, 현대인에게만 고유한 성격은 아니다. 다시 말해 고대 노예제 사회, 중세 봉건제 사회, 초기 자본주의 사회에서 살고 있던 상당수의 사람들도 가지고 있었던 성격이라는 것이다. 계급사회에서 지배계급에게 억압당하고 착취당하는 민중은 어느 정도의 무력감은 피할 수 없고, 그로 인해 권위주의적 성격 또한 갖게 된다. 그러나 민중 속에 권위주의적 성격이 얼마나 보편화되느냐 하는 것은, 민중이 무력감을 얼마나 심하게 느끼느냐에 따라 달라질 수 있다. 예를 들면 민중의 의사와 요구가 지배층에 의해서 상당 부분 수용되었다면(지배층이 민중을 두려워했다면), 그리고 민중 항쟁의 전통이 강하다면 권위주의적 성격은 약해질 수 있다.

또 어떤 이들은 지배층은 자신들 마음대로 살아갈 수 있으니 고립감이나 무력감이 없으리라고 오해하는데, 전혀 그렇지가 않다. 지배층 사람들 사이의 관계는 사랑과 연대에 기초한 건강한 관계가 아니라, 개인적 이익을 추구하기 위해 늑대들이 일시적으로 제휴를 맺고 있는 관계이다. 따라서 사랑과 연대의 관계를 형성할 수 있는 민중과 달리 지배층은 고립감을 절대로 피할 수가 없다. 또한 지배층은 민중을 억압하고 착취하지 않고서는 아무것도 할 수 없는, 즉 민중에게 의존하고 기생하는 존재이므로 무력감이 극심할 수밖에 없다. 한국의 극우 보수 세력은 경찰과 군대를 동원해 그들의 기득권을 지키게끔 하면서 민중에게서 세금을 징수하고, 민중의 노동력을 착취해 만들어낸 상품을 민중에게 팔지 않는 한 생존조차 할 수 없는 무력한 사회 집단이다. 그렇기 때문에 거의 모든 지배층은 겉으로는 힘이 있는 척할지라도, 극심한 무력감으로 인해 권위주의적 성격을 갖게 되는 것이다. 역사적으로 권위주의적 성격과 관련이 깊은 '사대주의'가 지배층 내에서는 심했던 반면 민중 속에서는 그다지 발을 붙이지 못했던 것은 이런 사정과 관련이 있다.

민중은 원래 자기의 육체적·정신적 힘을 사용하는 창조적인 노동을 통해 자연을 개조하면서 생활을 꾸려가는, 힘이 있고 생산적인 존재이므로 무력감과는 거리가 있다. 물론 여전히 민중은 정치나 경제를 비롯한 사회의 주인이 되지 못하고 있기 때문에, 사회변혁의 가능성이 희박해지면 일시적으로 무력감이 심해져 권위주의적 성격에 취약해질 수 있다. 그러나 민중은 연대와 단결을 통해 생존하고 발전할 수 있는 집단이고 언제라도 그것을 실현할 수 있는 잠재력이 있기 때문에, 그들이 고립감과 무력감을 극복할 가능성은 항상 열려 있다.

대체로 평균적인 현대인은 여기에서 다룬 네 가지 성격을 어느 정도씩은 다 가지고 있다. 물론 개인에 따라 한두 가지 성격이 특별히 더 우세할 수도 있지만, 현대 자본주의와 현대인 그리고 이 둘 사이의 관계에 의해 발생하는 다양한 사회현상들을 올바로 이해하려면 이 네 가지 성격에 관한 이해는 필수적이다.

현대인의
정신 건강

병든 사회가 병든 인간을 낳는다

세 가지
정신병

다수 대 소수의 피할 수 없는 싸움

사랑은 기술인가,
프롬의 사랑학

사이비 사랑을 밝혀내는 건 심리학자의 책무이다

정신 건강과
행복

사람답게 사는 데 참 행복이 있다

병든 사회와
정신 건강

제4부

오늘날의 인류는

사랑에 대한 뿌리 깊은 갈망에도 불구하고

사랑 이외의 거의 모든 일, 곧 성공, 위신, 돈, 권력을

'사랑보다도 더 중요한 것'이라고 착각한 채 그것만을 추구하고 있다.

그 결과는 당연히 사랑의 끊임없는 실패이다.

프롬은 인류를 향해 '우리 문화권의 사람들은 사랑의 경우

명백히 실패하고 있음에도 불구하고 왜 사랑의 기술을

거의 배우려고 하지 않는가'라고 묻는다.

현대인은 자신이 사랑에 지독하게 굶주려 있고

그것을 엄청나게 갈망하고 있다는 사실을 인정해야 한다.

그럼으로써 성공, 위신, 돈, 권력 등이 아닌

사랑에다 모든 힘을 집중해야 한다.

1 현대인의
정신 건강

병든 사회가
병든 인간을
낳는다

'건강한 사회'와 '병든 사회'는, 어떤 사회가 사람의 정신 건강을 향상시키는가 또는 악화시키는가를 기준으로 가를 수 있다. 심리학자들 가운데 처음으로 이런 기준에 따라 사회를 구분하려고 시도했던 이는 아마도 프롬일 것이다. 그는 자본주의 사회가 인간 본성을 무참히 유린함으로써 사람을 정신적으로 병들게 만들므로, 자본주의 사회야말로 병든 사회라고 규정했다.

> 우리의 사회체제, 즉 우리의 생활 방식이 낳은 성격과 특성은 병적이어서 결국은 병든 인간, 나아가서는 병든 사회를 낳는다······.[1]

자본주의 사회는 사람들이 병적인 동기와 감정, 왜곡된 지식을 갖도록 강요한다. 그 결과 사람들 속에는 권위주의적, 대세 추종적, 쾌락 지향적,

시장 지향적 성격이 만연하게 되는데, 이 네 가지 성격 혹은 심리는 하나같이 병적이다.

프롬의 말처럼 자본주의 사회가 병적인 사회라면, 자본주의 제도가 유지되는 한 정신 건강은 호전될 수 없는 것일까? 만일 그렇다면 현대인은 어떤 사회를 향해 나아가야 하는가? 또 그러기 위해서 어떤 노력을 기울여야 하는가?

정상과 비정상

정상인(정신이 비교적 건강한 사람)과 비정상인(정신 건강이 좋지 않은 사람)을 구분하는 기준은 무엇일까? 아마 심리학자 중 절대 다수는 '신경증적인 인간에게서 관찰되는 현상은 정상인에게서 관찰되는 현상과 본질적으로 다르지 않다[2]는 프롬의 견해에 동의할 것이다. 정상과 비정상은 질적인 차이가 아니라 양적인 차이일 뿐이다. 즉 정상인도 얼마든지 우울할 수 있으며, 그것이 아주 심한 것이 우울증이라는 것이다. 여기까지는 심리학자들 사이에 별 이견이 없다. 그러나 정상과 비정상을 과연 '사회에 대한 적응'을 기준으로 구분할 수 있는가라는 질문에 대해서는 의견이 엇갈리고 있다.

오늘날 대부분의 심리학자들은 암묵적으로 비정상을 사회에 적응하지 못하는 것으로 간주하지만, 프롬은 그런 견해에 강력히 반대한다. 프롬은 '인간 중심적인 건강의 개념과 사회적 적응 문제에서의 건강 개념이 서로 모순 관계에 있다'고 선언하면서, '병든 사회에서 훌륭히 적응해갈 수 있는 인간은 인간적인 의미로 볼 때 확실히 환자'라고 주장했다.[3] 예를 들면 히틀러의 파시즘 체제나 극우 보수적인 현재의 한국 사회에 잘 적응하는 사람은 정신적으로 건강한 게 아니라 오히려 병적인 사람이라는 것이다. 병적인 사회에 잘 적응하지 못해야 정상인이다. 아니, 병적인 사회를 변혁하려고 노력해야 정상인이다. 반면에 비정상인은 병적인 사회에 무난하게 적응할 뿐만 아니라, 그런 사회를 변혁할 엄두를 못 내거나 오히려 지키려 한다. 이것은 결국 사회에 대한 적응을 기준으로 정상과 비정상을 구분해서는 안 된다는 것을 의미한다.

그런데도 왜 대부분의 심리학자는 명시적 혹은 암묵적으로 사회에 대한 적응을 정상과 비정상의 기준으로 채택하고 있는 것일까? 프롬은 대개 중산층 이상의 출신 성분을 가지고 있는 심리학자나 정신의학자들이 자기들이 살고 있는 자본주의 제도를 강하게 지지하고 있다는 데서 그 원인을 찾았다. 통속적으로 말하면, 대부분의 심리학자들은 설사 사람들의 정신 건강을 위해 사회변혁이 필요함을 알고 있더라도, 밥벌이에만 급급해 자기들이 살고 있는 병든 사회를 비판하지 않는다는 것이다.

> 대부분의 정신의학자*들은 그들의 사회 구조를 확실하게 긍정하고 있으므로, 그들의 입장에서는 사회에 적응하지 못하는 인간은 가치가 없는 존재로 간주한다.[4]

정상과 비정상은 '사회에 대한 적응'은 물론이고 '다수결'에 의해서

---

*   혹은 임상심리학자

결정되는 것도 아니다. 외눈박이가 다수라고 해서 외눈박이가 정상은 아니며, 전염병에 걸린 사람이 다수라고 해서 전염병을 정상이라고 할 수는 없다. 즉 '다수 = 정상, 소수 = 비정상'이라는 등식은 성립하지 않는 것이다.

> 수백만 명의 사람들이 동일한 악을 공유한다고 하여 이 악이 미덕이 될 수는 없고, 모두 같은 잘못을 저질렀다고 하여 그 잘못이 진실이 될 수는 없다.[5]

그렇다면 정상과 비정상은 무엇에 의해 결정되는 것일까? 프롬은 '정신의 건강이나 건전성은 특히 인간적인 열정이나 욕구의 충족에 달려 있다'[6]고 말했다. 한마디로 사람의 본성적 동기가 원만히 충족되어야만 정신이 건강해질 수 있다는 것이다. 생물학적인 동기가 충족되면 몸이 건강해지고 그것이 좌절되면 몸에 병이 난다. 마찬가지로 사회적 동기가 실현되면 정신이 건강해지는 반면 그것이 좌절되면 정신이 병든다. 동기론자들은 누구나 다 동기의 좌절이 정신 건강을 악화시키는 기본 원인이라는 견해를 지지한다. 그러나 생물학적 동기인 성욕의 좌절을 신경증의 주요한 원인으로 본 프로이트와는 달리, 프롬이나 매슬로 같은 학자들은 사회적 동기의 좌절을 정신적인 병의 기본 원인으로 본다.

> 인간이 죽지 않기 위해서는 생리적 욕구가 충족되어야 하듯 정신적으로 불건전하게 되지 않기 위해서는 인간 존재의 특수성에서 비롯되는 본질적인 정신적 욕구가 어떤 형태로든 충족되지 않으면 안 된다.[7]

만일 생물학적 동기의 실현이 정신 건강을 좌우한다면, 밥을 굶는 일이 다반사인 가난한 나라 사람들의 정신 건강이 제일 나빠야 할 것이다. 그러나 현실은 오히려 정반대다.

> 우리는 유럽에서도 가장 민주적이고 평화적이며 번영을 누리고 있는 국가들과, 세계에서 물질적으로 가장 부유한 미국에서 정신장애의 가장 혹심한 증상이 나타나고 있는 점에 유의해야 한다.[8]

물질적으로 부유한 나라, 즉 가장 많이 자본주의화된 선진 자본주의 나라 국민들의 정신 건강이 가장 나쁘다는 것은 정신 건강이 생물학적 동기가 아닌 사회적 동기의 실현 여부와 관련이 있음을 강하게 시사한다. 그렇지만 모든 사회적 동기의 실현이 정신 건강으로 이어지는 것은 아니다. 소유욕이나 탐욕 등은 실현되면 실현될수록 정신 건강이 오히려 악화되지 않던가. 따라서 엄밀하게 말하자면, 정신 건강은 자본주의에 의해 가공된 인위적 동기가 아니라 인간 본성에 기초한 사회적 동기의 실현 여부에 달려 있다고 말할 수 있다. 이것이 바로 프롬이 '열정'이나 '욕구' 앞에다 '인간적인'이라는 수식어를 굳이 붙이는 이유다.

> 내가 아는 한 스피노자는 정신의 건강과 질환이 각각 올바른 삶과 그릇된 삶의 결과라고 주장한 최초의 근대 사상가이다. 스피노자의 견해로는 정신 건강은 결국 올바른 삶의 결과이며, 정신질환은 인간성의 요구에 따라 살고 있지 않다는 징후이다.
> …… "'실제로' 탐욕과 야심 따위는 정신이상의 하나이다. 보통 사람들은

이런 것을 '병'이라고 생각하지 않지만 말이다."《에티카》4, 명제 40)⁹

인간 본성에 기초하고 있는 사회적 동기들이 실현되면 정신 건강은 호전되고, 그것이 좌절되면 정신 건강은 악화된다. 예들 들면 사랑의 욕구가 좌절되면 사람들은 애정 결핍이나 고독감 등으로, 양심의 욕구가 좌절되면 죄책감이나 후회감 등으로 고통 받고 그것이 심해지면 정신 건강이 악화된다.

그런데 인간 본성에 기초한 사회적 동기가 실현되지 않으면 일단 부정적인 감정이 유발된다. 타인과 사랑을 주고받으며 살아가고 싶은데 그것이 불가능하면 슬픔이나 고립감이 심해질 수 있다. 이런 부정적인 감정 자체도 정신 건강을 악화시키지만, 그런 감정이 극심해져서 방어기제가 작동되면 병은 한층 더 심해진다. 고립감이 극심해져 그것을 방어하기 위해 대세를 맹목적으로 추종하려는 강박적인 동기를 갖게 되면 정신 건강이 더욱 나빠지는 것이다.

프롬은 고립감, 무력감, 권태감 등을 방어하려는 동기를 특히 문제시했는데, 그 부정적인 감정들이 워낙 심각해서 사람들이 그런 감정들을 방어하는 데 대부분의 심리적 에너지와 인생을 허비하고 있기 때문이다. 즉 그것이 '인간 본성에 기초한 사회적 동기의 반복적인 좌절 → 고립감, 무력감, 권태감 등의 만성화·비대화 → 부정적인 감정을 방어하려는 병적인 동기 → 인간 본성에 기초한 사회적 동기가 아닌, 부정적인 감정을 방어하려는 동기를 실현하기 위해 살아감 → 사람의 본성적 동기의 좌절'이라는 악순환의 고리를 만들기 때문이다.

프롬은 신경증적 행위(비정상)와 합리적 행위(정상) 사이의 차이를 다음과 같이 설명하고 있다.

> 후자(합리적 행위)의 경우, '결과'는 행위의 '동기'에 대응한다. 사람은 어떤 결과를 얻고자 행동한다. 신경증적 노력에서 사람은 참을 수 없는 상태에서 벗어나고자 하는, 본질적으로 부정적인 성격을 지니고 있는 강박관념에 의해 행동한다. 그러한 노력에는 다만 일시적인 해결 방법이 주어질 뿐이며, 그 결과는 그가 원했던 것과 사실상 모순된다. 참을 수 없는 감정으로부터 벗어나려는 강박감이 너무 강하기 때문에 사람은 일시적이 아닌 해결을 가능케 하는 방법을 찾지 못한다.[10]

프롬은 고립감, 무력감, 권태감과 같은 부정적인 감정을 방어하려는 강박적인 동기에 의한 행동은 비정상적인 행동이므로, 그것은 인간 본성에 기초한 사회적 동기의 실현을 더욱 어렵게 만든다고 강조했다. 즉 건강한 사회적 동기를 실현할 수 있는 건강한 사회를 건설해야만 정신 건강이 가능해짐을 의미한다.

'혁명적' 인간이 되는 길

프롬은 건강한 심리를 가진 사람, 훌륭한 인격자를 어떤 사람이라고 생각했을까? 그가 가장 중요하게 생각한 자질은 '사랑의 능력', '이성의 능력' 그리고 '생산적 활동의 능력'이다.[11] 프롬은 '생산적'이라는 개념을 사람에게 도움이 되는 것, 세상에 도움이 되는 것이라는 의미로 사용한다. 따라서 건강한 심리를 가진 사람이란, 이성적 사고 능력이 있어서 세계를 정확히 인식하는 사람, 사랑으로 세계와 연결되는 사람, 생산적 능력을 사용하여 세계를 변혁하면서 살아가는 사람이다. 결국 인간 본성이 최대로 발양된 '완전한 사회적 존재'가 가지고 있는 심리가 프롬이 생각하는 건강한 심리인 셈이다.

그런데 이런 사람이 되려면 무엇보다 독립적인 사람이 되어야 한다. 독립적이지 못한 사람은 세계와 건강한 관계를 맺을 수 없기 때문이다. 즉 독립성은 건강한 사회적 관계의 전제인 것이다.

> 이제 완전히 성숙한 사람만이 진정으로 자기 자신이 된다. 즉 능동적으로 세계와 관계를 가짐으로써, 그리고 다른 사람의 한 부분으로서가 아니라 외부 세계에 대한 자신의 관심과 사랑에 의해 세계와 연결됨으로써 그는 자신의 두 다리로 곧게 서게 될 것이다. 그는 관계를 맺음으로써 비로소 독립할 수 있다.[12]

관계가 없이는 독립도 없다. 관계가 전제되지 않은 독립이란 고립일 뿐이다. 또한 독립이 없이는 관계도 없다. 독립적이지 않은 사람이 맺는 관계란 의존적 관계일 뿐이다. 세계와의 건강한 관계가 없음에도, 사회적으로 성공해 돈을 잘 번다는 이유로 스스로를 독립적인 사람으로 생각하는 경우도 있는데, 그것은 완전히 착각이다. 돈을 잘 버는 사람의 인간관계란 돈을 버는 데 도움이 되는 사람들과의 관계, 서로를 이용하는 사람들 사이의 상품적 관계일 뿐이며, 그의 사회와의 관계란 권력에 순종하면서 유행과 대세를 추종하는, 병든 사회에 재빠르게 적응하는 관계인 경우가 많다. 따라서 그는 실제로는 세계와 건강한 관계를 맺지 못해 홀로 고립되어 있는 고립자이고, 세계를 개조·변혁하지 못하는 무력한 자이며, 자기 혼자만을 위해서 살아가는 이기주의자이다. 이는 본질적으로 세계에 단지 적응만 하면서 살아가는 동물과 차이가 없으며, 완전한 사회적 존재와는 거리가 멀다.

이와는 반대로 독립적인 사람은 사랑의 능력으로 이웃들과 연대하고 단결하기 때문에 고립적이지 않고, 이성의 능력으로 사회를 비판적으로 바라보기 때문에 세계가 무엇인지 또 사람답게 사는 게 무엇인지 알고 있으며, 자신의 생산적 활동 능력을 공동체를 위해 사용함으로써 세계를 변혁하면서 살아간다.

프롬은 이런 건강한 심리를 가진 사람 혹은 완전한 사회적 존재의 심리를 '혁명적 성격revolutionary character'으로 명명했다. 어떤 이들은 혁명적 성격을 과격한 말과 행동을 일삼는 사람, 온 세상을 향해 삿대질을 해대는 분노 덩어리로 오해하기도 하지만, 혁명적 성격은 '결코 반항자를 의미하지 않'는다. 프롬은 반항자를 '남으로부터 인정받지도 못하고 사랑받지 못하고 받아들여지지도 못하기 때문에 권위에 대하여 심한 분노를 느끼는 사람', '분노로 인해 권위를 타도하려는 사람', '타도한 권위 대신에 자기 자신이 그 권위에 오르려는 사람'으로 규정했는데,[13] 한마디로 반항자란 정신적으로 건강하지 않은 사람 혹은 사리사욕이 있는 사람을 의미한다.

분노를 주체하지 못해 혁명을 원한다면 그는 반항자이지만, 민중에 대한 사랑이 지극해서 혁명을 원한다면 그는 혁명가다. 명예욕 같은 건강하지 않은 무의식적 동기 혹은 개인적 욕심을 위해 혁명을 외친다면 그는 반항자이지만, 건강한 동기 혹은 민중의 행복을 위해 혁명의 깃발을 든다면 그는 혁명가다. 프롬은 진보운동에 끼어드는 반항자를, 혁명을 말아먹는 주범으로 지목했다.

> 20세기의 정치 생활은 자칭 혁명가로서 출발하면서도 단지 기회주의적인 반항자에 지나지 않게 된 사람들의 도덕적인 무덤으로 가득 찬 하나의 공동묘지라고도 할 수 있을 것이다.[14]

프롬은 혁명적 성격을 지닌 사람의 특징을 다음과 같이 설명하고 있다. ① 독립적이고 자유로운 사람이다.[15] ② 인간성과 일체화된 사람이다. 즉 인간 본성을 자기의 본성으로 가지고 있는 사람이다. ③ 비판적 사고 능력이 있는 사람이다. ④ 권력 앞에 용감하고 당당한 사람이다. 즉 권위주의적 성격과 반대되는, 강자에게는 무한히 용감하고 약자에게는 무한히 너그러운 사람이다. ⑤ '아니오'라고 능히 말할 수 있는 사람이다. 즉 무력하지 않은, 불복종할 수 있는 힘을 가지고 있는 사람이다.[16]

프롬은 비록 소수일지라도 현대 자본주의 사회에서 살아가는 사람들 중에도 혁명적 성격을 가진 사람이 있다고 생각했다.

> 나의 주장은 불건전한 세계에서 살아가는 건전한 인간, 불완전한 세계에서도 충분히 발전된 인간성을 소지하고 있는 인간, 반수면 상태의 세계에서도 두 눈을 똑바로 뜨고 있는 인간, 이러한 인간이야말로 혁명적 인간이라고 보는 것이다.[17]

현대 자본주의 사회에도 혁명적 성격의 소유자들이 존재하며, 민중 역시 근본적으로는 인간 본성을 지향하기 마련이므로 혁명이 발생·발전할 수 있는 가능성은 언제나 있다. 이런 맥락에서, 프롬은 심리학적 의미에서 혁명을 '혁명적 성격의 소지자들과 혁명적 성격을 소지한 매력적인 사람들에 의해서 지도되는 정치 운동'[18]으로 규정하기도 했다.

프롬은 무엇보다 심리학자가 혁명적 인간이 되어야 한다고 주장했다. 심리학자에게는 인간 본성을 밝혀내고 옹호해야 할 학자적·사회적 의무와 책임이 있기 때문이다. 또한 심리 치료의 목적이 사람들을 혁명적 인간이 되도록 도와주는 것이므로 치료자부터 혁명적 인간이 되어야만 하기 때문이다. 어쩌면 이런 에누리 없는 원칙적인 요구 때문에 지금까지 다수의 심리학자들이 프롬을 기피해왔는지도 모르겠다.

> 심리학자들은 참된 의미에서 이 글에서 기술해온 것과 같은 인간성을 갖도록 해야 할 것으로 생각한다. 심리학자들은 스스로 혁명적 인간이 되어야 한다.[19]

병든 사회는 어떻게
병든 인간을 만드는가?

대부분의 심리학자들은 신경증(정상인이 앓는 마음의 병)이나 정신장애의 원인을 어린 시절의 충격적인 경험에서 찾는 경향이 있다. 정신적인 문제의 주요한 원인이 개인사, 그것도 어린 시절의 경험에 있다고 보는 것이다. 그러나 프롬은 어린 시절의 한두 가지 사건이나 경험에 지나치게 비중을 두는 것은 옳지 않다고 주장했다.

> 사람은 단 하나의 사건에 의해서 영향을 받는 것이 아니라 부모나 가족들의 끊임없는 그리고 전체적인 환경에 의해서 영향을 받는 것이기 때문에 이러한 경험*은 완전히 정상적인 사건이다. 단 하나의 사건으로 외상적인 영향을 받는 경우는 드물다. …… 사람들에게 영향을 주는 것은 하나의 사건이 아니라 계속적인 환경이다.[20]

인간 심리는 긴 시간 동안 세계와 상호작용을 하는 과정에서 형성되고 그 후에도 끊임없이 변화·발전한다. 물론 어릴 때 형성된 심리가 쉽게 변하지 않는 것만큼은 사실이다. 그러나 유년기의 심리조차 한두 번의 경험이 아니라 십여 년에 걸친 세계와의 관계에 의해 형성된 것이다. 따라서 어린 시절에 몇 번의 충격적인 경험을 했더라도 그의 가족관계가 건강하고 사회까지 건강하다면 충분히 정신적으로 건강해질 수 있다. 반면에 어린 시절에 별다른 어려움이 없었더라도 이후의 대인관계가 병적이고 사회까지 병적이라면 신경증을 앓게 될 수 있다.

요즈음 현장에서 상담을 하는 치료자들은 어린 시절 별다른 문제가 없었음에도 정신적인 문제를 갖게 된 사람들이 의외로 많다고 얘기한다. 왜 그럴까? 다수의 심리학자들이 동의하듯이, 신경증 혹은 정신장애란 병적인 외적 환경에 적응한 결과이다. 예를 들면 아이를 학대하는 가

---

*   어린 시절의 충격적인 경험

정은 아이에게 병적인 외적 환경이다. 만일 아이에게 힘이 있어서 그 아이가 가정을 건전하게 변혁했다면 신경증을 앓지 않아도 되었을 것이다. 그러나 아이는 무력한 존재이므로 어떻게든 살아남기 위해 병적인 외적 환경에 적응하려고 노력하는데, 그 과정에서 정신에 이상이 생기는 것이 바로 마음의 병이다.

　병적인 가족뿐만 아니라 병적인 사회라는 외적 환경 역시 신경증을 유발할 수 있다. 만일 사회 속의 개개인들이 어린아이처럼 고립되어 있고 무력하다면, 그들 역시 병적인 외적 환경에 적응하려고 노력하는 과정에서 신경증이나 정신장애를 앓게 될 것이다.

> 신경증은 본질적으로 그 자체가 비합리적이며, 일반적으로 말하면 어린 아이의 성장과 발달에 좋지 않은 외적 조건(특히 유년기의 외적 조건)에 대한 적응이다. 이와 마찬가지로 사회 집단들 내의 강렬한 파괴적 또는 사디즘적 충동과 같은 신경증적 현상에 비교할 수 있는 사회심리학적 현상 역시 비합리적이며, 인간의 발달에 유해한 사회적 조건에 대한 동적인 적응의 한 예를 제공한다.[21]

　병적인 외적 환경에의 '적응'은 필연적으로 신경증을 유발한다. 따라서 병적인 사회에서의 정신 건강은 그 환경에 적응하느냐 아니면 그 환경을 변혁하느냐에 달려 있다.

　사실 병적인 환경은 인간 본성에 배치된다. 따라서 프롬이 지적했듯이, 사람은 특별한 이유가 없는 한 병적인 환경에 저항하며 나아가 그것을 변혁하려 한다.

인간은 그 본질에 반대되거나 건전하게 성장하고 사는 데 필요한 기본적
인 조건이 주어지지 않는 상황 아래에서는 반항한다. 인간은 그의 여러
가지 욕구에 적합한 조건을 만들지 않으면 안 되기 때문이다.[22]

사람에게는 정의를 추구하려는 동기가 있으므로, 국민은 부당한 방법
으로 권력을 잡은 대통령에게는 반항을 해야 마땅하다. 하지만 현실에서
는 그렇지가 않은데, 권력의 힘은 강한 반면 개인으로 고립된 국민은 무
력하기 때문이다. 프롬이 고립감이나 무력감을 그토록 중시하는 것은,
그것이 병적인 외적 환경에 적응하도록 강제함으로써 사람들을 신경증
환자로 전락시키기 때문이다.

건강한 사회와 병적인 사회를 구분하는 기준은 인간 본성이 될 수밖에
없다. 즉 인간 본성을 실현하도록 도와주는 사회가 바로 건강한 사회이
고, 그것을 방해하는 사회는 병든 사회인 것이다.

건전한 사회*라는 것은 …… 인간의 욕구와 일치하는 사회, 즉 …… 객관
적인 욕구와 일치하는 사회라는 생각이 이 책의 기초를 이루고 있다. 따
라서 우리의 첫 과제는 인간의 본성이 무엇이며 그 본성으로부터 나오는
욕구란 무엇인가를 확인하는 일이다.[23]

프롬에 의하면, 인간 본성으로부터 흘러나오는 욕구 중 가장 중요한
것은 사랑하고 사랑받으려는 욕구, 진리를 파악하고 정의를 실현하려는

---

*   건강한 사회와 같은 말이다.

욕구, 생산적 활동을 통해 세계를 변혁하려는 욕구이다. 따라서 이웃들과 사랑하면서 살도록 권장하는 사회, 현실을 있는 그대로 볼 수 있도록 자유롭고 비판적으로 사고할 권리를 보장해주는 사회, 모든 사람에게 평등한 기회와 권리를 보장해주는 정의로운 사회, 다수의 국민이 권력과 자본의 주인이 되어 있는 사회가 바로 건강한 사회이다. 이런 사회에서 사람은 자기의 본성에 맞게 살 수 있다. 반면에 이웃들과 경쟁하고 싸우라고 강요하는 사회, 사회적 암시와 세뇌를 통해 현실을 보지 못하도록 만드는 사회, 부정부패한 자들이 출세하고 성공해 떵떵거리며 사는 불의한 사회, 권력과 자본을 극소수의 지배층이 독점하고 있는 사회는 병든 사회이다. 이런 사회에서 사람은 자기의 본성에 맞게 살지 못하므로 정신이 병들어간다.

프롬은 가족을 곧 사회의 대리자로 생각했다. 병든 사회가 아버지를 권위주의적 성격의 소유자로 만들면, 그는 가족을 학대함으로써 가정을 병들게 만든다. 병든 사회가 어머니를 대세 추종적 성격의 소유자로 만들면, 그녀는 아이들을 사교육 시장으로 내몰아 아이를 병들게 만든다. 사회와 부모에게 학대당하고 세뇌당한 아이들은 권위주의적·대세 추종적 성격을 갖게 되어, 약한 아이들을 따돌리고 값비싼 브랜드 신발과 옷에 집착한다. 결국 어린 시절의 정신적 외상을 초래하는 기본 원인, 가족을 병들게 하는 기본 원인은 사회에 있는 만큼, 병든 사회야말로 모든 정신병의 화근이다. 그래서 프롬은 단호하게 '개인의 (정신) 건강 여부는 개인 자신의 문제가 아니라 그가 속해 있는 사회 구조에 주로 의존한다'[24]라고 선언했던 것이다.

프롬에 의하면 현대 자본주의는 인류 역사상 가장 병적인 사회이고,

현대인 역시 인류 역사상 가장 고립되어 있고 무력해져 있는 존재이다. 그렇기 때문에 현대인의 신경증은 과거와는 차원이 다르다.

> 프로이트의 당대에, 정신과 의사에게 왔던 대부분의 사람들은 오늘날에는 극히 드문 히스테리컬한 증상들로 인해 고통을 받았다. …… 오늘날은 분열증적 증상들, 다른 사람과의 연결의 부족으로 인한 증상들이 더 흔하다. …… 오늘날 정신과 의사에게 가는 대부분의 사람들은 우리 세기의 특징인 불쾌감이라고 부르는 것으로 고통 받는 사람들이다. 특별한 증상은 없고 그냥 기분이 안 좋고, 이상하게 잠도 안 오고, 인생은 의미가 없고, 생에 대한 의욕이 없고, 떠다니는 모호한 불쾌감, 침체감을 보일 뿐이다.[25]

과거의 신경증은 주로 공공연한 외적 권위에 의해, 혹은 종교적인 초자아에 의해 인간적 동기가 좌절된 것과 관련이 있었다. 반면에 현대의 신경증은 주로 건강한 관계로부터 단절되어 고립되고 무력해진 것, 그리고 사회적 생명이 시들어감에 따라 삶의 의미를 상실하게 된 것과 관련이 있다. 다시 말해 현대의 신경증은 사회적 존재로서 사람의 총체적인 위기의 반영인 것이다. 이렇게 현대의 신경증은 과거의 신경증과는 다르므로 '고전적인 정신분석'으로는 문제를 해결할 수 없다. 그것은 오직 전체적인 심리의 '극적인 변화나, 전반적인 성격의 개조'를 통해서만 해결이 가능하다.[26] 권위주의적, 대세 추종적, 쾌락 지향적, 시장 지향적 성격을 제거하고 혁명적 성격으로 변화해야만 비로소 정신적으로 건강해질 수 있다.

현대 자본주의가 인류 역사상 가장 병적인 사회이고 현대인 역시 인류 역사상 가장 고립되어 있고 무력해져 있는 존재라는 사실은 현대인의 정신 건강이 앞으로도 계속 더 나빠질 것임을 의미한다. 그리고 그에 따른 사회적 병리 현상도 더욱 심각해질 것이다. 신자유주의가 미국을 휩쓸고 지나간 1980년대 이후부터 하루가 멀다 하고 터져 나오는 총기 난사 사건, 그리고 자살률과 범죄율이 나날이 치솟고 있는 오늘날의 한국 사회는 프롬의 예측이 정확했음을 뚜렷이 증명하고 있다. 최근 몇 년 동안 대단한 기세로 번창하고 있는 '힐링 산업' 역시 한국인들의 정신 건강이 급속하게 악화되고 있음의 뚜렷한 반증이다.

현대 자본주의 사회의 지배층은 병든 사회에 깔려 아우성치는 민중을 향해 '모든 것이 정상'이니 '가만히 있으라'고 윽박지른다. 비정상이 정상으로 뒤바뀌고 정상이 비정상으로 매도되는 이 같은 전도 현상을 프롬은 '병리적인 정상성'으로 정의했는데, 이것에 적응할 것을 강요당하는 현대인의 정신이 온전할 리 없다. 만일 인류가 고립감과 무력감에서 탈출하지 못해 병든 사회의 광폭한 질주를 계속 방치한다면, 머지않아 인류는 모두 미쳐버리게 될지도 모른다. 인간 본성을 무참하게 유린하고 있는 병적인 한국 사회를 하루라도 빨리 개혁해야 할 절박성이 바로 여기에 있다. 프롬은 현대인들에게 '전 인격을 변화시켜' 혁명적 인간이 되어야 한다고 호소했다. 또한 '현대인의 신경증을 옹호'하고 있는 '전체 사회를 대상으로 대항'하라고 호소했다.[27] 그의 호소는 여전히 현재 진행형이다.

사랑을 철회하는 부모들

프롬 역시 대부분의 심리학자와 마찬가지로 인간 심리에 미치는 부모의 절대적인 영향력을 부정하지 않는다. 그는 자식의 삶에 미치는 어머니의 영향력을 다음과 같이 묘사하기도 했다.

> 어머니는 사랑의 기적을 일으킬 수도 있다. 그러나 어느 누구도 어머니만큼 깊은 상처를 주지는 못한다.[28]

프롬의 말처럼 어머니와 아버지, 즉 부모는 사랑의 기적을 일으킬 수도 있고 자식에게 치명적인 상처를 줄 수도 있다. 사람은 부모를 선택할 수가 없음에도, 태어나서부터 상당한 기간 동안 부모로부터 거대한 영향을 받으면서 자라난다. 물론 부모가 자식 사랑을 어지간히만 해준다면 이는 그다지 큰 문제가 아닐 수 있다. 하지만 요즈음의 부모들은 자식들에게 사랑보다는 상처를 주는 경우가 더 많다. 프롬은 현대 자본주의 사회에서의 부모의 사랑을 상당히 비관적으로 평가한다.

> 자식을 참으로 사랑하는 어버이가 얼마나 될 것인가? …… 부모가 자식을 사랑하는 것이 당연한 일이라기보다는 예외적인 사건이라고 해야 할 정도이다.[29]

대부분의 사람들은 부모는 으레 자식을 사랑하기 마련이라는 통념을 가지고 있다. 물론 예전에는 그런 통념이 대체로 맞았을 것이다. 그러나 현대인들의 위태로운 정신 건강은 자식을 건강하게 사랑하는 부모가 그리 많지 않다는 사실을 인정하지 않을 수 없게 만든다. 왜 요즘 부모들은 자식 사랑을 잘하지 못하는 것일까?

대부분의 심리학자들은 그 원인을 부모의 부모 관계에서 찾는다. 즉 조부모가 부모를 잘 키우지 못해서 부모가 상처를 받았고, 상처 입은 부모가 자식들에게 또 상처를 주는 잘못된 양육이 대물림되었다는 것이다. 이런 논리에 따른다면, 현대인의 정신적 고통의 궁극적인 원인은 원시시대의 최초의 부모들이 자식을 잘못 키운 데 있을 것이다. 그러나 이런 견해는 사회를 철저히 배제한 채 오직 개인 혹은 가족만을 들여다보는 편협한 시각을 반영한 것으로서 무지한 궤변이다.

부모를 병들게 만드는 기본 원인은 사회에 있다. 사람까지 상품화된 현대 자본주의에서 사람들은 타인은 물론이고 자기 자신까지도 상품으로 취급한다. 부모라고 이런 흐름에서 예외일 수는 없다. 현대 자본주의 사회는 부모들마저도, 의식적이든 무의식적이든 자식을 상품으로 여기게 만든다. 자식을 소유(너는 내 것이니까 내 말을 들어야 해)하려 하고, 자식을 더 좋은 인간 상품으로 만들려 하고(너는 공부를 잘해서 일류 대학에 진학해 잘나가는 사람이 되어야 해), 자식을 최대한 비싼 값에 팔려고 한다(너한테 엄청난 투자를 했으니까 멋진 배우자와 결혼하고 크게 성공해서 내가 폼 잡을 수 있게 해줘야 해).

요즘의 부모들에게 자식이 부유해지고 출세하는 것은 결정적으로 중요하다. 가난하거나 미천한 직업을 가진 자식이 경차라면 돈 잘 버는 성공한 자식은 고급 외제차이므로 후자가 훨씬 더 부모를 기쁘게 해줄 수 있기 때문이다. 부모들은 자식이 경차의 수준에 머무르려 하면 사랑을 철회함으로써 깊은 상처를 주고, 자식들이 고급 외제차가 되려고 아등바등 노력해야만 사랑해주는 조건부 사랑을 한다. 하지만 조건부 사랑은 본질적으로 사람에 대한 사랑이 아니라 상품에 대한 사랑일 뿐이므로, 어느 경우든 자식은 상처 받는다.

> 기본적으로는 대부분의 사람들에게 있어서 부모의 사랑이란 기껏해야 그렇게 악의적이지는 않은 소유이고, 훨씬 더 많은 경우는 악성의 소유인데, 다시 말해 때리고 상처 주는—자신이 상처 주고 있다고 느끼지도 못하면서 상처 주고, 고귀한 이유를 들어 상처를 준다. 자존감에 상처를 주고, 예민하고 동시에 너무나 똑똑한 아이를 자신이 바보, 멍청이이고 아무것도 이해하지 못한다고 느끼도록 만들어놓는다. …… 태양 아래 행해지는 모든 일은 아이들이 열등감을 느끼도록 만들기 위해 일어나고 있으며, 아이들 속에 있는 자신에 대한 믿음, 고귀함, 자유를 억제시키기 위해 행해진다고 할 수 있다.[30]

요즘 부모들은 자식이 고가의 인간 상품, 즉 공부 잘하는 아이가 되지 못하면 주저 없이 아이를 학대하는 경향이 있다. 그러나 이것은 부모들이 원래부터 악마라서가 아니라, 사람을 상품화하는 현대 자본주의 사회가 그렇게 하도록 만든 것이다. 사실 먼 옛날부터 상당수의 부모들은 자식을 학대해왔다.

> 대체로, 어느 시대든 부모들이 아이들을 다룬 이야기들을 읽어보면, 또한 오늘날의 인간의 역사를 보면, 대부분의 부모들의 주요한 관심이 아이

들을 통제하는 것이라는 것을 알게 될 것이다. 나는 부모들의 사랑이라는 것을 일종의 가학적인 것으로 간주한다. "최선을 다하여라, 그리고 나는 나의 통제를 거역하지 않는 만큼만 너를 사랑한다."

이것이 가부장적 사회에서의 아버지의, 혹은 아내에 대한 남편의 사랑이다. 로마시대 이후로 아이들은 부모의 소유물이었고 지금도 마찬가지이다.[31]

프롬의 이 같은 견해는 다소 비관적이라고 할 수도 있다. 그러나 로마 시대 이후의 부모들이 자식을 학대―사람을 통제하고 소유하려 하는 것은 곧 학대이다―한 것은, 어느 시대에나 약자를 학대함으로써 자신의 무력감을 보상하려 했던 저열한 사람들이 존재했음을 증명한다. 권위주의적인 성격을 지닌 사람은 어느 시대를 막론하고 늘 있어왔기에, 정도의 차이가 있을 뿐 인류의 자식 학대는 지속되어왔던 것이다.

민중적 연대와 단결을 통해 권력에 대항해서 싸웠던 경험이 있고 부분적이나마 승리했던 경험이 있는 부모들은 상대적으로 무력감이 덜하다. 이런 부모들은 사회적 무능력을 보상하기 위해 가족들을 학대할 필요를 느끼지 않는다. 반면에 사회생활을 하면서 권력과 불의에 끊임없이 굴종해야 했던 부모들, 더욱이 사회적 연대의 경험이 없어서 굴욕감을 홀로 감당해야 했던 부모들은 무력감이 심하다. 가족을 학대하는 폭군이나 독재자 부모는 대부분 이런 부류에 속한다.

현대인은 행복하지 않다. 인간 본성을 실현할 수가 없는데 어떻게 행복할 수 있겠는가. 현대인은 행복하지 않으므로 세상을, 삶을 사랑하지 못한다. 이런 현대인의 심리는 그대로 자식들에게 전달된다.

대부분의 어머니는 '젖'을 줄 수 있으나 '꿀'까지 줄 수 있는 어머니는 소수에 지나지 않는다. 꿀을 주게 되기 위해서는 어머니는 '좋은 어머니'일 뿐 아니라 행복한 사람이어야 한다. …… 삶에 대한 사랑과 마찬가지로 어머니의 불안도 감염된다. 이 두 태도는 어린애의 인격 전체에 깊은 영향을 미친다.[32]

한국만 보더라도 젊은 층으로 내려갈수록 행복 지수가 낮아진다. 나이가 어릴수록 세상을, 삶을 더 사랑하지 않는다. 이것은 그들이 어릴 때부터 행복하지 않은 부모, 삶을 사랑하지 않는 부모들에게 양육을 받은 필연적인 결과이다. 따라서 한국의 부모들이 먼저 행복해지지 않는다면, 삶의 의미를 되찾아 삶을 사랑하게 되지 않는다면, 세대가 흘러갈수록 한국인의 정신 건강은 더욱 빠르게 악화될 것이다.

현대인은 자기도 모르게 권위주의적, 대세 추종적, 쾌락 지향적, 시장 지향적 성격에 따라 자식을 키우는데, 그 결과는 하나로 모아진다. 바로 아동 학대다. 현대인은 무의식적으로는 이미 자신이 아이를 학대하고 있음을 알고 있다. 그럼에도 그들은 끊임없는 자기합리화—내가 자식을 사랑해서 이러는 것이다—를 하면서 죄의식을 방어하며, 온갖 방법을 동원해 자식 학대를 지속하고 있다.

어린아이의 자아 발달을 가로막고 파괴시키는 방법들은 다양하다. 대놓고 위협하는 적개심과 테러에서부터, "네가 뭘 원하는지 내가 다 알아." "넌 이걸 좋아하지 않잖아." 이렇게 공공연하게 금지하는 대신 '익명의 권위주의'가 숨겨진 미묘하고 '애정 어린' 형태에 이르기까지 각양각색이

다. …… 그 결과는 경미하든 강력하든 언제나 내적 공허감, 무가치한 느낌, 불안이다.[33]

부모의 아동 학대는 아이들의 마음속에 무력감, 무가치감(자존감 손상), 사람과 세상에 대한 두려움을 뿌리 깊이 심어놓는다. 무력감으로 인해 아이는 부모에게는 순종하지만 자기보다 약한 아이는 학대한다. 무가치감이 두려워 아이는 타인들의 사랑과 인정에 목말라하면서 병적인 관계에 집착하고, 고립이 두려워 열심히 대세를 추종하면서 부와 성공에 전 인생을 건다. 사람과 세상에 대한 두려움으로 인해 아이는 관계를 갈망하면서도 관계를 두려워하는 자기모순에 빠져 끊임없이 상처받고, 잘못된 세상에 맞서지 못한 채 그저 안전함만을 추구하는 나약한 삶을 살아간다. 물론 사회와 부모의 학대로 화가 난 아이들도 나름 반항을 하기는 하는데, 그 방식은 아주 다양하다.

자녀의 반항은 여러 가지 다른 방식으로 나타난다. 예의범절을 무시하는 태도, 너무 먹지 않거나 너무 먹는 행위, 공격과 사디즘, 그리고 수많은 자기 파괴적인 행위 등이 그것이다. 반항은 흔히 일종의 전면적 '태업' — 세계에 대한 관심의 소거, 태만, 수동에서부터 가장 병적인 형태의 완만한 자기 파괴에 이르기까지 — 으로 나타난다. …… '아동기와 그 이후의 성장 과정에 대한 타율적인 방해는 정신적 병리, 특히 파괴성의 가장 큰 근원이다.'[34]

최근의 한국 사회에서 아이들의 가장 일반적인 반항 형태는 소극적 반항이다. 요즈음 아이들 사이에서는 (프롬이 태업이라고 표현했던) 세상에 대한 완벽한 무관심, 완전한 의욕 상실, 나태함, 무의식적인 자기 학대와 파괴 현상이 두드러지게 나타난다. 아이들의 태업 역시 자신을 훈계하는 나이 든 어른에게 쌍욕을 하며 대드는 행위와 마찬가지로 학대자(무의식적으로 어른들을 학대자로 간주하는 것이 젊은 세대 이하의 주요한 세대 심리다)에 대한 반항의 한 형태이지만, 태업이 반항보다 예후가 더 나쁘다. 왜냐하면 그런 아이들은 학대자에 대한 정당한 분노조차 표현하지 못할 정도로 무감각·무기력해져 있기 때문이다. 어쩌면 태업 형태로 부모에게 반항했던 자식은 평생 동안 부모 곁을 떠나지 않으면서 (무의식적으로) 부모에게 복수하려 들지도 모른다. 혹은 지속적인 자기 학대와 파괴를 통해 부모에게 고통을 주려고 할지도 모른다. 학대자는 어떤 식으로든 응징을 받기 마련이니까.

사람이 악을 선택하게 만드는 '특별한 이유'

프로이트를 비롯한 상당수의 심리학자는 사람이 악할 수밖에 없는 원인을 동물적 본능에서 찾는다. 그러나 사람이 사회적 존재라는 사실을 차치하더라도, 동물적 본능은 악과 아무런 상관이 없다. 사자가 얼룩말을 잡아먹는 것을 악으로 볼 수는 없지 않은가. 선악의 문제, 그리고 그것과 밀접히 관련되어 있는 양심의 문제는 오직 사회 속에서 살아가는 사회적 존재에게만 해당되는 '인간적' 문제이다.

동물이 아닌 인간만이 선하거나 악할 수 있다. 어떤 동물은 우리 눈에 잔인하게 보이는 방식(예컨대 고양이가 쥐를 가지고 노는 방식)으로 행동할 수 있지만, 이 놀이는 동물의 본능을 드러낸 것에 불과하므로 악한 것이 아니다.[35]

동물은 선하지도 악하지도 않다. 그렇다면 사람은 어느 쪽일까? 인간 사회를 들여다보고 있노라면, 사람은 선하기도 하고 악하기도 하다는 결론에 도달하기가 쉽다. 현실 속에는 분명히 선한 사람도 존재하고 악한 사람도 존재하기 때문이다. 프롬도 이런 견해에 동의하고 있다(선악이 사람에게만 해당되는 문제라고 하면서도 동물적 본능을 악으로 간주하는 자기모순에 빠져 있기는 하지만).

어느 문화에서든 인간은 자신 속에 모든 가능성을 지니고 있다. 즉 인간은 원초적 인간이고 맹수이며, 식인종이고 우상 숭배자인 동시에, 이성과 사랑과 정의를 가진 존재인 것이다.[36]

그러나 현실 속의 사람이 선과 악의 가능성을 모두 가지고 있다는 것이 인간 본성 속에 악이 포함되어 있음을 의미하지는 않는다. 예를 들면 대부분의 사람이 탐욕스러워질 수 있다고 해서 탐욕을 인간 본성이라고 단정할 수는 없다는 것이다. 그렇다면 어떤 욕구·동기가 인간 본성에 기초하고 있는가, 그렇지 않은가는 어떻게 알 수 있을까? 결론부터 말하자면, 그것이 정신 건강에 어떤 영향을 미치는가를 통해서 확인할 수 있다. 즉 탐욕이 충족되면 충족될수록 정신 건강은 오히려 악화되고 행복도 멀어져가기 때문에 탐욕은 인간 본성이 아니라고 할 수 있는 것이다.

그렇다면 악은 어떤가? 당연히 악한 마음을 품고 악한 행동을 반복하는 사람의 정신 건강은 절대로 좋을 수가 없다. 일찍이 프로이트가 지적했듯이 죄의식 혹은 죄책감은 정신병의 주요한 원인인데, 이것만 보더라도 악이 정신 건강과는 반비례함을 알 수 있다. '인간에게는 사랑이라는 극히 뿌리 깊은 요구가 있기 때문에 늑대와 같은 행위는 필연적으로 죄악감을 일으키게 된다고 나는 믿는다'[37]라고 말했던 프롬도 같은 입장이다.

헤르만 괴링Hermann Göring을 비롯한 나치 지도자들이 처형되기까지 최후 1년 동안 그들과 면담을 계속한 미국인 심리학자 구스타프 길버트 Gustave Gilbert는 다음과 같은 기록을 남기고 있다. 괴링과 같은 악마적인 인간도 길버트가 매일 자기에게 와주기를 빌면서 늘 이렇게 말했다고 한다.

"보세요, 나는 다른 사람들처럼 나쁘지는 않습니다. 나는 히틀러처럼 나쁘지는 않습니다. 히틀러는 여자와 아이들을 죽였어요. 하지만 나는 죽이지 않았어요. 제발 믿어주세요."

괴링은 어차피 자기가 죽을 것임을 알고 있었다. 즉 그가 미국의 젊은 심리학자에게 무슨 말을 하든 또 어떤 인상을 주든 간에, 결국 자기가 사형당하리라는 사실을 잘 알고 있었던 것이다. 그럼에도 왜 괴링은 자신이 악하지 않다는 사실을 반복적으로 말했던 것일까? 프롬은 그 이유에 대해 이렇게 설명했다.

"그는 상대방에게 말하고 있었던 것이 아니다. 그는 자기의 힘이 소멸되고부터는 단지 하나의 비인간적인 존재에 지나지 않은 자기 자신에 직면해야 하는 사실에 견딜 수 없었던 것이다."[38]

죄의식에 시달리기 마련인 악인은 권력을 잡고 있는 동안만큼은 비인간적인 자기의 모습을 어느 정도 회피할 수 있다. 주위에 널린 악인들을 보면서 '맞아, 사람은 원래 악한 존재야'라며 스스로를 위로할 수 있고, 주변의 아첨꾼들이 보내는 지지와 응원에 힘입어 자기합리화의 명분을 얻을 수 있기 때문이다. 악인들은 '사람은 권력을 잡으면 다 악해진다'고 곧잘 떠벌리는데, 이것이야말로 권력을 잡은 악인들이 가장 자주 써먹는 자기합리화의 논리이다. 그들은 착한 사람들에게 이렇게 외친다.

"당신도 권력을 한번 잡아보라. 나처럼 될 테니까."

그렇기 때문에 권력을 잡았는데도 악해지지 않는 사람의 존재는 악인들에게 거대한 위협이다. 그러한 존재는 악인들의 자기합리화를 불가능하게 만들어 죄의식에 직면하게끔 한다. 고 노무현 전 대통령에 대한 극우 보수 세력의 광기 어린 적대감과 증오는 바로 이것과 관련이 있다.

그러나 악인이 권력을 잃으면 자기합리화도 끝이다. 괴링이 괴로워했던 것, 어떻게든 자신이 악하지 않음을 입증하려 했던 것은 그가 힘을 잃었기 때문인 것이다. 나는 한국의 극우 보수 세력도 권력을 완전히 잃으면 괴링처럼 될 것이라고 확신한다.

인간 본성은 악과 아무런 관련이 없다. 사람은 태초부터 사회적 존재였고, 사람은 사회 속에서 사람들과 서로 사랑하고 협력하면서 살아가야만 행복해질 수 있는 존재인 것이다. 이와 관련해 프롬은 '나는 인간의 완전성을 믿는다'면서, '악이나 자기 상실'은 사람의 1차적 능력이 아닌 '2차적 능력'이라고 강조했다.[39] 사람이 자기의 본성대로 살면 선해지고 정신 건강이 좋아지지만, 본성대로 살지 않으면 악해지고 정신 건강도 악화된다.

우리는 모든 나라, 모든 문화 안에서 사람이 혹독한 반응에 괴로움을 받지 않고 그의 전 생애를 비인간적으로 살아갈 수는 없다는 원리를 보여주는 풍부한 자료를 모을 수가 있다.[40]

사람에게는 선을 선택하거나 악을 선택할 자유가 있고, 특별한 이유가 없는 한 사람은 선을 선택한다. 그렇다면 악을 선택하게 만드는 '특별한 이유'란 무엇일까?

먼저 병든 사회의 압력이 있다. 광주민주화운동을 진압하기 위해 동원된 군인들이 모두 악마인가? 아니다. 그들은 신군부 독재정권의 힘에 굴복했을 뿐이다. 쿠데타로 집권한 정권을 우러러보며 만세를 부르는 이들은 모두 악마인가? 아니다. 그들은 권력에 빌붙어야만 생존할 수 있다고 믿을 정도로 무력하거나 권력의 힘을 극도로 두려워한 일개인일 뿐이다(진실을 알지 못해서, 무지해서 만세를 부르는 경우는 의외로 그다지 많지 않다). 넘지 말아야 할 선은 분명히 있지만, 사회적 압력 때문에 어쩔 수 없이 불의에 눈 감거나 불의와 타협하는 사람을 악하다고 말할 수는 없다. 그는 병든 사회의 압력이 사라지면 다시 선을 선택할 것이기 때문이다.

정신병 또한 악을 선택하게 만드는 특별한 이유가 된다. 나르시시스트가 되면, 그는 선을 선택하기가 거의 불가능해진다. 철저한 이기주의자가 타인을 이용하고 착취하는 일을 그만두는 것은 불가능하기 때문이다. 정신병으로 진단 받지는 않더라도 전체적인 심리가 병적으로 굳어질 경우에도 사람은 선을 선택하지 못한다. 그것은 그에게는 능력 밖의 일이다.

선택의 자유는 …… 오히려 그 사람의 인격 구조의 기능이다. 인격 구조가 선에 따라 행동할 능력을 잃었기 때문에 선을 선택할 자유를 갖지 못하는 사람이 있는가 하면, 바로 그들의 인격 구조가 악에 대한 갈망을 상실했기 때문에 악을 선택할 능력을 잃어버린 사람도 있다.[41]

사실 전체적인 심리—정신분석학적 용어로는 '인격'—가 병적인 방향으로 굳어진 사람, 인간 본성에 기초한 동기가 아니라 병적인 동기를 기본 동기로 가지고 있는 사람은 정신병자이다. 그는 악과 연결된 병적인 동기와 감정의 지배를 받는 노예라서 그에게는 거의 선택의 자유가 없다(물론 악과 무관한 정신병, 심지어는 선한 정신병도 많다). 결론적으로, 정신병이 모두 악인 것은 아니지만 악은 모두 정신병이라는 것이다.

지금까지의 논의를 요약해보면 다음과 같다.

사람은 본성적으로 선하다. 현대인이 권위주의적, 대세 추종적, 쾌락 지향적, 시장 지향적 성격을 갖고 있음에도 아직까지도 그들 중 다수가 악마가 되지 않은 것은, 악을 행하는 것에 대해 인간 본성이 고통으로 응답하기 때문이다. 특별한 이유가 없는 한 사람은 선을 택한다. 그러나 만일 사람이 악성 정신병자가 되면 더 이상 선을 선택할 수가 없게 된다. 따라서 진정한 악이란 곧 정신병이다. 정신 건강을 보통 이상으로 유지하고 있는 사람은 진정한 악인이 아니므로, 그가 '특별한 이유'와 맞서 싸울 용기만 낸다면 언제라도 선을 선택할 수 있다. 불이익과 위험을 감수하고 '양심 선언'을 하는 사람들이 바로 그런 용기를 낸 사람들이다. 그리고 정신병과 결합된 악인이야말로 진정한 악인이다.

그러므로 다수의 선한 사람들이 권력을 쥔 악인들의 감언이설과 사기 행각에 더 이상 속거나 농락당하지 않기 위해서는 인간의 본성에 대한 깊은 이해가 필요하다.

　　정상인 사람들이 그들의 병적인 영향에 대해 어느 정도 면역을 얻기 위해서는, 그들이 병자라는 사실 그리고 그들의 경건한 합리화의 배후에는 악의 있는 충동이 숨겨져 있다는 사실을 이해하는 것만으로 충분하다. 이렇게 되기 위해서는 꼭 배워야 할 게 하나 있다. 곧 말을 곧이곧대로 현실로 받아들이지 말고, 인간만이 걸릴 수 있는 병, 다시 말해 삶이 사라지기도 전에 삶을 부정하는 병에 걸린 사람들의 기만적인 합리화를 간파할 줄 알아야 한다.[42]

　인류 역사가 전진하는가 아니면 퇴보하는가는 권력을 쥔 진정한 악인들, 악한 정신병자들의 거짓말에 민중이 속느냐 속지 않느냐에 의해서도 크게 좌우된다.

2 세 가지
정신병

다수 대 소수의
피할 수 없는
싸움

프롬이 가장 문제시하는 정신병은 세 가지다. 근친애적 공생, 자기도취, 죽음에 대한 사랑. 그런데 이것은 '사람의 모순'에 관한 이론에 기초하고 있다. 즉 프롬은 사람이 동물적인 존재인 동시에 사회적 존재라서 이런 정신병에 걸린다고 본 것이다. 다시 말해, 사람은 동물적인 본성과 사회적인 본성 사이에서 갈등을 겪는데, 그것이 인간 심리 내에서는 '동물로 돌아가려는 경향'과 '완전한 사람이 되려는 경향'이 싸우는 것으로 나타난다. 그리고 전자, 즉 동물로 돌아가려는 경향이 위의 세 가지 정신병을 낳는다는 것이다.

  프롬은 사람들 속에서 근친애적 공생, 자기도취, 죽음에 대한 사랑이라는 정신병적 현상을 예리하게 관찰하는 데는 성공했지만, 그것을 사람의 모순에 근거해 설명했기 때문에 올바른 원인 규명에는 실패했다. 또한 그로 인해 세 가지 정신병적 현상을 지나치게 대중적인 것으로 간주하는 오류를 범했다. 하지만 그럼에도 근친애적 공생, 자기도취, 죽음에 대한 사랑을 심각한 정신병으로 보는 것은 옳다고 말할 수 있다. 여기서는 이 세 가지 정신병을 구체적으로 살펴볼 것이다.

근친애적 공생
: 사랑의 능력을 상실한 이기주의

근친애적 공생이란, 가까운 혈족이나 씨족에 대해서만 애착을 느끼면서 독립성을 상실한 채 근친적 집단에 파묻히는 것을 말한다. 즉 '오직 가까운 사람에게만 애착을 보이는 장애'와 '독립성을 상실함으로써 유아적인 관계를 맺는 장애'를 모두 포함하고 있다.

근친애적 공생 경향을 가진 사람은 가까운 이들 외에는 사랑할 수가 없는, 정확히 말하자면 사람을 사랑할 수 있는 능력을 상실한 무능력자이다.

> 그 사랑은 '이방인'을 사랑할 수 없는 무능력을 상징한다. 다시 말해 우리와 혈연관계나 이전부터 친밀한 관계가 없는, '친하지' 않은 사람들은 사랑할 수 없다는 의미이다. 이는 곧 '이방인'에 대한 증오와 불신, 즉 외국인 혐오증과 일치한다. 근친애는 태내의 따스함과 안전을 상징하고, 성숙한 인간의 독립성과는 상반된 탯줄에의 의존성을 상징한다. …… 우리 모두는 아직도—성적인 의미가 아닌 성격학적 의미에서의—근친상간을 범하고 있다. '이방인', 즉 다른 피부 색깔이나 상이한 사회적 배경을 가진 사람을 사랑할 수 없기 때문이다. 인종차별적이고 국수주의적인 편견은

우리 현 문화의 근친애적 증후이다.[43]

　사람의 '능력'이란 특정한 영역에서만 발휘되는 것이 아니다. 예를 들면 유머 능력은 가족과의 관계에서만이 아니라 이웃과의 관계, 심지어는 외국인과의 관계에서도 발현되기 마련이다. 마찬가지로 누군가에게 사랑의 능력이 있다면 그것은 어떤 대상을 향해서라도 표현되어야 한다. 즉 사랑의 능력이 있는 사람은 단지 가까운 몇몇 사람만이 아니라 이방인까지도 사랑할 수 있다는 것이다. 반면에 사랑의 능력이 없는 사람은 오직 가까운 사람만을 사랑한다. 아니, 엄밀히 말하면 그것은 사랑이 아니라 가족 이기주의나 집단 이기주의로 포장된 개인 이기주의일 뿐이다. 따라서 이런 사람은 오직 자기의 이익을 위해서, 자기에게 이익이 되는 사람만을 감싸고 돈다. 한마디로 '근친애'란 사랑의 능력을 상실한 사람의 이기주의이다.

　사람을 널리 사랑하는 사람은 건강한 관계를 맺는다. 건강한 관계란 독립된 사람들 사이에 맺어지는 서로 사랑하고 존경하는 관계이다. 반면 근친애적인 사람은 필연적으로 공생적 관계를 맺는다. 왜냐하면 그는 사랑을 할 수 없는 무능력자인 동시에, 가까운 사람이나 집단에 매달려 안전을 보장받거나 이익을 취하려 하는 유아적인 존재이기 때문이다.

　　어머니나 종족에게 결합되어 있는 사람은 …… 세계를 향해 열릴 수도 없고 세계를 받아들이지도 못한다. 그는 언제나 어머니와 인종, 민족, 종교 고착에 갇혀 있다.[44]

'근친애적 지향은 자기도취와 마찬가지로 이성 및 객관성과 갈등을 일으킨다'[45]는 말에서 알 수 있듯이, 근친애적 공생은 사랑의 능력과 독립성을 파괴할 뿐만 아니라 이성적 사고 능력을 방해한다.

> 이 우상은 비판받아서는 안 된다. 만일 어머니는 잘못을 저지를 수 없다면, 다른 사람들이 '어머니'와 갈등을 일으키거나 어머니의 비난을 받을 경우 나는 그 사람을 어떻게 객관적으로 판단할 수 있을 것인가?[46]

근친애적 공생 관계에 있는 유아적인 사람은 모든 것을 내 편, 네 편으로 가르고는, 내 편은 항상 맞고 네 편은 항상 그르다고 생각한다. 근친애적 대상은 무조건 싸고도는 반면 이방인은 무조건 경계하고 적대시한다. 자기들만 절대적으로 옳고 나머지는 모두 틀렸다고 믿는 광신도 집단을 떠올리면 쉽게 이해될 것이다.

심리학자들은 부모에 대한 공정한 평가를 할 수 있어야 어른이라고 말하곤 한다. 부모에게 고착된 사람은 무조건 부모를 싸고도는데, 이러한 편파적인 태도는 가까운 사람들 그리고 자신이 소속된 집단에 대해서도 동일하다. 반면에 나머지 사람들에 대해서는 공정하게 평가하지 않으며, 누군가 자기의 부모나 가까운 이들을 비판하면 극도로 흥분하며 적대감을 표출한다. 한마디로 근친애적 공생 경향이 있는 사람은 객관적인 사고, 공정한 사고, 합리적인 사고를 하지 못하는 것이다. 심리학자들이 부모에 고착되는 것이 나쁘다고 말하는 이유가 바로 여기에 있다.

그런데 프롬은 근친애적 공생 경향을 초기 원시인으로 퇴행하려는 것과 동일시했는데, 이는 잘못이다.

> 사람은 태어나는 순간부터 두 경향, 곧 하나는 빛 속으로 나아가려는 경향과 또 하나는 자궁 속으로 퇴행하려는 경향, 하나는 모험을 하려는 경향과 또 하나는 확실성을 구하는 경향, 하나는 독립된 모험을 감행하려는 경향과 또 하나는 보호와 의존을 구하는 경향 사이에서 갈팡질팡하고 있다.[47]

깊은 밀림 속에 사는 원시 부족이 있다고 해보자. 그들은 외부에 다른 부족이 있다는 사실을 모른다. 그래서 현재 자기 부족만을 사랑하고 있다. 그렇다면 이것을 근친애라고 할 수 있을까? 나는 그들에게 사랑의 능력이 없다고 단정해서는 안 된다고 생각한다. 중요한 것은 그것이 건강한 사랑인가 아닌가이다. 건강한 사랑을 할 줄 아는 사람은 처음에는 근친적 범위에서만 사랑을 하더라도, 그가 현대 문명 속에서 살아가는 한 궁극적으로는 모든 인류를 사랑하게 될 것이다. 반면에 건강한 사랑을 할 줄 모르는 사람은, 제아무리 인류를 사랑한다고 외치더라도 그 누구도 사랑하지 못할 것이다.

근친애적 공생의 심리는 자궁 속으로 돌아가려는 소망이 아니라, 개인 이기주의와 본질적으로 동일한 가족 이기주의와 집단 이기주의, 독립성이나 주체성의 결여, 무력감으로 인한 집단에 빌붙기, 집단적 현실도피 등과 관련이 있다. 근친애적 공생 현상이 현대사회에서 오히려 더 심해지기도 하는 것은 이 때문일 것이다.

자기도취
: 결여된 자기애에 대한 보상

프로이트주의에서는 자기도취를 자기애로 이해하는 경향이 있다. 그러나 프롬은 이 두 가지가 전혀 다르다고 강조한다. 자기애, 즉 자기를 사랑하는 것은 완전히 정상일 뿐만 아니라 적극 권장할 일이다. 자기를 사랑할 줄 아는 사람만이 타인도 사랑할 수 있기 때문이다. 사랑의 능력은 대상을 가리지 않으므로, 사랑의 능력이 있는 사람은 타인만이 아니라 자기 자신도 사랑한다. 반대로 사랑의 능력이 없는 사람은 타인뿐 아니라 자기 자신도 사랑하지 못한다.

> 나 자신의 자아도 다른 사람과 마찬가지로 나의 사랑의 대상이 되지 않으면 안 된다. …… 만일 어떤 개인이 생산적으로 사랑할 수만 있다면, 그는 자기 자신도 사랑한다. 만일 그가 오직 다른 사람만을 사랑할 수 있다면, 그는 전혀 사랑할 줄 모르는 사람이다.[48]

타인을 사랑하지 않는 자기애가 불가능하다는 것은 이기주의자를 오직 자기만 사랑하는 사람으로 보는 견해와 모순된다. 만일 이기주의자가 자기를 사랑하는 사람이라면 그는 마땅히 타인도 사랑해야 한다. 하지만 현실에서 이기주의자는 결코 타인을 사랑하지 않는다. 이것은 이기주의자가 '자기를 포함한 그 누구도 사랑하지 않는 사람'임을 의미한다.

> 이기심과 자기애는 동일한 것이기는커녕, 사실상 정반대되는 것이다. 이

> 기적인 사람은 자기 자신을 엄청나게 사랑하는 것이 아니라 거의 사랑하지 않는다. 사실상 그는 자기 자신을 미워한다.[49]

자기애가 있는 사람이란 타인을 사랑할 수 있고 또 실제로 사랑하는 사람이다. 반면에 자기애가 없는 사람은 이기주의자가 되기 쉽다. 이기주의는 바로 사랑의 능력이 부재하다는 사실에서 비롯되기 때문이다.

> 이기주의는 바로 이 자기애의 결여에 근거하고 있다. 자신을 좋아하지 않거나 스스로를 인정하지 않는 인간은 언제나 자기 자신에 대한 불만을 품고 있으며, 자신에 대한 호의와 긍정의 기반 위에만 존재할 수 있는 내적인 안정을 지니지 못한다. 근본적으로 안정감과 만족감이 결여되어 있기 때문에 그는 자기 자신을 염려하고, 자기를 위해 모든 것을 획득하려고 탐욕스러운 눈초리를 번뜩이게 된다.[50]

자기를 사랑하는 사람은 스스로를 가치 있는 존재로 여긴다. 그렇지 않다면 어떻게 자기를 사랑할 수 있겠는가. 스스로를 가치 있는 존재로 여긴다면 그는 무엇인가를 소유하거나 차지하려고 아득바득하지 않을 것이다. 그런 것들 없이도 충분히 자기를 사랑할 수 있기 때문이다. 반면에 자기를 사랑하지 않는 사람, 스스로를 가치 있는 존재로 여기지 못하는 사람은 무엇인가를 소유하거나 차지해야만 한다. 자신의 무가치함을 보상하기 위해 무엇인가를 계속 필요로 하기 때문이다. '이기주의는 자기 자신에 대한 진정한 사랑이 없기 때문에 그것을 보상하려고 생겨나는, 자신에 대한 탐욕스런 관심이다'[51]라는 프롬의 말은 이를 정확하게 표현하고 있다.

자기도취가 자기애가 아니라면, 또 자기애가 이기주의와 반대된다면, 자기도취와 이기주의는 형제지간이지 않을까? 그렇다. 자기도취와 이기주의는 비슷한 특징을 공유하고 있다. 이기주의자와 마찬가지로 자기도취자도 자기를 사랑하지 않는다.

> 소위 자기도취적인 인간에게도 위의 경우는 해당된다. 표면적으로 이러한 인간은 스스로를 대단히 사랑하는 것처럼 보이지만, 실제로는 자기 자신을 좋아하지 않으며, 그들의 자기도취 심리는—이기주의와 마찬가지로—근본적으로 결여되어 있는 자기애를 무리하게 보상해보려는 시도이다.[52]

자기도취자인 나르시시스트는 타인들에게서 과도하게 사랑을 갈구하는데, 이것은 그가 자기를 사랑하고 있지 않음을 반증한다. 자기를 사랑하는 사람은 타인들로부터 사랑받는 것에 목을 매지 않는다(내가 나를 사랑하고 있으니까 당신이 나를 사랑하지 않더라도 괜찮아). 하지만 자기를 사랑하지 않는 이에게는 타인들의 사랑이 절대적으로 중요하다(내가 나를 사랑하지 않는데 당신까지 나를 사랑하지 않으면 아무도 나를 사랑하지 않게 된다. 따라서 당신은 반드시 나를 사랑해야만 한다).

자기도취는 유기 공포, 자존심의 손상(무가치감) 등과 밀접한 관련이 있다. 나르시시스트는 유기 공포를 방어하기 위해 스스로를 과대 포장하고 과시하려 한다. 그래야만 남들이 자기를 버리지 않을 거라고 믿기—이 믿음은 대체로 무의식적이다—때문이다. 또한 나르시시스트는 자존심이 크게 손상되어 있으므로, 이를 만회하고자 자기 개념을 부풀리고 특별한 대우를 받으려 한다. 이렇게 무의식적으로 스스로를 버림받은 존재, 무가치한 존재로 여기고 있는 이들이 자기를 사랑하지 못하는 것은 당연한 귀결이다.

자기에 대한 과대평가와 외부 세계에 대한 과소평가 혹은 무관심은 나르시시스트의 주요 특징이며, 이는 이성적이고 객관적인 사고 능력을 심각하게 저하시킨다.

> 자기도취의 반대극은 객관성이다. 이것은 사람들과 사물을 '있는 그대로' 객관적으로 보는 능력이고, 이러한 객관적 대상을 자신의 욕망과 공포에 의해 형성된 상으로부터 분리시킬 수 있는 능력이다.[53]

나르시시스트는 현실을 있는 그대로 보지 못한다. 비록 나르시시스트는 아니었지만, 정세를 오판한 히틀러의 사례는 나치 독일을 과대평가하고 상대편은 과소평가하게 만들었던 그의 나르시시즘적 경향과 무관하지 않다. 병적인 욕망과 동기는 현실 인식을 왜곡시키는 주범이다. 그래서 프롬은 자기도취를 '중증의 모든 정신병리의 본질'이라고까지 주장했다. '자기도취에 빠진 사람'에게는 '나'라는 '단 하나의 현실만이 존재'할 뿐이어서, 그는 '외부 세계'를 '객관적으로 인식'하지도 '경험'하지도 못하는데, 그것이야말로 중증 정신병의 전형적인 증상이다.[54]

자기도취가 심한 사람에게는 오직 '나'만 중요하지 외부 세계는 중요하지 않다. 그에게 외부 세계란 '나'를 위해서 존재하는 이용 대상일 뿐이다. 그렇기 때문에 나르시시스트는 현실 인식이 엉망일 뿐만 아니라 타인을 포함하는 외부 세계와 착취적인 관계, 도구적인 관계만 맺는다.

즉 그는 자기의 정신적·물질적 이익을 위해 타인들을 끊임없이 착취하고 학대하며 이용한다.

나는 자기도취가 다수의 현대인에게 그다지 크게 문제된다고 생각하지는 않는다. 프롬의 말대로 자기도취는 '중증' 정신병의 본질이긴 하지만, 바로 그렇기 때문에 일반인들 사이에서는 그리 쉽게 관찰되지 않는다. 물론 현대인에게서 다소간의 자기도취적인 경향을 관찰하기란 어려운 일이 아니지만, 엄밀히 말해서 나르시시스트(자기도취적 인격 장애자)는 극히 소수이다. 따라서 자기를 과시하려는 욕망이라면 몰라도 정신병으로서의 자기도취를 현대인의 심리를 이해하는 중심 개념으로 격상시켜서는 안 될 것이다.

죽음에 대한 사랑
: 현대인은 '죽었다'

'죽음에 대한 사랑'이란, 프로이트가 미완으로 남긴 '죽음 본능' 이론을 완성하고 재정의한 것이다. 물론 이 두 가지를 동일하다고 말할 수는 없지만 본질적인 차이는 없다. 후기의 프로이트는 '삶의 본능'과 '죽음 본능'을 생물학적 존재인 사람의 두 가지 본능이라고 생각했다. 사람의 삶이란 생물학적인 생명이 꽃을 피워나가는 것인 동시에 죽음을 향하는 걸음걸음이라고 이해했던 것이다. 그러나 프롬은 '죽음에 대한 사랑'을, 삶을 더 이상 사랑할 수 없게 된 사람, 극단의 위기 상황에 처한 사람이 선택하는 2차적인 지향이라고 주장했다. 즉 프로이트가 죽음 본능을 1차적인 본능으로 이해했다면 프롬은 그것을 2차적인 본능으로 이해한 것이다.

> 심각한 기만을 당하고 실망한 사람은 삶을 증오하기 시작하는 것이다.
> …… 사람들은 이미 실망의 고통을 감당할 수 없게 되었다. 이제 그는 삶
> 은 악이고, 사람들은 악하며, 자기 자신도 악하다는 것을 증명해 보이려고
> 한다. 따라서 삶을 믿고 사랑하다가 실망한 사람은 삶을 냉소하고 파괴하
> 는 자가 된다. 이러한 파괴성은 일종의 절망감이다. 삶에 대한 실망 때문
> 에 삶을 증오하게 되는 것이다.[55]

죽음을 사랑하는 사람은 생명이 아닌 '죽음, 파괴, 질병, 퇴폐, 해체' 등
을 사랑한다. 그는 단지 '성장과 살아 생동하는 것에 이끌리지 않는' 데
그치지 않고 '생명을 증오'한다. 왜냐하면 '생명에 대해 기쁨을 느낄 수
가 없고, 생명을 통제할 수 없기 때문'이다. 그들은 '실제상 주어진 단 하
나의 성도착증, 즉 죽음에 이끌림을 받으며 고통스러워'한다. 프롬은 이
런 인간을 네크로필nekrophil, 즉 '죽음의 연인'이라고 일컬으면서, '특수
한 양태를 보여주는 네크로필리아Necrophilia 지향성은 정신의학적 견지
에서 볼 때 중증 정신병을 암시한다'고 지적했다.[56] 나아가 현대인들 속
에 죽음에 대한 사랑이 이미 보편화되어 있다고 주장했다.

> 실제로 오늘날의 우리 문화 속엔 우리도 이미 생명이 없는 온갖 것의 은
> 밀한 이끌림에 감염되어 있음을 암시해주는 매우 심각한 징표들이 존재
> 한다. …… 파괴적인 폭력, 국제적 차원에서의 패권 지향성, 국내적으론
> 범죄와 잔혹한 행위, 우리 사회의 향정신성 약품의 판매량에서 바로 알아

낼 수 있는 압박감과 불안의 정도, 생명에 대한 진정한 사랑을 스릴과 흥분 상태로 대치시키려는 마약 남용, 이에 대한 실제 정도를 납득하는 데 우리에겐 통계 숫자가 필요 없다.[57]

프롬은 폭력과 범죄, 제국주의와 패권주의, 잔혹 행위, 정신과 약의 남용, 마약중독 등을 죽음에 대한 사랑을 증거하는 징표들이라고 말했지만, 사실 나는 그런 견해에는 동의할 수 없다. 폭력과 범죄, 제국주의와 패권주의 등을 모두 '죽음에 대한 사랑'에 관련시키는 것은 그 의미를 지나치게 모호하게 만들고 추상화시킬 뿐이다. 예를 들면 국가독점 자본주의의 내재적 모순에서 비롯된 제국주의를 죽음에 대한 사랑과 연결시키는 것은 프롬이 그토록 반대했던, 사회현상을 개인 심리로 환원해서 설명하는 개인심리 환원주의이다. 프롬의 말처럼 네크로필리아 지향성은 중증 중에서도 아주 중증의 정신병이다. 따라서 죽음에 대한 사랑은 현대인에게 널리 퍼져 있는 심리가 아니라 극히 일부에게서만 관찰할 수 있는 희귀한 현상이다.

프롬은 삶에 대한 사랑이 불가능해지면 곧바로 죽음에 대한 사랑이 머리를 쳐든다고 생각했는데, 삶을 사랑할 수 없게 된 사람은 어떻게든 살기 위해서 몸부림치지 죽음을 사랑하게 되지는 않는다. 일부 사람들이 자살하는 것을 두고 그들이 모두 죽음을 사랑해서 그랬다고 말할 수도 없다. 자살은 '사회적 생명의 죽음'을 거부하는 행위, 즉 사회적 존재로서의 삶을 사랑하기 위한 불가피한 선택일 수도 있기 때문이다. 프롬이 '인간은 기본적으로 양자택일, 곧 삶과 죽음 중 하나를 선택할 수밖에 없다'[58]는 괴상한 주장을 하게 된 기본 원인은 그가 사회적 존재의 삶과 죽음을 동물적 존재의 그것과 혼동한 데 있다.

사람이 사랑하는 삶이란 동물의 삶이 아니라, 프롬이 자주 사용하는 표현을 빌리자면 '인간적인' 삶(사회적 존재로서 살아가는 삶)이다. 또한 사람이 사랑하는 것은 사회적 생명이다. 물론 사람은 육체적 생명도 사랑하지만, 그것은 어디까지나 사회적 생명을 사랑해서이다. 이런 점에서 오직 육체적 생명만을 사랑하는 사람은 존재하지 않는다고 할 수 있다.

사람의 삶이란 본질적으로 사회적 존재로서의 삶이다. 따라서 삶에 대한 사랑이란 '사회적 생명'에 대한 사랑이고, 죽음에 대한 사랑이란 '사회적 생명의 죽음'에 대한 사랑이어야 한다. 그러나 사회적 생명의 죽음을 애통해하고 그로 인해 광기에 휩싸이는 미친 사람은 있을 수 있어도, 사회적 생명의 죽음을 사랑하는 사람은 존재할 수가 없다. 결론적으로 프로이트의 죽음 본능 이론은 물론이고 프롬의 죽음에 대한 사랑 이론도 생물학적 인간관의 한계를 벗어나지 못한 잘못된 이론이다.

프로이트와 프롬은 '죽음'을 공격성이나 파괴성과 쉽게 동일시하는 경향이 있는데, 그것 역시 잘못이다. 생물학적인 죽음 본능이나 죽음에 대한 사랑은 살인 행위, 공격 행위 등과는 무관하다. 프로이트에 의하면 죽음 본능이란 모든 동물이 다 가지고 있는 생물학적 본능인데, 동물이 다른 동물을 죽이거나 공격하는 행위는 죽음 본능 때문이 아니다. 동물은 오직 살기 위한 목적에서만 다른 동물을 죽이거나 공격한다. 즉 순전히 삶의 본능에서만 비롯된다는 것이다.

사회적 생명을 기준으로 삼으면, 현대인은 이미 정신적으로 죽었다고 말할 수도 있다. 몸은 살아 있지만 사회적 존재로서는 죽은 것과 마찬가지의 삶을 살고 있기 때문이다.

살아 있다는 것은 성장하고, 발전하고, 반응하는 것이다. 죽는다는 것은 성장을 멈추고, 고착되고, 어떤 사물이 되는 것을 의미한다. 많은 사람은 …… 어느 한쪽에 속하지 못한 채 몸은 살아 있으나 정신은 죽어버린 '무기력한 인간'이 된다.[59]

현대인은 사회적 존재로서 성장하고, 발전하고, 반응하지 못하고 있다. 따라서 현대인은 죽었다. 이런 맥락에서 프롬은 '사람이 죽었다'는 말을 반복했다. 하지만 현대인이 사회적으로, 정신적으로 죽었다는 것과 현대인이 죽음을 사랑하고 있다는 말은 전혀 별개이다. 현대인은 사회적 생명의 죽음을 사랑하지도 않고 그것에서 기쁨을 느끼지도 않는다. 프롬의 뛰어난 지적처럼, 현대인은 정신적으로 죽어서 너무나 슬프고 고통스럽고 불행할 뿐이다. 삶에 대한 사랑, 사회적 생명에 대한 사랑은 인간 본성에 따른 당연한 결과이다. 그러나 죽음에 대한 사랑, 사회적 죽음에 대한 사랑은 인간 본성과 아무런 관련이 없다. 설사 그런 게 있다손 치더라도, 그것은 병든 사회가 만들어낸 극단적인 정신병일 뿐이고 그런 정신병을 앓고 있는 사람은 극소수일 것이다. 절대 다수의 사람은 (비록 사회적으로는 죽었을지라도) 사회적 존재의 죽음을 사랑하지는 않는다.

프롬은 근친애적 공생, 악성 자기도취, 죽음에 대한 사랑이라는 세 가지 정신병을 '쇠퇴의 증후군'이라고 부르면서 악과 동일시했다. 그런데 여기에서 '쇠퇴'란 내용적으로는 프로이트주의적 개념인 '퇴행'과 같다. 이것은 프롬이 세 가지 정신병을 어머니의 자궁으로 돌아가는 것, 동물 혹은 원시인으로 돌아가는 것으로 이해했음을 의미한다. 개인사적인 차원에서 어머니의 자궁 속으로 돌아가는 것은 인류사적인 차원에서 동물로 돌아가는 것과 마찬가지다. 따라서 이는 퇴행을 의미하고, 그렇다면 다음과 같은 등식이 성립된다. '세 가지 정신병 = 자궁 속 태아 혹은 동물 (원시인) = 악.'

> 인간의 생활은 후퇴와 전진, 동물적 생존으로의 귀환과 인간적 존재에로의 도달이라는 양자 사이의 피할 수 없는 양자택일에 의해 결정된다. 동물적 존재로 복귀하려는 기도는 고통스러운 결과를 낳는다. 이 기도는 틀림없이 고통과 정신병, 생리적 혹은 정신적인 죽음, 광증 등으로 끝나기 때문이다.[60]

프롬이 자주 언급했듯이, 근친애적 공생은 자궁 속의 태아와 어머니 사이의 관계이자 소집단 중심으로 살고 있는 원시인들 사이의 전형적 관계이다. 자기도취 역시 자기만 알고 외부 세계에는 무지한 자궁 속 태아, 자기 부족만 알고 인류는 모르는 원시인의 심리이다. 마지막으로 죽음에 대한 사랑은 자궁으로 되돌아가려는 욕망이자 다시 원시인이 되고자 하는 욕망이다. 그러나 앞에서도 지적했지만, 사람이 동물 혹은 원시인으로 되돌아가려고 한다는 발상은 아무런 경험적 근거가 없는 터무니없는 주장이며, 자궁으로 돌아가는 것을 죽음과 동일시하는 것은 태아에 대한 모독이다.

사람은 머리끝부터 발끝까지 사회적 존재이다. 프롬도 동의했듯이, 사람에 관한 모든 중요한 문제는 그가 사회적 존재라는 사실로부터 파생된다. 사람은 완전한 사회적 존재가 되기를 원할 뿐 자궁 속이나 동물로 되돌아가려는 동기 따위는 없다. 인류는 완전한 사회적 존재가 되기 위해

줄기차게 싸워왔지만, 현대 자본주의 사회는 권위주의적, 대세 추종적, 쾌락 지향적, 시장 지향적 성격을 강요함으로써 현대인을 정신적 사망에 이르도록 강제했다. 그리하여 인류는 완전한 사회적 존재가 되기 위해 계속 전진하는가, 아니면 정신적으로 완전히 사망함으로써 파국을 맞이하는가 하는 중대한 기로에 서게 되었다. 프롬의 착각과는 달리 인류의 싸움은 우리의 마음속에 내재해 있는 '동물 대 사람'의 싸움이 아니다. 그것은 인류를 구원하기 위해 현대 자본주의를 변혁하려는 '다수'와, 인류를 멸종 위기로 몰아붙이고 있는 현대 자본주의를 사수하려는 '소수' 사이의 피할 수 없는 싸움이다.

3 사랑은 기술인가, 프롬의 사랑학

사이비 사랑을
밝혀내는 건
심리학자의 책무이다

일반인들도 그렇지만 심리학에서도 사랑은 변함없는 애증의 대상이다. 비록 성욕과 사랑을 뒤섞어버리는 심각한 오류를 범했지만 프로이트는 일찍이 사랑을 정신분석학의 주요한 주제로 다루었고, 그 후에도 수많은 심리학자들이 사랑을 연구 대상으로 삼아왔다. 반면에 미국의 행동주의 심리학자들은 사랑은 심리학이 다뤄야 할 연구 주제가 아니라고 주장했고, 이후에도 미국의 주류 심리학은 사랑이라는 주제를 암묵적으로 기피해왔다.

심리학이 사랑을 다루기 까다로워하는 이유 중 하나는 인류가 그것을 아주 다양한 의미로 사용해왔던 사정과도 관련이 있다. 사람들은 사랑을 자기 식대로 해석하고 이해하는 경향이 있다. 더욱이 부도덕한 지배층이나 악한 정신병자들 같은, 사랑과는 전혀 인연이 없는 인간들도 입만 열면 사랑 운운함으로써 혼란을 부채질해왔다. 국민을 억압하고 착취하는 독재자, 남을 도구화하고 이용하는 사기꾼, 자식을 학대하고 때리는 부모도 항상 '너를 사랑해서 그러는 것'이라고 변명을 해왔던 것이다.

> 우리 언어 가운데 '사랑'이란 단어만큼 정말 잘못 사용되고 품격을 떨어뜨리는 용어도 없다. 자신들의 목적에 도움만 된다면 그 어떤 잔인함도 기꺼이 용서해주던 이들이 사랑을 설교하였다.[61]

이렇게 사랑은 아주 다양한 의미로 사용되었고 다양한 범죄를 은폐하기 위해서 남발되었다. 그러나 이를 핑계 삼아 심리학자들이 사랑이라는 주제를 회피한다면 그것은 명백한 직무 유기다. 사랑에 대한 왜곡된 인식이 난무하면 할수록 심리학자들은 하루속히 그것을 바로잡아 대중이 사랑에 대한 올바른 이해를 갖도록 도와야 한다. 프롬이 사랑에 관해 특별한 의의를 부여하고 그것을 자신의 연구 주제로 삼았던 것은 이 때문이다.

> '사랑'이란 단어를 사용하는 것은 위험하고 곤혹스럽기도 하다. 이 곤혹스러움을 이겨내지 못하는 건 심리학자에게 걸맞지 않은 태도다. 사랑을 설교하는 것은 잘해야 조야한 맛만 자아낼 뿐이다. 그러나 냉정하고 비판적으로 사랑의 현상을 살펴보고 사이비 사랑의 양태를 밝혀내는 건—여기서 둘을 서로 분리할 수 없다—심리학자가 회피할 권리가 없는 책임이다.[62]

프롬의 심리학 이론에서 '사랑'이 차지하는 비중은 막대하다. 그는 고립감과 무력감에 사로잡혀 있는 현대인이 그것에서 해방되려면 사랑을 통해 세계와 연결되어야 한다고 반복적으로 주장했다. 프롬에 의하면, 인류를 종말론적인 파국에서 구원해줄 기본 방도는 집단적으로는 사회변혁이고, 개인적으로는 사랑과 노동이다. 그런데 사회변혁도 사랑에 기초한 연대와 단결이 이룩되어야 비로소 가능하다. 이런 점에서 현재의 인류에게 사랑은 결정적인 의의를 갖는다고 할 수 있다. 프롬은 이른바 '사랑학'이라고 해도 무방할 정도로 초지일관 사랑이라는 주제를 다룸으로써, 사랑의 본질을 해명하고 올바른 사랑이 무엇인지 밝히기 위해 노력했다. 그런 노력의 결정적인 집약체가 바로《사랑의 기술The Art of Loving》이다.

사람을
사랑한다는 것

그렇다면 사랑이란 과연 무엇일까? 나는 사랑을 '어떤 대상을 귀중히 여기고 아끼는 마음'으로 정의한 바 있다. 이것은 단지 사람만을 대상으로 하는 사랑이 아닌, 사랑 일반에 대한 정의이다. 이에 비해 프롬은 사랑을 '사랑받는 자의 성장과 행복에 대한 능동적 갈망'[63]으로 정의했는데, 이것은 사랑이라는 개념을 사람을 대상으로 하는 것에 국한시켜 동기(갈망)적 측면에서 규정한 것이다. 그렇지만 사람에 대한 사랑만 놓고 보면 두 정의는 본질적으로 같다. 즉 사람을 귀중히 여기고 아끼는 것이란 결국 사람의 성장과 행복을 위해 능동적으로 노력하는 것이기 때문이다.

사람을 귀중히 여기고 아끼려면 왜 사람의 성장과 행복을 위해 노력해야 하는 것일까? 이를 이해하는 것이 매우 중요하다. 왜냐하면 흔히 사랑을, 상대방이 원하는 것을 모조리 들어주고 그를 위해서라면 무슨 일이든 다 해주는 것으로 착각하는 경우가 많기 때문이다.

정기훈 감독의 영화 〈반창꼬〉에는 사랑을 무조건적인 편들어주기로 착각하고 있는 여주인공이 등장한다. 여주인공 미수의 직업은 의사이다. 그녀는 자신의 실수로 환자가 사망하자 의사 자격을 박탈당할까봐 두려워, 사망 피해자 남편의 폭력성을 부각시켜 재판에서 유리한 판결을 받으려 한다. 이를 위해 미수는 연인인 강일에게 피해자 남편의 폭력 행위를 증언해달라고 부탁한다. 소방대원 강일이 병원에서 행패를 부리던 피해자 남편을 말리려다 코뼈가 부러진 일이 있었기 때문이다. 강일의 증언만이, 피해자의 죽음이 미수의 책임이 아니라는 항변을 가능하게 해줄 수 있었다. 미수는 강일에게 자기를 정말 사랑한다면 재판에서 이기도록 도와달라고 압박한다. 그러나 미수를 몹시 사랑했음에도 강일은 그녀의 청을 거절하고는 이별을 선택한다. 아니, 정확히 하자면 그는 미수를 진정으로 사랑했기에, 이별을 각오하고 그녀의 부탁을 거절했다고 말해야 옳다.

강일은 왜 그녀의 요청을 거절했을까? 그녀를 사랑해서다. 사랑은 상대방을 귀중히 여기고 아껴주는 것이므로 강일 역시 그녀를 귀중히 여기고 아껴주려 했을 것이다. 그러기 위해서는 그녀의 부도덕한 요청을 거절해야만 했다. 왜냐하면 그것은 그녀를 아껴주기는커녕 해치는 행위이기 때문이다. 그가 그 요청을 들어준다면 그녀는 의사 자격은 유지할 수 있겠지만 지독한 죄의식을 떠안고 고통 속에서 살아가게 될 것이다. 사랑하는 사람의 부도덕이나 범죄를 돕는 것은 그를 아끼는 것이 아니라 함부로 대하는 행위 혹은 학대 행위이다. 결국 강일의 참된 사랑 덕분에 미수는 출세와 성공보다 더 중요한 인간적 가치가 있음을 깨닫고는 한층 성숙해지고 더 행복해졌다.

소설 《카르멘》의 남자 주인공 돈 호세는 자신이 카르멘을 사랑한다고 굳게 믿었다. 그래서 그는 카르멘이 탈영을 하라면 하고, 도둑질을 하라면 하고, 사람을 죽이라면 죽였다. 그 결과는 무엇이었을까? 돈 호세가 카르멘을 죽이고 자기도 죽는 것이었다. 이상의 두 사례는 우리에게 결정적인 물음을 제기한다. '도대체 무엇을 귀중히 여기고 아끼는 것이 사랑인가?'

개를 사랑한다 함은 개가 개라서 사랑하는 것이고, 꽃을 사랑한다 함은 꽃이 꽃이라서 사랑하는 것이다. 마찬가지로 사람을 사랑한다 함은 사람이 사람이라서 사랑하는 것이다. 개를 개이게끔 하는 것은 개의 본성이고, 꽃을 꽃이게끔 하는 것은 꽃의 본성이다. 마찬가지로 사람을 사람이게끔 하는 것은 사람의 본성이다. 따라서 어떤 대상을 사랑한다는 것은 곧 그 대상의 본성을 귀중히 여기고 아껴준다는 의미이다. 그러므로 사람에 대한 사랑이란 곧 인간 본성에 대한 사랑이고, 인간 본성을 귀중히 여기고 아껴주는 것이다.

다시 영화 〈반창꼬〉로 돌아가보면, 미수가 부도덕한 행위를 하는 것은 인간 본성에 기초한 양심의 욕구를 정면으로 거스르는 것이다. 그렇기 때문에 강일은 인간 본성에 반하는 연인의 행위를 지지할 수 없었던 것이다. 만일 그가 연인을 사람으로서가 아니라 단지 과시물이나 소유물로서 사랑했거나 성욕의 대상으로서만 사랑했다면, 그녀가 인간 본성에 반하는 행위를 하든 말든 상관하지 않았을 것이다. 우리는 카르멘과 돈 호세처럼 간혹 연인이나 부부가 공범이 되어 범죄를 저지르는 경우를 보게 된다. 이들이 과연 건강한 사랑으로 결합된 관계일까? 이들의 비행은 서로를 사람으로서는 사랑하지 못했던 병적인 사랑의 결과일 뿐이다.

자식이 큰 잘못을 하면 부모가 회초리를 드는 것, 친구가 잘못을 범하면 비판을 하는 것은 그들이 상대방을 사람으로서 사랑하기 때문이다. 사랑의 대상의 본성이 무엇인지 알지 못하고 그것에 관심조차 없다면, 그래서 대상의 본성을 유린하는 현상을 용인하게 된다면 그 대상을 사랑할 수 없다. 프롬이 사랑받는 자의 '성장과 행복'을 강조했던 것은 바로 이와 관련된다. 사람의 성장과 행복이란 곧 인간 본성의 실현과 발양이다.

> 나는 내 사랑이 타당하고, 사랑하는 사람의 필요와 본성에 들어맞을 때만 사랑할 수 있다. …… 식물, 동물, 한 아이, 한 남자, 한 여자가 무엇을 필요로 하는지 알지 못하는 한, 다른 사람에게 최상이 무엇인지에 대한 나의 표상과 상대를 통제하려는 나의 바람을 버리지 않는 한, 나의 사랑은 파괴적이다—죽음의 키스다.[64]

누군가를 사랑한다면서 그의 인간 본성을 귀중히 여기고 아끼지 않는 것은 그를 진정으로 사랑하지 않는 것이다. 즉 그것은 상대방이 사람이라서 사랑하는 게 아니라 자신의 소유물이라서, 잘 팔릴 만한 상품이라서, 자신의 욕망을 채워줄 수 있는 도구라서 사랑하는 것이다. 만일 인간 본성이 손상된다면 그는 사회적 존재로서는 죽을 것이므로, 인간 본성에 대한 사랑이 빠진 사랑은 필연적으로 사람을 정신적으로 병들게 만든다. 사람을 사람으로서 사랑하지 않는 것, 그의 인간 본성을 사랑하지 않는 것은, 프롬이 경탄스러운 화법으로 표현했듯이, '죽음의 키스'이다. 그렇다면 프롬의 다음과 같은 주장에도 기꺼이 동의할 수 있을 것이다.

> 사랑은 생에 대한 긍정과 성장, 기쁨, 자유에 대한 긍정을 의미한다. 그러하기에 정의상 부정, 죽음, 억압인 악은 사랑되어질 수 없다.[65]

프롬은 '어떤 사람이 다른 한 사람만을 사랑하고 나머지 동포에는 무관심하다면, 그의 사랑은 사랑이 아니라 공생적 애착이거나 확대된 이기주의이다'[66]라고 말했다. 모든 사람에게는 인간 본성이 있고, 따라서 한 사람이라도 사랑할 줄 아는 사람은 모든 인간을 사랑할 수 있다. 반면에 오직 한 사람—가족이나 소수만 사랑하는 사람도 마찬가지다—만 사랑하는 사람은 상대방을 사람으로서 사랑하는 게 아니다. 결론적으로 한 사람이라도 제대로 사랑하는 이는 모든 사람을 사랑할 줄 알지만, 한 사람만 사랑하는 이는 자기 자신을 포함해 그 누구도 사랑하지 못한다.

> 단 한 사람에 대해서만 경험되는 사랑은, 바로 그 사실로 말미암아 그것은 사랑이 아니라 사도마조히즘적인 집착임이 드러난다. …… 한 인간에 대한 사랑은 인간 자체에 대한 사랑이다. …… 인간 자체에 대한 사랑은 물론 발생적으로 구체적인 개인과의 접촉에 의해 획득되지만, 그것은 특정 인간에 대한 사랑의 전제이다.
> 이러한 사실로부터 원칙적으로는 나 자신도 다른 사람과 마찬가지로 나의 사랑의 대상이라는 사실이 유도된다. …… 오직 다른 사람밖에 '사랑'하지 못하는 사람은 전혀 사랑할 줄 모르는 사람이다.[67]

사람에 대한 사랑이 곧 인간 본성에 대한 사랑이라는 프롬의 견해에 비추어보면, '형제애'가 가장 본질적인 인간 사랑의 형태임을 알 수 있다.

> 사랑의 모든 형태의 바탕에 놓여 있는 가장 기본적인 사랑은 '형제애'이다. …… 형제애는 모든 인간에 대한 사랑이다. 이 사랑의 특색은 배타성이 없다는 것이다. 내가 사랑의 능력을 발달시켜왔다면, 나는 나의 형제들을 사랑하지 않을 수 없다.[68]

부모는 자식을 자신의 소유물이나 욕망 충족의 도구로서가 아니라 사람으로서 사랑해야 한다. 자식 역시 부모를 의존 대상이나 돈 나오는 기계로서가 아니라 사람으로서 사랑해야 한다. 연인 사이도 마찬가지다. 이런 점에서 이성 간의 사랑이란 형제애를 기본으로 하면서 그것에 에로스적 색깔이 더해진 것이라고 말할 수 있다.

만약 사람을 사람으로서 사랑하지 못한다면, 즉 인간 본성을 사랑하지 않는다면, 누군가에 대한 사랑은 필연적으로 그의 인간 본성을 파괴하게 된다. 현대 자본주의 사회에서 현대인들 사이의 사랑이 빈번하게 서로를 파괴하는 것으로 귀결되는 것은 이 때문이다. 상당수의 사람들은 우선 상대방의 부와 성공을 사랑한다. 상대방을 상품으로서 사랑하는 것이다. 물론 그들은 그것을 사랑이라고 한사코 우기지만 무의식적 차원에서는 그것이 사랑이 아님을 알고 있다.

> 왜 다른 사람을 사랑하는지 물어보면, 어떤 사람은 이렇게 답할 수 있다. 상대방이 성공한 사람이고 유명한 데다 부자이기에 사랑한다고 말이다.

그러나 이렇게 답하는 본인도 다소 거북해질 수 있다. 이 모든 게 사실 사랑과는 전혀 관계없다는 것을 그도 알고 있기 때문이다.[69]

상당수의 현대인들은 사랑한다고 하면서도 상대방의 인간 본성을 귀중히 여기지도, 아끼지도 않는다. 단지 상대방이 나에게 무엇을 해줄 수 있는가, 즉 상대방의 이용 가치에만 관심을 기울인다. 예를 들어 미인을 아내로 소유하고 있다는 허영심을 충족시키기 위해 사랑하는 사람은 단지 그녀의 미모만을 사랑할 것이다. 또한 부자를 남편으로 두고 있다는 허영심을 충족시키기 위해 사랑하는 사람은 남편이 파산하면 그를 더 이상 사랑하지 않을 것이다. 이렇게 현대인들은 자신의 욕망을 충족하기 위한 이용 대상으로서 상대방을 사랑한다. 즉 상대방을 도구화·수단화하는 것이다.

프롬은 고독감과 무력감으로부터 도피하려는 동기를 충족시키기 위해 연애를 하는 현상에 대해 다음과 같이 비판했다.

'사랑'에서 사람들은 마침내 고독으로부터의 안식처를 찾아낸다. 사람들은 세계에 대항하는 두 사람 사이의 동맹을 형성하고, '두 사람만의' 이기주의는 사랑과 친밀감으로 오해된다.[70]

프롬은 '상호간의 성적 만족으로서의 사랑과 팀워크로서의, 고독으로부터의 피난처로서의 사랑은 현대 서양사회에 있어서의 사랑의 붕괴, 사회적으로 유형화된 사랑의 병리학의 두 가지 표준적 형태'[71]라고 지적했다. 이런 지적은 오늘날의 한국 사회에도 그대로 적용되는데, 굳이 추가

하자면 '빈곤에 대처하기 위한 경제적 동맹'과 '사회적 위신을 위한 동맹' 등을 거론할 수 있다.

사랑도 능력이다

프롬에 의하면, 사랑도 하나의 능력이다. 사람의 능력이란 전체로서의 사람이 가지고 있는 능력이다. 달리기 능력은 단지 두 다리만의 능력이 아니다. 달리기를 잘하려면 두 다리만이 아닌 몸 전체가 튼튼해야 하고, 폐활량도 커야 하며, 정신력도 강해야 한다. 이렇게 사람의 능력이란 특정한 구성 요소만의 능력이 아닌 전체로서의 사람의 능력이다.

사랑도 능력이라는 것은, 아무나 사랑을 할 수 있는 게 아님을 의미한다. 달리기를 잘하려면 무엇보다 달리기를 잘하고 싶다는 동기가 있어야 하고, 달리기 능력을 키우기 위해 끊임없이 연습을 해야 한다. 마찬가지로 누군가를 제대로 사랑하려면 사람을 사랑하고 싶다는 동기가 있어야 하고, 사람을 사랑할 수 있는 능력을 키워야 한다. 그러나 현대인은 사랑에 대한 동기는 강렬하지만—물론 그것이 상대방을 사람으로서 사랑하려는 동기가 아닌 경우는 흔하다—사랑을 할 수 있는 능력은 좀처럼 계발하려 하지 않는다.

이러한 태도—사랑보다 더 쉬운 일은 없다는 태도—는 반대의 경우에 대한 압도적 증거에도 불구하고 사랑에 대한 일반적 관념으로서 지속되고 있다. 사랑처럼 엄청난 희망과 기대 속에서 시작되었다가 반드시 실패

로 끝나고 마는 활동이나 사업은 찾아보기 어려울 것이다. ······ 사랑의
경우 포기는 불가능하므로, 사랑의 실패를 극복하는 적절한 방법은 오직
하나뿐인 것 같다. 곧 실패의 원인을 가려내고 사랑의 의미를 배우기 시
작하는 것이다.
최초의 조치는 삶이 기술인 것과 마찬가지로 '사랑도 기술'이라는 것을
깨닫는 것이다.[72]

　현대인도 사람이므로 본성적 동기인 사랑의 욕구를 절대로 포기하지
못한다. 사실 현대인의 사랑의 욕구는 그것이 지속적으로 좌절되는 데
비례해 더욱 강렬해지고 또 격렬해지고 있다. 그러나 현대인은 사랑이
무엇인지조차 제대로 알지 못하고 있다. 사랑에 대한 현대인의 대표적인
오해는 다음과 같다.

　첫째, 현대인은 사랑의 문제를 '사랑하는', 곧 사랑할 줄 아는 능력의
문제가 아니라 오히려 '사랑받는' 문제로 생각한다. 하지만 사랑이란 내
가 하는 것이므로 사랑의 문제 역시 '내가 사랑을 하고 있는가' 또 '사랑
을 할 줄 아는가'의 문제다. 내가 타인으로부터 사랑을 받느냐 받지 못하
느냐 하는 것은 원칙적으로 타인들의 문제이지 내 문제가 아니다. 그러
나 현대인은 사랑을 '받는 것'으로 착각하기 때문에 사랑받기에 유리한
조건들을 갖추려고 필사적으로 노력한다. 남자들은 부와 권력을 쥐려 하
고, 여자들은 몸을 가꾸고 옷치장을 하는 등 '매력'을 갖추려 한다. 또한
그들은 '유쾌한 태도와 흥미 있는 대화술을 익히고, 유능하고 겸손하고
둥글둥글하게 처신하는'[73] 기술을 갖추려 한다.

　둘째, 현대인은 사랑을 '능력'의 문제가 아니라 '대상'의 문제로 오해

한다. 사랑에 실패한 사람들은 대상을 잘못 만나서 그렇게 되었다며 실패의 원인을 대상에게 돌린다. 그래서 다른 대상을 만나면 다 잘될 거라고 기대하며 쉽게 이별하고 쉽게 다른 대상과 사랑에 빠진다. 사랑의 실패를 대상 교체로 만회하려는 경향은 자본주의 사회에서 특히 심해졌는데, 그것은 사람의 상품화와 밀접한 관련이 있다. 상품은 마음에 안 들면 교환하거나 버리면 된다. 인간 상품도 마찬가지로 마음에 안 들면 바꿔치기하면 된다. 이런 현상에 대해 프롬은 '시장 지향적이고 물질적 성공이 현저한 가치를 갖고 있는 문화권에서 인간의 애정 관계가 상품 및 노동시장을 지배하는 것과 동일한 교환 형식에 따르더라도 놀랄 이유는 하나도 없다'고 개탄했다.[74]

셋째, 현대인은 뜨거운 혹은 격렬한 감정을 거의 다 사랑으로 착각한다. 현대인은 상대방을 욕구 충족의 대상으로서 사랑한다. 즉 상대방이 자기의 동기를 충족시켜주기를 바라고 또 그렇게 해줄 것이라고 기대한다. 이런 바람이나 기대는 연애 초기에 상대방이 자기의 동기를 어느 정도 충족시켜주는 것 같으면 더욱 강해진다. 이로부터 뜨거운 혹은 격렬한 감정 반응이 유발되는데, 현대인은 이것을 사랑이라고 착각한다. 이런 점에서 사랑의 열병이란 본질적으로 이기주의자의 들뜸일 뿐이다. 현대인은 사랑이 자기의 욕구 충족과는 아무 상관이 없다는 것, 나아가 자기의 욕구가 병적인지 아닌지에 대해서는 관심이 없다. 사랑을 빙자해 자신의 욕구를 충족시켜달라고 상대방을 달달 볶을 뿐이다. 그러나 자신이 상대방의 이기적 욕망을 충족시켜주기 위한 이용 대상이 되는 것을 달가워하는 사람은 없으므로 이런 연애나 결혼은 실패하기 마련이다.

이렇게 현대인에게서 사랑의 능력을 박탈한 첫째가는 범인은 병든 사회이다. 병든 사회는 현대인을 권위주의적, 대세 추종적, 쾌락 지향적, 시장 지향적 성격자로 만듦으로써 그에게서 사랑의 능력을 박탈한다. 그 결과 현대인은 사랑이 무엇인지 알지 못하게 되었고, 점점 더 병적인 사랑을 하게 되었다. 한마디로 현대인은 더 이상 인간 본성을 실현하면서 살아가는 사회적 존재가 아니므로 사랑의 능력을 가질 수 없는 것이다.

> 사랑이 성숙하고 생산적인 성격을 가진 사람들의 능력이라면, 어떤 특정한 문화권에서 살고 있는 사람들의 사랑의 능력은 이 문화가 평범한 사람의 성격에 미치는 영향에 달려 있다.[75]

　사랑은 인간 본성이 억압되지 않은 사회적 존재의 능력이므로, 한두 가지의 심리적 특성이나 기술 계발로는 사랑의 능력을 가질 수 없다. 연애 특강을 통해 사교술을 제아무리 익혀도 사랑의 능력이 생기지 않는 것은 이 때문이다. 사랑의 능력은 오직 전체 심리를 변혁해 완전한 사회적 존재를 향해 나아갈 때만 가질 수 있다. 프롬이 《사랑의 기술》 서문에서 말하려고 했던 바가 바로 이것이다.

> 이 책은 독자들에게 가장 능동적으로 자신의 인격 전체를 발달시켜 생산적 방향으로 나가지 않는 한, 아무리 사랑하려고 노력해도 반드시 실패하기 마련이며, 이웃을 사랑하는 능력이 없는 한, 또한 참된 겸손, 용기, 신념, 훈련이 없는 한, 개인적인 사랑도 성공할 수 없다는 것을 깨우쳐주려고 한다. 위에서 말한 성질들이 희귀한 문화에서는 사랑하는 능력의 획득은 매우 어려운 일이 아닐 수 없다.[76]

'사랑은 기술인가? 기술이라면 사랑에는 지식과 노력이 요구된다'[77]는 프롬의 충고는 오늘날의 한국인들에게도 유효하다. 사랑은 기술이자 능력이다. 따라서 사람을 사랑하고 싶다면 당장 '사람에 대한 지식, 즉 인간 본성에 관한 지식'부터 배워야 한다. 또한 사랑의 능력을 키우기 위해 완전한 사회적 존재를 향해 나아가야 한다.

자유와 독립 없이는 사랑도 없다

사회적 존재로서의 인간 본성을 추구하지 않는 사람은 사랑의 능력을 가질 수 없는데, 프롬이 특히 강조하는 인간 본성의 요구는 자유와 독립성이다.

> 자유와 독립이 없는 사랑은 존재하지 않는다. …… 사랑의 가장 중요한 전제 조건은 자유와 평등이다. 사랑은, 어느 한 사람이 자신의 강함, 자신의 독립성과 통합성을 갖고, 스스로 홀로 있을 수 있으며 외로움을 견뎌낼 수 있음을 전제로 한다. …… 사랑은 자발적인 행위다. 자발성이란 단어 자체는 자신의 고유한, 자유로운 결정으로 행동할 수 있는 능력을 뜻한다.[78]

자유롭지 못한 사람은 사랑을 할 수 없다. 인간 본성의 실현을 방해하는 온갖 구속이나 속박에서 자유로워지려고 노력하지 않는 사람의 인간 본성은 점차 빛을 잃어간다. 또한 자신의 자유를 소중히 여기지 않는 사람은 타인의 자유도 소중히 여기지 않는다. 자유는 결정적으로 중요한 인간 본성이므로 그는 결국 사람을 사랑하지 못하는 사람이 된다. 두려움, 무력감, 고립감, 권태감, 무가치감 등에서 자유로워지지 못한 사람, 그리고 노예 신세를 긍정하는 사람이 어찌 스스로를 사랑할 수 있으며 나아가 이웃을 사랑할 수 있겠는가.

독립적이지 못한 사람 혹은 독립을 추구하지 않는 사람도 사랑을 할 수 없다. 제 발로 걷지 못하는 사람은 필연적으로 타인에게 의존하거나 집착하게 된다. 그러므로 이들의 인간관계란 상대방의 에너지를 빨아먹는 기생적인 관계가 될 수밖에 없다. 내가 누군가를 제대로 사랑한다면 그의 인간 본성, 즉 사회적 생명은 점점 더 빛을 발하게 된다. 누군가가 나를 제대로 사랑한다면 나의 사회적 생명도 자라날 것이다. 이렇게 독립적인 사람들이 서로 사랑을 주고받는 관계는 쌍방 모두의 에너지를 충만하게 해주고, 모두를 끊임없이 성장시키고 행복하게 해준다. 이런 점에서 독립적인 사람들 사이의 사랑은 절대적인 선이고, 사회변혁을 추진하는 기본적인 힘이라고 말할 수 있다. 반면에 독립적이지 못한 사람들 사이의 관계는 사랑을 주고받는 것이 아니라 의존이고 집착일 뿐이므로, 서로를 정체시키고 퇴보시키며 지치고 불행하게 만든다.

> 내가 자립할 수 없기 때문에 다른 사람에게 집착한다면, 그나 그녀는 생명을 구조하는 자이기는 하지만 그 관계는 사랑의 관계가 아니다. 역설적으로 말하면 홀로 있을 수 있는 능력은 사랑의 능력의 조건이다.[79]

"사랑을 하고 싶다면 먼저 본인부터 자유롭고 독립적인 사회적 존재가 되라. 그러면 당신은 모든 사람을 사랑하게 되고 동포와 연대하게 될 것이다." 이것이 현대인에게 주는 프롬의 조언이다.

> 공생적 합일과는 대조적으로 성숙한 '사랑'은 '자신의 통합성', 곧 개성을 '유지하는 상태에 있어서의 합일'이다. 사랑은 인간에 있어서 능동적인 힘이다. 곧 인간을 동료로부터 분리시키는 벽을 허물어버리는 힘, 인간을 타인과 결합시키는 힘이다. …… 사랑에 있어서는 두 존재가 하나로 되면서도 둘로 남아 있다는 역설이 성립된다.[80]

오늘날의 인류는 사랑에 대한 뿌리 깊은 갈망에도 불구하고 사랑 이외의 거의 모든 일, 곧 성공, 위신, 돈, 권력을 '사랑보다도 더 중요한 것'이라고 착각한 채 그것만을 추구하고 있다.[81] 그 결과는 당연히 사랑의 끊임없는 실패이다. 프롬은 인류를 향해 '우리 문화권의 사람들*은 사랑의 경우 명백히 실패하고 있음에도 불구하고 왜 사랑의 기술을 거의 배우려고 하지 않는가'라고 묻는다. 이제는 발상을 바꿔야 할 때가 오지 않았을까? 현대인은 자신이 사랑에 지독하게 굶주려 있고 그것을 엄청나게 갈망하고 있다는 사실을 인정해야 한다. 그럼으로써 성공, 위신, 돈, 권력 등이 아닌 사랑에다 모든 힘을 집중해야 한다. 프롬이 깨우쳐주었듯이, 권력과 자본의 노예가 아닌 자유롭고 독립적인 사람이 됨으로써 사랑의 능력부터 시급히 회복해야 하는 것이다.

---

* 오늘날에는 세계가 거의 자본주의화되었으므로 세계인 모두에게 해당된다.

4 정신 건강과 행복

사람답게 사는 데
참 행복이
있다

사랑과 마찬가지로 현대인은 '어떻게 하면 행복하게 살 수 있는가'라는 방법'은 알지 못한 상태에서 '그저 행복하게 살기를 원한다.'[82] 대부분의 사람들에게 인생의 목적이 무엇이냐고 물으면 '행복'이라고 대답한다. 물론 이것은 대체로 만인의 행복이 아니라 자기만의 개인적 행복을 의미한다. 아무튼 그들에게 다시 행복이 무엇이냐고 물으면 '내가 원하는 걸하면서 사는 것', '즐기면서 사는 것', '돈을 많이 버는 것'과 같은 대답들을 한다. 요즈음의 한국인들은 암묵적으로 행복을 곧 '돈'이라고 생각하고 있어서 대부분의 한국인들이 돈을 위해 살아간다. 돈을 많이 벌면 자동적으로 행복해질 거라고 굳게 믿으면서.

현대인 속에 널리 퍼져 있는, '인생의 목표는 개인의 행복이고, 행복이란 돈을 많이 버는 것 혹은 자신이 원하는 대로 사는 것'이라는 견해는 자본주의 사회에 특유한 행복론이다. '17세기 이전에는 중국, 인도, 근동,

유럽의 위대한 인생의 교사들이 복리 이론으로서 그것을 표명한 일이 한 번도 없었다'[83]라는 프롬의 지적대로, 행복을 개인주의적·쾌락주의적·물질주의적 기준에 의해서 정의하는 것은 자본주의 사회가 만연시킨 사이비 행복론이다.

주관적 동기의 충족이
행복인가?

내가 원하는 대로 사는 것이 행복이라는 주장은 본질적으로 모든 주관적 동기를 충족시키면 행복해진다는 '주관적 행복론'이다.

> 한 측에선 행복이 온전히 주관적임을 주장한다. 이 견해에 따르면 행복이란 어떤 사람이 가지는 모든 소망이 다 충족됨을 뜻한다. 여기에서의 행복은, 개개 소망이 지닌 질과는 상관없이 취향의 문제라든지 애호의 문제 정도로 여겨진다.[84]

 주관적 행복론이 옳다면 최저생계비만으로 어렵게 생계를 이어가는 사람도 더 많은 돈을 벌겠다는 동기만 없으면 행복할 수 있고, 아버지에게 매를 맞으며 사는 아이도 자기의 비참한 처지를 슬퍼하는 동기만 없으면 행복할 수 있다. 행복은 다 '자기 생각하기 나름'이라거나 '발상을 바꾸면 누구나 행복하게 살 수 있다'는 유의 여기저기 넘쳐나는 힐링 관련 저서들의 충고와 멘토를 자처하는 이들의 피상적인 조언들이 바로 이런 주관적인 행복론에 속한다. 그렇지만 주관적 행복론은 다음과 같은 반박을 받기 마련이다.

"주관적 동기가 부도덕하거나 병적이더라도 그것들을 충족시키면서 살면 행복해지는가?"

연쇄살인자는 살인을 하려는 주관적 동기를 충족시키면서 살아가니 행복하다고 할 수 있을까? 이것은 당연히 말이 되지 않으므로, 주관적 행복론자들은 '남에게 피해를 주지 않는 선에서 주관적 동기를 충족하면서 살아가면 된다'고 주장하기도 한다. 그렇지만 남에게 피해를 주지 않는다는 말만큼 애매모호한 말도 없다. 남에게 아무런 관심이 없는 사람은 과연 남에게 피해를 주지 않는 것일까? 강도를 당하고 있는 사람을 본체만체하는 것은 어떤가? 가난한 이웃이 고통으로 몸부림쳐도 내 앞가림만 하는 것이 과연 남에게 피해를 주지 않는 것일까? 정치적 무관심으로 투표를 하지 않는 것이나 병든 사회에 잘 적응하고 그것을 옹호하면서 사는 것은 어떨까? 이런 숱한 질문이 제기될 수 있는 것이다.

주관적 행복론에 의하면, 정신적으로 현실과 완전히 격리된 중증 정신병자는 주관적으로는 자기의 동기를 다 충족시키면서 살고 있으므로 행복한 사람이다. 또한 달콤한 맛의 독약도 먹을 때는 맛있고 불의와 악수하는 대가로 돈이 생긴다면, 독약을 먹거나 양심을 저버리면서 살아도 행복해질 수 있을 것이다. 그러나 행복은, 주관적인 동기가 완전히 충족되는 것과는 아무 관련이 없다. 프롬은 모든 '욕구의 완전한 만족은 행복을 위한 기초가 아닐 뿐 아니라 정상적 정신조차도 보증하지 못한다'[85]고 지적했다. 무엇을 주관적 동기로 보든 간에, 모든 주관적 동기의 충족이 행복이라는 주장은 일고의 가치도 없는 잘못된 행복론이다.

모든 욕구의 무제한적인 만족은 복리를 가져다주는 것이 아니며, 행복에 이르는 길도 아니고 최대의 쾌락에 이르는 길도 아니다.[86]

심지어 프로이트주의조차 주관적 행복론과는 거리가 멀다. 프로이트는 사람을 '쾌락은 추구하고 고통은 회피'하는 동물적 존재로 이해했는데, 그래도 그가 말하는 쾌락이나 고통은 순수하게 주관적인 것은 아니었다. 쾌락은 기본적으로 성욕의 충족, 그리고 고통은 생존 본능이나 성본능의 좌절로 정의된다. 즉 그것들은 기본적으로 주관적이 아니라 객관적인 것이다. 물론 이런 프로이트의 객관적 행복론 역시 사람을 동물적 존재로 보고 있다는 점에서 오류이다.

쾌락주의적 행복론의 오류

현대 자본주의 사회에 널리 퍼져 있는 주류 행복론은 '쾌락주의적 행복론'이다. 주관적 행복론이든 객관적 행복론이든, 행복의 본질을 쾌락으로 보는 행복론은 모두 쾌락주의적 행복론이라고 말할 수 있다.

병적인 동기, 부도덕한 동기일지라도 적어도 그것이 충족되는 순간에 사람은 쾌감을 느낄 수 있다. 즉 살인자도 살인을 하는 순간에는 쾌감을 느끼고, 왕따를 시키는 아이들도 왕따를 하고 있는 순간에는 쾌감을 느낄 수 있다는 것이다. 쾌감은 비교적 짧은 시간 동안 강한 강도의 짜릿하거나 흥분되는 감정을 체험하는 것인데, 이것을 추구하면서 살아가는 것을 쾌락주의라고 말할 수 있다.

프롬은 '제1차 세계대전 끝 무렵부터 철저한 쾌락주의의 관습과 이론으로 흐르고 있다'[87]고 지적했다. 현대 자본주의 사회에서 쾌락주의가 대세가 된 것은 대량생산, 대량소비 사회라는 것과 밀접한 관련이 있다. 대량생산, 대량소비 사회는 당연히 즉각적인 소비를 장려한다. 그래야만 무수한 상품들을 모두 판매할 수 있기 때문이다. 즉각적인 소비의 장려는 곧 사람들에게 즉각적으로 욕망을 실현하라고 부추기는 것과 다름이 없다. 현대 자본주의 사회는 '참지 말라', '기다리지 말라'고 대중을 부추기는, '상품의 즉각적인 소비와 성욕의 즉각적인 해소'[88]를 적극 권장하는 사회다. 그 결과 현대인은 소비를 통한 쾌락에 점점 더 익숙해졌고 쾌락과 행복을 동일시하게 되었다.

> 오늘날 인간의 행복은 '즐기는 데' 있다. 즐긴다는 것은 '만족한 소비'를 말하고 상품, 구경거리, 음식, 술, 담배, 사람들, 강의, 책, 영화 등을 '입수하는 것'을 말한다.[89]

현대인은 대세 추종적 성격을 가지고 있어서 쾌락조차 대세를 추종한다. 유명인이나 상류층이 새로운 쾌락거리를 주도하면 그것이 대세가 되어 모든 사람이 뒤를 쫓는 패턴이 반복된다. 이런 현상을 프롬은 다음과 같이 묘사하고 있다.

> 사회 상류층의 '즐거운 시간'은, 그럴만한 여유는 없지만 행복의 가능성을 열망하고 있는 사람들의 재미의 모델이 되고 있다. 그리고 사회 하류층의 '즐거운 시간'은, 비용에서는 차이가 나지만 질적인 면에서는 그다

지 차이가 없는 상류층의 그것을 흉내 내는 것이 되고 있다.[90]

한국 사회를 들여다보면 최상류층의 고급 요정 문화와 중상류층의 룸살롱 문화, 그리고 하류층의 마담 술집 문화가 본질적으로 똑같다는 걸 알 수 있는데, 그것은 하류층의 마담 술집이란 중상류층의 룸살롱을, 중상류층의 룸살롱이란 최상류층의 고급 요정을 자신들의 경제 형편에 맞게 복제한 것이기 때문이다.

현대 자본주의 사회에서 '행복의 개념이란 결국 기껏해야 쾌락의 개념과 동일하다'[91]는 프롬의 말처럼, 현대인이 암묵적으로 행복으로 간주하는 것은 쾌락이다. 하지만 모든 쾌락, '흥분의 절정, 만족의 절정, 황홀 혹은 광란의 절정'과 같은 강렬한 쾌감조차 사람에게 기쁨을 주지는 못한다.

> 이 정열은 인간적이기는 하지만, 본질적으로 인간의 문제에 대한 타당한 해결이 되지 않는 한 병적인 것이다. 그러한 정열은 인간에게 보다 큰 성장과 힘을 선사하는 게 아니라 반대로 인간을 불구로 만드는 것이다. 철저한 쾌락주의자의 쾌락, 항상 새로운 욕망의 충족, 현대사회의 환락은 서로 정도가 다른 흥분을 낳는다. 그러나 이것들은 '기쁨'을 가져오지 않는다. 사실 기쁨의 결여 때문에 항상 새롭고 더 많은 자극적인 쾌락을 추구하게 되는 것이다.[92]

쾌감 혹은 쾌락과 '기쁨'은 차원이 다르다. 쾌감은 비록 강렬할지라도 짧게 지속되다가 금방 사라지는 반면 기쁨은 굉장히 오래간다. 게임을 하면서 느끼는 쾌감이나 멋진 물건을 구입했을 때 느끼는 쾌감은 오래가지 않는다. 그래서 계속적으로 또 반복적으로 게임을 하고 물건을 구입해야만 한다. 쾌감에 중독되는 것이다. 반면에 정말 좋은 사람들과 함께 대화를 하면서 느꼈던 기쁨 등은 마음속에 계속 남아서 사람을 행복하게 해준다. 또한 쾌감은 종종 부정적인 감정을 초래하지만 기쁨은 행복감을 강화한다. 살인을 할 때의 쾌감 뒤에는 죄책감이나 후회감이, 사랑 없는 성관계의 쾌감 뒤에는 지독한 허무감과 자기혐오감이 뒤따른다. 반면에 착한 일, 공동체에 도움이 되는 일을 하면서 체험하는 기쁨 뒤에는 긍정적인 감정이 따라온다. 그렇기 때문에 쾌감과 달리 기쁨은 항상 행복의 원천으로 작용하는 것이다.

젊었을 때 신나게 놀았던 사람치고 나이 먹어 허무주의자, 자기혐오자가 되지 않는 사람이 없다. 반면 젊었을 때 개인주의적 쾌락이 아니라 공동체를 위해서 헌신했던 사람은 자긍심, 자부심, 자존감이 강하다. 한국의 민주화 세대가 적어도 그들의 젊은 시절에 대해 회고할 때 긍지와 행복감을 느끼는 것은 이 때문이다. 쾌감은 순간적이어서 그것을 목적으로 살아가는 한 계속 그것에 집착하게 되지만, 쾌감에 대한 집착은 삶의 의미나 행복과는 무관하므로 필연적으로 정신 건강을 악화시킨다. 반면에 기쁨은 거의 사라지는 법이 없고 행복의 원천으로 차곡차곡 쌓여가므로 정신 건강이 좋아진다. 따라서 진정으로 행복해지기를 바란다면 마땅히 쾌감이 아닌 기쁨을 추구해야 한다.

그렇다면 사람은 어떻게 해야 기쁨을 느낄 수 있을까? 프롬에 의하면 그 비결은 생산적 능동성에 있다.

기쁨은 생산적 능동성에는 으레 붙어 다니는 것이다. 그것은 갑자기 최
절정에 이르렀다가 끝나버리는 '절정의 경험'이 아니라 오히려 고원이고,
인간의 본질적인 능력이 생산적으로 발휘될 때 동반하는 감정이다. ……
쾌락과 가슴 설레는 짜릿함은 이른바 절정 뒤의 슬픔을 가져온다. 왜냐하
면 순간의 환락이 그릇을 크게 하지는 못하기 때문이다. …… 승리의 순
간까지는 성공한 것처럼 느끼지만 승리에 이어 깊은 슬픔이 엄습한다. 그
의 내부에는 아무런* 변화도 일어나지 않았기 때문이다.[93]

만일 고전적 프로이트주의가 옳다면, 사람은 성적 본능을 원만하게 충
족시키면 그럭저럭 행복해질 수 있을 것이다. 반면에 사람이 사회적 존
재라면, 사람은 사회적 존재로서의 인간 본성을 원만하게 실현하고 최대
한 발양해야만 행복해질 수 있다. 간혹 성적 본능을 극한까지 충족시키
면서 살아가는 인간들도 존재하는데, 그들은 전혀 행복하지가 않다. 뿐
만 아니라 그들은 점차 평범한 성관계에서는 쾌감을 느끼지 못하게 되어
변태적인 행위를 하거나, 약물에까지 손을 댔다가 마침내 약물중독에 빠
져 폐인이 되기도 한다. 이런 현상은, 동물적 본능의 무제한적 충족은 지
속적인 쾌감조차 보장해주지 못하며 궁극적으로 사람의 정신을 황폐화
시킨다는 것을 잘 보여준다. 프로이트주의를 비판했던 인본주의 심리학
은 절정 경험을 권장하기도 했는데, 사실 그것 역시 전혀 권장할 만한 것
이 못 된다. 절정 경험도 본질적으로는 하나의 쾌락이어서, 그것을 중시
하면 절정 경험에 중독되기 마련이다.

---

* 긍정적인

생산적 능동성이 사람에게 기쁨을 준다는 것은, 사람이란 '생산적인 활동', 즉 사회에 기여하는 활동을 할 때 기쁨을 체험할 수 있는 존재임을 의미한다. 그것은 또한 사람이 '능동적인 활동', 즉 사회에 적응만 하는 것이 아니라 사회의 주인으로서 사회를 변혁하는 활동을 해야 기쁨을 체험할 수 있음을 의미한다. '인간성이라는 것이 있는 이상 철저한 쾌락주의는 행복을 가져다주지 못한다'[94]고 프롬이 말했듯이, 사람은 어디까지나 인간 본성을 실현하면서 살아갈 때 비로소 기쁨을 느끼고 행복해지는 존재이다.

행복의 조건

프롬의 행복론을 정리해보면 다음과 같다.

우선 프롬의 행복론은 객관적인 행복론이다. 만일 '어떤 욕구가 인간의 성장과 행복에 도움이 되는가, 아니면 그 사람을 절름발이로 만들고 손상을 주는가' 하는 문제를 중심에 두면, '인간 본성에 뿌리를 둔, 인간의 성장과 완성에 도움이 되는' '욕구들'을 발견할 수 있다. 그리고 이런 '인간을 위한 욕망'의 실현만이 행복으로 이어진다. 인간 본성에 뿌리를 둔 동기는 개인의 주관과는 무관하며 개인에 따라 천차만별도 아니기 때문에, 행복은 본질적으로 객관적·표준적이다.[95]

> 다양한 관점들 사이의 차이들은 "성취하면 우리에게 행복을 가져다준다는 그 욕구들은 어떠한 것들인가?"라는 물음에 대한 대답에 있다. 그렇게

해서 우리는 삶의 목적과 의미에 대한 물음이 인간 욕구의 본질이라는 문제로 이어지는 지점에 다다르게 된다.[96]

또한 프롬의 행복론은 인간 본성에 기초하는 행복론이다. 프롬은 사람이 자기의 본성대로 살아갈 때 행복해질 수 있다고 주장했다. 이것을 동기의 측면에서 말하면, 인간 본성에 기초하고 있는 사회적 동기를 원만히 실현하면서 살아야 사람은 행복해진다고 말할 수 있다. 즉 식물은 식물의 본성대로, 동물은 동물의 본성대로, 사람은 사람의 본성대로 살아야 행복하다는 것이다(물론 행복은 오직 사람에게만 제기되는 문제이다). 이런 맥락에서 프롬은 동물적 동기의 충족을 행복으로 보는 이론을 단호히 반대했다.

> 동물은 생리적 욕구, 즉 기아·갈증·성적 욕구 등이 충족되면 만족한다. …… 그러나 인간이 인간인 한, 이들 본능적 욕구의 충족만으로는 인간을 행복하게 하기에는 불충분하다. 이들 욕구는 그를 건전하게 하기에도 불충분하다. …… 인간 정신의 이해는 인간의 생존 조건에서 파생되는 인간 욕구의 분석에 기초를 두어야만 한다.[97]

동물적 동기의 충족만으로는 사람이 건전해지지도, 행복해지지도 못한다는 프롬의 주장은 백만 번 타당하다. 하지만 앞에서도 지적했듯이, 그가 '인간의 생존 조건'—사람의 모순을 초래한 자연으로부터의 분리—에 대해 잘못 이해하고 있음을 상기할 필요가 있다. 심리학이 던져야만 하는 모든 주요한 질문과 그에 대한 해답은 항상 인간 본성에서 출발하고 인간 본성으로 되돌아온다. 사랑, 행복, 인생과 같은 사람에게 결정적으로 중요한 주제들을 심리학이 회피해오고 그에 대해 올바른 해답을 주지 못했던 것은, 지금까지의 심리학 이론들이 인간 본성을 올바로 규명하지 못한 것과 관련이 있다. 이런 점에서 심리학을 인간 본성으로 한발 더 접근하게 해주었다는 것만으로도 프롬은 심리학에 독보적인 공헌을 했다. 하지만 그와 더불어 인간 본성에 대한 올바른 이해에 도달하지는 못했다는 것이야말로 프롬의 결정적인 한계이다.

인간 본성을 실현하면서 살아가야만 사람이 행복해질 수 있으므로 사람에게는 인간적 목표가 절대적으로 필요하다. 프롬은 인간적 목표를 '참된 이상'으로, 비인간적 목표를 '거짓된 이상'으로 표현하기도 했다. 인간적 목표, 즉 참된 이상은 '자아의 성장과 자유 그리고 행복을 촉진하는 목표'이다. 반면에 비인간적 목표, 즉 거짓된 이상은 '주관적으로는 매혹적인 경험(복종에의 충동과 같이)이면서도 실제로는 삶에 유해한 강제적이고 비합리적인 목표'이자 '병적인 목표'이다.[98]

한국인들은 옛날부터 '짐승 같은 놈'이라는 욕을 사용해왔는데, 이것은 옛 한국인들이 사람을 동물과는 질적으로 완전히 다른 존재로 이해하고 있었음을 보여준다. 또한 한국인들은 옛날부터 '사람답게 살고 싶다'는 희망을 누차 표명해왔는데, 이것 역시 사람의 인생 목표는 반드시 사람다운 것이어야만 한다고 확신하고 있었음을 보여준다.

그렇다. 사람은 어디까지나 사람이기 때문에, 어느 시대 어느 곳에서든 사람답게 살기를 간절히 바란다. 하지만 현대 자본주의 사회에서 사람은 사람답게 살 수가 없다. 자본주의 사회는 사람들에게 오로지 쾌락을 위해서, 그리고 밥그릇을 위해서 살다가 죽으라고 강요한다. 하지만 쾌락을 위한 삶, 밥그릇을 위한 삶은 사람에게 그 어떤 기쁨이나 즐거움, 참된 행복도 주지 않는다.

> 대다수의 사람들은 생계를 이어야 하는 단 하나의 목적 때문에, 자기에게
> 는 어떤 이익의 분배도 돌아오는 것이 아닌, 그리고 어떠한 흥미 없는 물
> 건을 만드는 데 자신의 신체 능력이나 지적 능력의 일부분을 고용자에게
> 팔아넘기고, 소비자로서의 탐욕을 만족시키기 위해 일한다.
> 불만족, 무관심, 권태, 즐거움과 행복의 상실, 삶의 허무감 등은 이런 데서
> 오는 불가피한 결과다.[99]

마지막으로, 프롬의 행복론은 공동체주의적 행복론이다. 프롬은 사람이 동포들과 연대해 병든 사회를 변혁해야만 행복해질 수 있다고 강조했다. 여러 심리학적 연구들은 사람이 혼자서는 결코 행복할 수 없음을 보여주고 있다. 이를 근거로 심리학자들은 행·불행을 좌우하는 첫째 요인을 '관계'라 말하기도 하고, 건강한 공동체에 소속되어 살아가야 행복해질 수 있다고 말하기도 한다. 그러나 관계와 공동체가 행복을 좌우한다는 말은 자칫 오해를 불러일으킬 우려가 있다. 왜냐하면 그것은 한두 명과의 건강한 관계만 있으면, 혹은 소규모의 공동체에만 소속되면 사람들이 (병든 사회 속에서도) 행복하게 살 수 있다는 해석으로 이어질 수도 있기 때문이다. 프롬은 미국의 심리학자들처럼 애매모호하게 이야기하지 않는다. 그는 아인슈타인Albert Einstein의 《왜 사회주의여야 하는가?Why Socialism》의 한 대목을 인용하면서, 사람의 참 행복과 인생의 의미는 세상에 기여하는 데 있다고 선언했다.

인생은 짧고 위험하지만, 인간은 자기 자신을 사회에 공헌할 때에만 인생의 의미를 발견할 수 있다.[100]

프롬은 '자신에게만 관심을 집중하고서는 건강하고, 즐겁고, 독립적으로 사는 것은 불가능하다'면서, '세상에 대해 생산적인 관심을 가지고 관계를 유지하는 사람만이 자신의 두 발로 땅에 설 수 있다'[101]고 말했다. 이렇게 그는 '세상, 세계'와의 관계를 말하고 있다. 사람은 한두 명의 친구나 가족, 소규모 공동체 안에서만 살아가는 것이 아니라 사회, 나아가 세계 속에서 살아간다. 따라서 사람이 사회적 존재로서 살아가려면 근친적인 범위가 아닌 전체 세계와 관계를 맺을 수 있어야 한다. 즉 사람은 오직 사회, 세계를 위해 헌신하는 것을 인생 목표로 삼고 살아야만 삶에서 의미를 찾을 수 있고 행복할 수 있다는 것이다. 조상 대대로 우리 한국인들이 '사람답게 살아야 한다'고 끊임없이 외쳐왔던 것, '호랑이는 죽어서 가죽을 남기고 사람은 죽어서 이름을 남긴다'는 격언의 참 뜻이 바로 여기에 있다.

만인의 행복, 사람답게 사는 삶

대부분의 사람들이 동의하듯이, 인생의 목표는 행복이 맞다. 하지만 그 행복은 나만의 행복이 아니라 반드시 만인의 행복이어야 한다. 개인적 쾌락이나 만족이 아니라 만인의 행복을 위해, 사회를 위해 살아가는 사람만이 진정으로 행복할 수 있다.

어떤 이들은 굳이 사회를 위해 헌신하지 않더라도 행복한 사람, 가족, 집단이 있을 수 있다고 말할지도 모른다. 산속에서 도를 닦는 도인, 남한테 피해를 입지도 않고 남한테 해를 끼치지도 않으면서 오순도순 살아가는 가족, 서로를 건강하게 사랑하는 사람들의 소규모 공동체가 있지 않느냐는 것이다. 그러나 이것은 현실도피자의 심리를 모르는 무지한 말이다. 냉정하게 말하자면 현실도피자란, 세상을 두려워하는 겁 많은 자이고, 연대와 조직의 능력이 없는 무능력한 자이고, 근친적 관계 속에 파묻혀 있는 고립된 자이며, 세상의 변혁을 포기한 무력한 자이다. 따라서 그는 두려움, 무능력, 고립감, 무력감과 그것이 초래하는 무가치감, 자기혐오감 등에 시달리지 않을 수 없다.

과거에 민주화운동을 하다가 지쳐서 세상일에 관심을 끊겠다고 선언하고는 시골로 낙향한 사람들을 만난 적이 있다. 그런데 그들의 얼굴에서는 그 어떤 생기나 활력, 자긍심이나 행복감도 읽을 수가 없었다. 사람이 어찌 '남들한테 피해 주지 않고 산다', '최소한 나쁜 짓은 안 하고 산다'는 것만으로 행복해질 수 있겠는가. 물론 이들도 어느 정도는 행복할 수 있다. 그러나 산속에서 도만 닦으며 세상으로 나오지 못하는 도인은, 사회를 기준으로 보면, 정신병원에서 나오지 못하는 정신병자와 별 차이가 없다. 그는 사람을 사랑할 수 없는 사랑의 무능력자이고, 사회에 있어도 그만 없어도 그만인 무가치한 존재이다.

얼마 전 영화 〈변호인〉에 대한 이야기를 나누다가 이런 말을 들었다.

"아이들에게도 영화를 보여주려 했는데, 아이들 아빠가 못 보게 했어요. 안 그래도 우리 애가 중학생이 되더니 사회문제에 부쩍 관심이 많은데, 그 영화를 보면 촛불집회 같은 데라도 나갈까봐……."

이런 반응은 내가《트라우마 한국사회》에서 지적한, 한국인들의 극우 보수 세력 공포증을 전형적으로 보여주고 있다. 극우 보수 세력에 대한 부모들의 두려움이 자식들까지 비겁자로 만들고 있는 한국의 현실이 안타까워 나는 이렇게 말했다.

"현실을 회피하는 굴종적인 삶을 살면 과연 아이가 행복할까요? 불의에 저항하면서 살아야 행복할 거라고 생각해본 적은 없나요?"

극우 보수 세력에게 굴종해온 한국의 부모들은 결코 행복하지 않다. 아니, 몹시 불행하다고 해야 맞을 것이다. 그런데도 그들은 자식에게 굴종을 권하고 강요한다. 두려움에서 해방된 자유로운 삶, 두려움과 맞서 싸우는 용감한 삶을 살아보지 못했기에, 그런 삶이 행복할 거라고는 상상조차 못하기 때문이다.

나는 로마의 식민 통치에 빌붙어 호의호식한 유대인 지배층이 아니라, 억압당하고 착취당하는 유대 민중을 위해 고난의 길을 걷다가 십자가형에 처해진 예수가 더 행복했을 거라고 확신한다. 일본 제국주의의 주구가 되어 떵떵거리며 살던 친일파가 아니라, 모진 시련을 마다하지 않고 독립운동에 한 생을 바친 독립투사들이 더 행복했을 거라고 확신한다. 또한 한국 사회에서 모든 권력과 부를 독점하고 있는 극우 보수 세력에게 굴종하는 이들이 아니라, 병든 사회를 변혁하기 위해 용감하게 투쟁하고 있는 사람들이 더 행복할 거라고 확신한다.

오늘날 대부분의 한국 부모들은 입으로는 자식을 사랑한다고, 자식의 행복을 바란다고 하면서, 병든 사회를 변혁하기 위해 싸움의 길로 나서려는 자식들을 한사코 뜯어말린다. 자식들에게 육체적 생명을 유지하기 위해 사회적 생명을 포기하라고 강권하는 것이다. 이것은 좀 심하게 말하면, 자식들에게 동물처럼 살라고, 불행하게 살라고 강요하는 것이나 마찬가지다. 사람은 사람답게 살아야만, 즉 사회적 생명을 꽃피우기 위해 살아야만 비로소 행복할 수 있다. 안중근 의사가 조선 민중의 철천지 원수인 이토 히로부미伊藤博文를 사살하고 나서 체포되어 사형을 선고받자, 그의 어머니는 사랑하는 아들에게 다음과 같은 편지를 보냈다.

> 네가 만약 늙은 어미보다 먼저 죽는 것을 불효라 생각한다면
> 이 어미가 웃음거리가 될 것이다.
> 너의 죽음은 너 한 사람 것이 아니라 조선인 전체의 공분을 짊어지고 있
> 는 것이다.
> 네가 항소를 한다면 그것은 일제에 목숨을 구걸하는 것이다.
> 네가 나라를 위해 이에 이른즉,
> 딴 맘 먹지 말고 죽으라.
> 옳은 일을 하고 받은 형이니 비겁하게 삶을 구하지 말고
> 떳떳하게 죽는 것이 이 어미에 대한 효도이다.
> 아마도 이 편지가 이 어미가 너에게 쓰는 마지막 편지가 될 것이다.
> 여기에 너의 수의를 지어 보내니 이 옷을 입고 잘 가거라.
> 어미는 현세에서 너와 재회를 기대치 않으니
> 다음 세상에는 반드시 선량한 천부의 아들이 되어 이 세상에 나오너라.

안중근 의사의 어머니는 아들을 진정으로 사랑했다. 그렇기에 그녀는 요즈음의 한국 부모들과는 달리 아들에게, 사회적 생명을 지키기 위해 육체적 생명을 포기하라고 권한다. 그 어머니는 아들의 몸뚱이가 아닌

아들의 영혼을 사랑하는 어머니였기 때문이다. 아름다운 인간 본성을 사랑하는 사람, 즉 사람을 사랑하는 사람은 사회적 존재로서의 사람의 생명을 가장 귀중하게 여긴다. 그렇기 때문에 안중근 의사의 어머니는 아들의 사회적 생명을 귀하게 여기고 아껴주려 했던 것이다. 안중근 의사는 어머니의 소원대로 당당하게 죽음으로써, 그의 이름을 영원토록 후세에 전하게 되었다. 나는 안중근 의사가 불행했을 거라고는 추호도 생각해본 적이 없다. 그는 진정으로 행복한 사람이었다.

'공동체를 위해 헌신하는 삶, 만인의 행복을 위한 삶'만이 사람을 진정으로 행복하게 해줄 수 있다. 프롬이 말하고자 했던 요지는 바로 이것이다. 그리고 내가 현 시점에서 한국인들이 가장 귀 기울여 들어주었으면 하고 바라는 것도 바로 이것이다.

"사람답게 사는 데 참 행복이 있다!"

사람은 세상을 변혁할 수 있는가?	사람만이 희망이다 ─────────────── ────────────
왜 사회주의인가?	노예가 아니라는 것만으로는 충분하지 않다 ───────── ────────────── ─────────────── ────────────────────────
다가올 세상은 인간의 시대	열 명의 의인을 기다리며

병든 세상을
변혁하라

제5부

한국 사회에서 가난 그리고
돈 없는 사람에 대한 차별과 멸시는
정신적 고통의 최대 원인이 되고 있다.
이런 조건에서 모든 성인에게 최저생계비가 지급된다면,
상당수의 한국인들은 생존 공포를 비롯한
여러 부정적인 감정에서 해방될 것이다.
또 돈이 없다는 이유로 사람을 함부로 무시하고
깔보는 풍조도 약화될 것이므로 한국인들의 정신 건강은
크게 좋아질 것이다.

1 사람은 세상을 변혁할 수 있는가?

사람만이 희망이다

과학기술에 힘입은 생산력의 급속한 발전으로 오늘날 인류는 최고의 물질적 풍요를 누리면서 살 수 있게 되었다. 그러나 정신적으로는 과거보다 훨씬 위태로운 상황에 몰려 있다. 현대 자본주의 사회의 정치·경제·사상·문화 등은 여전히 반민중적·반인간적이고, 극악무도한 범죄와 세기말적 병리 현상이 급속히 증가하고 있다. 그 결과 현대인은 고립감, 무력감, 권태감, 무가치감 등에 짓눌려 삶을 사랑하지 못하게 되었다.

새로운 기술 개발에 힘입어 짐승과 인간의 육체적 에너지는 증기와 석유, 전기 에너지로 대체되었고, 인간은 통신수단을 만들어 지구를 한 대륙의 크기로 축소시켜 한 집단의 운명이 전체의 운명이 되는 사회 속에서 인류를 살게 하였다. 인간은 또 사회의 모든 구성원들이 최고의 예술, 문학, 음악을 즐길 수 있게 하는 놀랄 만한 방안을 만들었으며, 생산력을 개발하여 모든 사람이 적은 시간의 작업으로 넉넉한 생활을 즐길 수 있게 했다. 이렇게 보다 새롭고 보다 풍요하고 보다 행복한 시대에 접어들었는데도 지금의 인간은 그들의 당대뿐 아니라 아들딸들의 세대까지도 전례 없는 위협 속에 떨고 있다. 어떻게 된 셈인가……[1]

프롬은 자본주의 사회가 인간 본성에 어긋나는 극히 부조리한 사회라고 생각했다. 선진 자본주의 나라들은 먹을 게 남아돌아서 잉여 농산물을 보관하는 데 막대한 돈을 사용하거나 그것을 바이오 연료로 만들어 자동차 연료로 사용하고 있는데, 후진국의 국민들은 굶주림과 영양실조로 죽어가고 있다. 선진 자본주의 나라들에서 남아도는 식량을 후진국에 주면 그들의 식량 부족 문제는 금방이라도 해결할 수 있는데, 그렇게 하지 않는다. 이것은 부조리하지 않은가?

한국 사회의 경우 대부분의 부를 독점한 극소수 지배층은 온갖 사치를 다 누리며 살아가는 반면, 대다수의 국민은 뼈 빠지게 일해도 생계조차 유지하기가 빠듯하다. 극소수의 지배층이 독점하고 있는 부를 국민들에게 골고루 나누어주면 빈곤 문제는 금방이라도 해결할 수 있는데, 그렇게 하지 않는다. 이것은 부조리하지 않은가?

현대 자본주의 나라들의 높은 생산력을 잘만 활용하면 모든 인류가 의식주 걱정 없이 살 수 있다. 그런데 미국에서는 거의 5000만 명에 달하는 사람들이 정부나 사회단체의 급식 보조가 없으면 굶주려야 한다. 이것은 부조리하지 않은가?

다수의 사람들이 자가용과 스마트폰을 소유하고 있는 등 한국인들은 과거와는 비교할 수 없는 물질적·기술적 풍요를 누리며 살아간다. 하지만 한국인들은 과거보다 더 서로를 불신하게 되었고, 서로를 더 두려워하고 나아가 증오하게 되었다. 사회제도나 정책을 바꾸면 서로 싸우지 않고 사랑하면서 살아갈 수 있는데, 그렇게 하지 않는다. 이것은 부조리하지 않은가?

자본주의 사회는 '무엇이 인간에게 도움이 되는가가 아니라 무엇이 체제의 성장에 도움이 되는가'[2]를 중심에 두는 사회, 즉 사람보다는 경제성장―본질적으로는 자본가의 이윤 추구―을 더 중시하는 체제이다. 이런 제도하에서 사람은 필연적으로 경제의 노예, 물질의 노예로 전락한다. 사람이 자본 위에 있는 게 아니라 자본이 사람 위에 군림하게 되는 것이다. 이것이 바로 자본주의 사회가 온갖 부조리를 낳게 되는 기본 원인이다.

사람은 본성적으로 주인이 되려 하지 노예가 되기를 원치 않는다. 그러나 자본주의 사회는 사람을 자본의 노예, 돈의 노예로 만들기 때문에 사람은 자기 본성을 실현할 수가 없다. 그 결과 자본주의 사회가 지속되면 될수록 사람은 정신적으로 더 병들게 된다. 프롬은 이런 사태를 수수방관할 수 없었기에 '인간을 병들게 해야만 비로소 경제가 건강해지는 현재의 사태에 종지부를 찍어야 한다'[3]고 호소했다.

또한 프롬은 '19세기에는 신은 죽었다는 것이 문제였지만 20세기에는 인간은 죽었다는 것이 문제다'[4]라고 선언했다. 20세기의 인간은 이미 사회적 존재로서는 죽었고, 그것이야말로 가장 큰 문제이다. 21세기인 지금도 사정은 마찬가지다. 인간 본성에 맞게 살지 못하고 있는 '비인간화된 인간은 결국 미쳐서 장기적으로는 활력에 찬 사회를 유지할 수 없'[5]게 된다. 인간 본성이 지속적으로 유린되면 사람은 결국 미친다. 사람이 미치면 사회도 미치게 되어 결국 사회가 멸망하게 될 것이다.

현대 자본주의가 인류를 멸망의 문턱으로 이끌어가고 있는데도 '인류의 생존을 위한 진지한 계획은 전무한 상황'[6]이 계속되고 있다. 인류는 인간 본성을 회복하기 위해 분연히 일어서야만 한다. 그것만이 인류를 멸망에서 구원할 수 있다. 이런 의미에서 '사람만이 희망이다'라는 말은 절대적으로 옳다.

> 인간이 근본적으로 변혁되어야 하는 까닭은 윤리적·종교적인 요청이나, 현대사회의 병적인 특성에서 기인한 심리학적인 요구 때문만은 아니다. 그것이 바로 인류 생존의 조건이기 때문이다.[7]

정신 개조인가, 사회 개조인가?

현대인은 정신적으로 심각하게 병들어 있고 사회도 마찬가지다. 따라서 사람과 사회를 모두 변혁해야만 현 시대의 문제를 해결할 수 있다. 이 점을 정확하게 인식하지 못한다면 온갖 노력이 모두 물거품이 되어버릴 것이다.

> 문제를 풀 수 없는 곳에서 문제를 풀려고 하는 것은 시시포스의 신화와도 같은 것이다. 그것은 사람을 절망시키고, 너무나 많은 에너지를 필요로 한다. …… 절대로 해결될 수 없는 방식으로 해답을 찾으려고 노력하고 있

다는 사실을 모르는 한 갈수록 자신이 무력하다고 믿게 되고, 자신의 행동이나 노력이 소용없음을 믿게 되고 매우 실망하게 될 것이다.[8]

고통에 겨워 몸부림치고 있는 현대인들은 그것에서 벗어나보려고 돈과 성공을 추구하기도 하고, 쾌락에 빠져보기도 하고, 힐링 산업에 기대보기도 한다. 그러나 그런 것들이야말로 '문제를 풀 수 없는 곳에서 문제를 풀려고 하는 것'이다. 현대인의 고통은 오직 사람과 사회를 변혁함으로써만 해결할 수 있다.

사람과 사회를 변혁해야 한다는 프롬의 의견에 동의한다면, 사람을 먼저 변혁해야 하는가 아니면 사회를 먼저 변혁해야 하는가 하는 문제를 검토해볼 필요가 있다. 즉 '정신 혁명'(혹은 정신 개조)이 더 중요한가 아니면 '사회 혁명'(혹은 사회 개조)이 더 중요한가를 알아야 한다는 것이다.

정신 개조가 더 중요하다고 생각하는 이들은 사람이 일단 변해야 사회를 변혁할 수 있으므로 정신 개조에 총력을 집중해야 한다고 주장한다. 일제 식민 강점기에 일부 민족주의자들이 주장했던 '민족 개조론'을 대표적인 예로 들 수 있다. 그러나 프롬은 이런 견해에 찬성하지 않았다.

인간의 본성이 변해야 하고, 그런 다음에 비로소 참으로 인간적인 사회를 구축할 수 있다는 것이다. 그러나 인류의 역사는 그들의 주장이 잘못됐음을 증명하고 있다. 순수한 정신적 변혁은 항상 개인적인 영역에 그치고 조그만 오아시스에 한정되었으며, 또 정신적인 가치의 설교와 그 반대인 가치의 실천이 연결될 때에 그것은 완전히 무력했기 때문이다.[9]

인류 역사에는 정신 개조를 통해 세상을 바꾸려고 시도한 이들이 적지 않았으나, 그것은 항상 소수에게만 영향을 미치는 공허한 메아리로 그치곤 했다. 사회변혁을 지향하는 근본적인 정신 개조 운동을 지배층이 잠자코 두고 볼 리가 없다. 따라서 현대 자본주의 사회에서 대다수 민중의 정신을 개조할 수 있다고 생각하는 것은 주관적인 망상에 불과하다. 프롬은 《소유냐 존재냐》를 조판하기 직전에, 그 원고 중에서 '존재를 향한 단계들'을 다룬 장을 뺐다. 정신 혁명과 관련이 있는 그 장이 사회변혁이 아니라 자기 분석에서 행복을 찾기만 하면 된다는 식으로 오해받을까 우려했기 때문이다. 이 사례는 프롬이 사회 개조를 더 중시했음을 분명히 보여준다.

사회 개조가 더 중요하다고 생각하는 이들은 사회 혁명 혹은 사회 개조에 성공해야 사람도 개조할 수 있다고 생각한다. 사회는 대다수 사람들의 심리에 결정적인 영향을 미치므로, 사회 개조에 성공해야 비로소 완전한 정신 개조가 가능하다는 것이다. 사회 개조의 첫 걸음이자 열쇠는 극소수의 독점자본가 계급이 거머쥐고 있는 권력과 자본을 민중에게 되돌려줌으로써 민중을 권력과 자본의 주인이 되게 해주는 정치 혁명이다. 그런데 '정치는 기본적으로 도덕적 가치 및 인간의 자기실현의 영역과 분리될 수 없는 영역'[10]이어서 정치 혁명은 정신 혁명을 강력히 추동하기 마련이다.

> 예언 사상과 13세기 기독교 사상, 18세기 계몽주의, 그리고 19세기 사회주의에 공통적인 것은 국가(사회)와 영적 가치가 서로 분리될 수 없다는 것, 정치와 도덕적 가치는 불가분의 관계에 있다는 것이다.[11]

봉건제 사회에서도 자본주의적 인간은 존재할 수 있지만 다수가 될 수 없었다. 그러나 시민혁명이 성공하는 순간부터 자본주의적 인간은 급속히 늘어나고, 자본주의가 공고해짐에 따라 대부분의 사람이 자본주의적 인간이 된다. 현대 자본주의 사회에서 근본적인 변혁을 주창하는 책은 절대로 베스트셀러가 될 수 없듯이, 새로운 인간 역시 다수가 될 수 없다. 오직 정치 혁명에 성공해야만 대다수가 새로운 인간이 될 수 있다.

하지만 사회 개조를 더 중시한다고 해서 정신 개조를 부정하는 것이 아님을 명심할 필요가 있다. 정신 개조 없이는 정치 혁명을 이끄는 사회 집단이 출현할 수 없다. 이와 관련해 프롬은 다음과 같이 말했다.

> 사회의 변혁은 사회적 성격의 변혁과 상호작용을 한다. …… 인간의 마음 속에 근본적인 변혁이 일어났을 때, 새로운 헌신의 대상이 등장해 현재의 헌신의 대상을 대신했을 때, 비로소 새로운 사회가 시작된다……[12]

이를 도식화하면 사회 개조와 정신 개조는 다음과 같은 흐름에 따라 진행된다고 할 수 있다. '소수의 정신 개조 → 변혁 집단의 출현(진보적 정당, 조직 등) → 정치 혁명 추진+정신 개조의 심화와 대중적 확산 → 정치 혁명 성공+정신 개조의 급격한 심화, 확산 → 사회 개조 → 대다수의 정신 개조 → 새 사회 건설+새로운 인간의 보편화.' 이렇게 사회 개조와 정신 개조는 아주 밀접하게 연관되어 서로 영향을 주고받기 때문에, 프롬은 둘 중 하나만 절대시하는 경향에 강하게 반대하면서 '혁명적 인본주의'를 제창했다.

교회는 아직도 대체로 내면의 해방에 대해서만 이야기하고, 진보주의자들에서 공산주의자들에 이르기까지 정당들은 외부의 해방에 대해서만 이야기한다. …… 유일하게 현실적인 목표는 총체적 해방인데, 이러한 목적을 근본적(혹은 혁명적) 인본주의라고 불러도 좋을 것이다.[13]

사람과 사회를 모두 변혁하려면 정치 혁명에 집중하면서도 다양한 영역에서 동시적으로 변혁을 추진해야 한다. 그래야만 인간 본성이 원만히 실현될 수 있고, 사람이 정신적으로 건강해지고 행복해질 수 있다.

정신 건강은 산업적·정치적 조직과 정신적·심리적 경향, 인격 구조 그리고 문화적 활동 등등의 여러 영역에서 동시적인 변화를 일으켜야만 얻을 수 있다…….[14]

프롬은 현 체제 내에서 정치 혁명을 성공시키기 위해서라도 최대한 정신 혁명을 추진해야 한다고 주장했다. 그에 의하면 다음과 같은 조건들이 정신 혁명에 도움이 된다.[*]

① 우리는 고통스러워하고 있으며 그 사실을 안다(사람이 병들어 있음을 자각한다).

② 우리는 불행의 원인을 인식하고 있다(인간 본성을 유린하는 병든 사회가 불행의 원인임을 안다).

③ 우리는 불행을 극복하는 방법이 있음을 인정한다(사회 혁명과 정신

---

[*] 괄호 안은 저자가 덧붙인 설명이다.

혁명을 병진하되 우선은 정치 혁명에 집중한다).

④ 우리는 불행을 극복하기 위해서는 현재의 생활 습관을 바꾸어야 하며 어떤 생활 규범을 따라야 하는지 안다(권위주의적, 대세 추종적, 쾌락 지향적, 시장 지향적 성격에 기초하는 삶에서 벗어나 인간 본성에 맞게, 사람답게 살아야 한다).[15]

'혁명적 인본주의'의 탄생

프롬이 사람과 사회의 변혁을 줄기차게 주장한 이유는 다른 데 있지 않다. 그것은 땅바닥에 떨어져 있는 인간의 존엄성을 회복하고자 함이다. 사람은 그가 사회적 존재로서 살아갈 때, 즉 사람답게 살아갈 때 비로소 존엄한 존재가 된다. 사회적 생명이 시들어 동물적인 생명만 남아 있는 조건에서 인간의 존엄성이란 어불성설이다. 따라서 인간 본성에 뿌리박고 있는 동기를 원만히 실현할 수 있는 세상에 살아야만 사람은 존엄성을 회복할 수 있다. 사람은 권력과 자본의 주인이 됨으로써 최상의 높이에 있어야 하고, 이웃과 공동체를 사랑하면서 살아갈 수 있어야 하고, 양심적으로 살 때 가장 높은 사회적 평가를 받아야 하고, 모든 허위와 불의를 비판하고 마음껏 진리를 탐구할 수 있는 자유와 권리를 보장받아야 하고, 사람의 성장에 도움이 되는 건전한 문화생활을 영위할 수 있어야 하고, 사회에 기여할 기회를 보장받음으로써 자존심을 유지할 수 있어야 한다.

혁명적 인본주의는 '모든 사회·경제적 조치에 있어서 최상의 가치'는 '인간'이고,[16] '인간의 탄생을 완성시키고 인간의 인간화를 완성시키는 것'[17]을 역사적 목표로 한다. 그것은 사람 중심의 세상을 만듦으로써 사람을 최상의 높이로 발전시키자는 사상인 것이다. 혁명적 인본주의의 핵은 사람을 사랑하자는 데 있다. 사람에 대한 사랑의 본질은 인간 본성에 대한 사랑이므로, 혁명적 인본주의란 결국 인간 본성을 사랑하고 그것을 최대한 발양시키자는 사상이다.

때때로 미래에 대해 비관적인 어조로 말하기도 했지만, 프롬은 죽을 때까지 혁명적 인본주의의 깃발을 내리지 않았다. 그는 언젠가는 인류가 병든 세상의 변혁에 성공할 수 있을 것이라고 굳게 믿었다. 프롬이 변혁에 대한 신념을 포기하지 않을 수 있었던 것은 그가 사람을 믿었기 때문이다.

자본주의 사회의 수호자들은 사람은 본성적으로 이기적이어서 오직 돈만이 사람을 움직이게 만들 수 있다고 믿는다.

> 이기적인 태도가 우위를 차지한 결과 우리 사회의 지도자들은, 사람들이 물질적 이익에 대한 기대, 즉 보수만이 사람들에게 행동의 동기를 준다고 믿게 되었다. 아울러 사람들은 연대와 희생에 대한 호소에는 반응하지 않을 것이라고 확신하게 되었다. …… 철저히 다른 사회경제적 구조와, 철저히 다른 인간성에 대한 시각만이, 매수買收가 사람들을 움직이는 유일한 방법(혹은 최선의 방법)이 아님을 보여줄 수 있을 것이다.[18]

사람과 사회를 변혁해야 한다는 주장에 현대인들이 냉소적이고 회의적인 반응을 보이는 까닭은 무엇보다 사람을 불신해서이다. 인간 본성을 이기주의로 보는 한 아름다운 세상이란 완벽한 개소리로 들리기 마련이다. 하지만 인간 본성이 자주와 자유를 추구하고, 세상을 개조·변혁하려 하며, 의식의 힘으로 스스로를 지휘·통제하는 것임을 아는 사람에게 아름다운 세상은 필연이다. 결국 진보적 운동을 지지하는가 반대하는가는, 사람을 신뢰하는가 아니면 불신하는가에 달려 있다.

> 역사를 통틀어 진정한 의미의 진보적인 모든 운동은 인간에 대한 신뢰를 그 바탕으로 하고 있다. 인간에 대한 신뢰야말로 민주주의와 사회주의의 가장 본질적인 요건인 것이다.[19]

사람에 대한 신뢰란 곧 인간 본성에 대한 신뢰이다. 인간의 본성이 아름다운 것, 기꺼이 사랑할 만한 것임을 확인하려면 '나'부터 인간 본성을 회복해야 한다. 내 안에서 울부짖고 있는 인간 본성을 보지 못하는데, 어떻게 사람에게 인간 본성이 있음을 확신할 수 있겠는가. 내가 인간 본성을 실현하기 위해서 살아가고 있지 않은데, 어떻게 사람이 인간 본성을 위해서라면 목숨까지 바칠 수 있는 존재임을 확신할 수 있겠는가. 병든 세상을 변혁하기 위해 내딛는 첫걸음은 내 안에 인간 본성이 존재함을 확인하고, 그것을 사랑하는 것으로부터 시작된다. 내가 나의 인간 본성을 사랑하게 되어 사람답게 살기 시작한다면, 모든 사람에게 인간 본성이 있음을 믿게 될 것이고, 변혁의 성공도 확신하게 될 것이다.

사람이 사람을 사랑하고 신뢰하려면, 최상의 지위에 있어야 마땅한 '사람'을 야만의 정글로 끌어내려 동물로 전락시키려는 그 어떤 저열한 시도와도 타협하지 말아야 한다. 프롬의 말 그대로, '인간이 사랑할 줄 알게 되려면' 인간은 반드시 '최고의 위치에 놓여야'만 하기 때문이다.[20]

2. 왜 사회주의인가?

노예가 아니라는
것만으로는
충분하지 않다

건전한 사회Sane Society —건강한 사회로 번역해도 무방하다—란, 자본이 중심이 되는 자본주의 사회가 아니라 사람이 중심이 되는 인본주의 사회이다. 그것은 자본의 본성을 실현하는 데 모든 것을 복종시키는 사회가 아니라, 사람의 본성을 실현하는 데 모든 것을 복종시키는 사회이다. 따라서 건전한 사회를 건설하려면 무엇보다 자본주의를 청산하고 '인본주의적 사회주의'를 건설해야 한다. 프롬이 과거의 소비에트 사회주의 등을 강하게 비판하면서도 사회주의를 유일한 대안으로 주장했던 것은 바로 이 때문이다. 굳이 사회주의가 아니어도 자본주의를 좀 더 좋은 쪽으로 개량하면 되지 않겠는가라고 생각하는 이들도 적지 않겠지만, 과연 그것이 건전한 사회를 가능하게 해줄지는 프롬의 의견을 들어보고 나서 결정해도 늦지 않을 것이다.

건전한 사회란?

건전한 사회는 첫째로 사람이 모든 것의 주인인 사회이다. 건전한 사회에서 사람은 '역사의 의식적 주체가 되고, 자신의 힘의 주체로서 자기를 체험하며', 그리하여 '사물이나 환경의 속박으로부터 자기를 해방시킨다'. 자본주의 사회에서 역사를 이끄는 힘은 자본의 운동이고 자연 발생적인 경제법칙이다. 사람은 이 힘의 지배를 받기 때문에 역사의 주체도, 자기 운명의 주체도 될 수 없다. 그러나 건전한 사회에서는 민중이 역사의 주체이고 개인이 자기 운명의 주체여서, 사람은 종국적으로 모든 예속과 구속에서 해방된다. 사람이 모든 것의 주인이 되려면 무엇보다 민중이 권력과 자본을 장악하고 통제해야 한다. 자본주의 사회에서 자본 혹은 기업은 극소수에 의해 통제되므로 다수의 노동자는 임금노예가 될 수밖에 없지만, 건전한 사회에서는 자본이나 기업을 다수의 노동자가 공동으로 통제하므로 그들이 자본과 기업의 주인이 된다.

> 한 산업체에서 일하는 블루칼라와 화이트칼라 노동자들이, 혹은 한 병원에서 일하는 간호사들과 피고용자들이 더 이상 '고용되지' 않고 자기들 스스로 그 단체를 운영하는 데 참가할 수 있다면, 그들이 같은 단체에서 일하는 모든 사람들과 함께 어떤 공동체를 세울 수 있다면, 그들은 조직의 합리성과 인간관계들의 질에 의해서 탁월함을 성취할 수 있는 일련의 과업을 가지게 될 것이다.[21]

사람이 자본을 완전히 통제하려면 한두 개의 기업 차원에 국한되지 않고 전 사회의 자본, 즉 전체 경제를 통제해야 한다. 그럴 경우 사람은 맹목적이고 무정부적인 자본의 운동, 시장의 논리, 예측 불가능한 경기변동 등에 더 이상 농락당하지 않고 그것을 통제할 수 있게 된다. 이와 관련해 프롬은 '사회화된 인간, 단결한 생산자가 맹목적인 힘과 같은 자연과의 교환에 의해 지배당하는 것을 중지하고, 그것을 합리적으로 규제하며 그들 공동의 통제 밑에 둘 것'[22]을 강조했다.

건전한 사회는 둘째로 절대 다수가 정신적으로 건강한 사회이다. 민중이 권력과 자본을 장악한다는 것은 곧 사람이 노예로부터 자유인이 되는 것이므로 절대 다수의 정신 건강은 크게 호전된다. 그리하여 비정상이 정상이 되고 정상이 비정상이 되는 불합리한 전도 현상은 바로잡히게 될 것이다. 건전한 사회는 존엄한 삶의 권리를 보장하는 강력한 사회 안전망과 선진적인 공공서비스를 제공함으로써 민중을 고립감, 무력감, 권태감 등으로부터 해방시킨다. 이를 위해서는 허울뿐인 형식적 민주주의의 원리를 다음과 같은 새로운 민주주의의 원리로 대체해야 한다.

> 우리는 보다 새로운 민주주의의 원리, 곧 어떠한 사람도 기아에 빠지지 않도록 사회가 모든 구성원에 대하여 책임을 지고, 어떤 사람도 실업이나 기아의 공포로 말미암아 예속되거나 인간으로서의 자부심을 상실하지 않도록 한다는 원리를 위태롭게 해서는 안 된다.[23]

건전한 사회는 모두의 의식주를 보장하는 것을 넘어서는 사회, 즉 사람들이 완전한 사회적 존재로 발전할 수 있도록 보장하고 장려하는 사회이다. 개개인이 '완전한 사회적 존재'가 되는 것 혹은 '인간 본성을 최고

조로 발전시키는 것'을 프롬은 '개성화'라고 명명했다. 개성화에 관한 그의 이론은 자칫 개인주의로 오해받을 여지가 있는데, 전체적인 그의 이론에 비추어보면 개성화란 모든 사람을 최고로 발전된 사회적 존재로 만들자는 주장임을 확인할 수 있다. 다음과 같은 프롬의 주장은 개성화가 무엇인지를 잘 보여준다.

존엄 있는 생활을 위해 기본적인 물질적 조건이 위협받지 않는다는 의미에서 안전 보장이 되고, 어느 누구도 다른 사람의 목적을 위한 수단이 될 수 없다는 의미에서 정의로우며, 각자가 사회의 능동적이고 책임 있는 일원이 될 가능성을 갖고 있다는 의미에서 자유로운 사회일 때 삶에 대한 사랑은 가장 원활하게 발달할 수 있을 것이다.

마지막 요소는 특히 중요하다. 만약 안전과 정의가 보장된 사회일지라도 개개인의 창조적이고 자주적인 활동을 장려 받지 못한다면 삶에 대한 사랑이 아무 도움이 되지 않을지도 모른다. 인간은 노예가 아니라는 것만으로는 충분하지 못하다.[24]

모든 사람을 개성화하는 문제가 해결되지 않으면, 건전한 사회란 공염불에 그칠 수밖에 없다. 사회 개조에 성공하더라도 정신 개조에 실패하면 사람들은 여전히 권력에 의존하거나 대세만 추종하려 할 수 있는데, 그런 사회를 건전한 사회라고는 말할 수 없다. 모든 사람이 개성화되어 사람답게 살아갈 수 있는 건전한 사회에서 사람들은 그들의 사회, 그리고 이웃과 자기 자신을 사랑하게 될 것이다. 그리하여 삶을 사랑하게 될 것이다. 이런 의미에서 프롬은 건전한 사회를 '삶에 대한 사랑을 촉진하는 사회'라고 정의하기도 했다.

건전한 사회는 셋째로 지속 가능한 사회이다. 인간 본성에 철저히 부합하고 인간 본성을 더 잘 실현하는 방향으로 나아가는 사회는 지속 가능하다. 반면에 자본주의 사회는 절대적으로 지속 불가능한 사회이다. 그것은 인간 본성에 정면으로 배치되는 사회이기 때문이다.

> 인간의 사회적이고 사랑할 줄 아는 본성이 그의 사회적 존재로부터 분리되지 않고 사회적 존재와 일체를 이루는 방식으로 사회가 조직되어야 한다. …… 사랑만이 인간의 실존의 문제에 대한 건전하고 만족스러운 대답이라면, 상대적으로나마 사랑의 발달을 배제하는 사회는 인간성의 기본적 필연성과 모순을 일으킴으로써 결국 멸망하지 않을 수 없다.[25]

사람들이 서로 사랑하면서 살아가도록 가만히 놔두지 않는 자본주의 사회가 결국은 멸망할 것이라는 그의 주장은 전적으로 타당하다. 건전한 사회는 사랑의 욕구를 비롯한 인간 본성을 가장 중시하므로, 사회의 발전이 사람의 발전을 촉진하고 그 반대도 마찬가지인 선순환의 사회이다.

구체적으로 프롬은 건전한 사회의 특징을 다음과 같이 열거하고 있다.[26]

① 사람이 정치·경제를 비롯한 모든 것의 주인인 사회

인간이 모든 일의 중심이고, 모든 정치·경제적 활동은 인간의 성장이라는 목적에 종속되어 있다. 따라서 누구도 남의 목적을 위한 수단이 될 수 없으며 예외 없이 항상 자기 자신이 목적이 된다.

② 양심적인 사람이 가장 높은 평가를 받는 사회

인간이 양심에 따라 행동하는 것이 기본적인 성품으로 간주되고, 기회주의나 무원칙한 행동은 반사회적인 것으로 규정된다. 따라서 탐욕·착취욕·소유욕·나르시시즘 등은 강자의 위신을 높이거나 물질적 이익을 위해 활용될 수 없다.

③ 공동체의 이익과 개인의 이익이 일치하는 사회

사회문제에 관련하는 것이 곧 개인 문제에 관련하는 것이므로 동료와의 관계가 개인적 측면에서의 관계와 분리되어 있지 않다. 따라서 인간의 단결을 증진하고 사회 구성원이 서로 사랑하도록 허용할 뿐 아니라 사랑하도록 장려한다.

④ 모든 사람이 개성화된 사회, 즉 완전한 사회적 존재가 된 사회

건전한 사회는 인간이 자신의 생활의 주인임과 동시에 사회생활의 능동적이며 책임감을 가진 참여자가 되는 사회이다.

⑤ 집단적이고 건강한 문화생활을 보장하는 사회

건전한 사회는 모든 사람이 자기 일에서 생산적으로 활동할 수 있도록 조장하며, 이성의 계발을 촉진시켜 집단적인 예술이나 의식儀式을 통해 인간의 내면적인 욕구를 표현할 수 있게 한다.

건전한 사회는 정치 혁명이 성공한 다음에도 자연 개조, 사회 개조, 정신 개조를 비롯한 모든 영역에서 동시적인 변혁을 줄기차게 추진해야만 건설 가능하다. 생산력의 발전, 민중 정권의 공고화와 발전, 만인의 개성화가 모두 충족되어야만 비로소 사람은 완전한 사회적 존재가 될 수 있다. 이것은 한 분야에서만 변혁이 성공하고 나머지 부분이 정체한다면 건전한 사회를 건설할 수 없음을 의미한다.

> 인간은 감정적으로 자유롭지 않으면 그의 사고에서도 자유로울 수 없으며, 사회경제적 관계에서나 실제 생활에서 부자유로울 때에는 감정적으로 자유로울 수 없다. …… 생활의 모든 영역에서의 통합적인 진보는 한 발자국에 지나지 않더라도 고립된 하나의 영역에서 백 걸음을 나아가는 것보다 인류의 진보에 훨씬 큰 영향을 미치고 오래 지속된다. 수천 년에 걸친 '고립된 진보'의 실패에서 인간은 보다 확실한 교훈을 얻을 수 있을 것이다.[27]

사회주의는 왜 실패했는가?

프롬은 1977년 6월, 이탈리아 신문과 한 인터뷰에서 이렇게 말했다.

> "나는 나 자신을 마르크스주의자라 규정하고 싶습니다. 그리고 그 말은 또한 인본주의자라는 뜻이기도 합니다."[28]

프롬은 스스로의 정체성을 프로이트주의가 아니라 마르크스주의에서 찾았다. 그는 프로이트에 대해 항상 학자적인 애정과 존경을 표했지만,

주로 개인의 해방에만 관심이 있었던 프로이트보다는 인류의 해방을 추구했던 마르크스를 훨씬 더 높이 평가했다. '마르크스는 세계사적 의의를 갖는 인물이며, 프로이트는 그 점에서 비교가 되지 않음을 길게 설명할 필요도 없다', '사상가 마르크스는 프로이트보다 훨씬 큰 깊이와 넓이를 가진 존재라고 생각한다'[29]는 프롬의 언급이 이를 잘 보여주고 있다.

　프롬은 인간 해방이라는 마르크스의 숭고한 이상에 적극 찬동하는 데 그치지 않고, 심리학을 무기 삼아 그 이상을 실현하기 위해 평생 동안 분투했던 심리학자이다. 그는 정신분석학을 활용해 마르크스주의의 결함이나 빈틈을 메움으로써 그것을 완성하고자 했다. 그러나 프로이트주의의 오류를 철저히 청산하지 못한 까닭에 프롬의 이론 역시 한계를 갖게 되었다.

　비록 프롬의 이론이 완벽하지는 않더라도, 마르크스주의의 본질을 배신한 소비에트 사회주의를 향한 그의 날카로운 비판과 인본주의적 사회주의에 관한 그의 이론은 참으로 탁월하다. 나는 그의 이론을 참고하지 않은 채 만들어진 미래의 청사진은 실패할 가능성이 매우 높다고 생각한다. 즉 인류의 이상 사회는 프롬의 사회주의 이론의 성과를 계승하고 그 한계를 극복하는 과정 없이는 혼란과 실패를 면치 못할 거라는 말이다. 현대 자본주의가 종말을 고하고 있다는 경고의 목소리가 세계 곳곳에서 울려나오고 있는 오늘, 프롬의 사회주의에 관한 견해를 간략하게라도 살펴보는 것은 매우 뜻 깊은 일이 될 것이다.

　최초의 사회주의 혁명은 1917년에 발발한 러시아혁명이다. 이후 사회주의는 러시아에 인접한 동구 유럽, 나아가 전 세계적 범위로 급속히 확산되었다. 그러나 구소련은 1991년에 공식적으로 멸망했고, 구소련의 영향권 아래 있던 동구권도 차례로 붕괴되었다. 구소련의 사회주의는 왜 실패했던 것일까? 사실 마르크스는 사회주의에 관한 포괄적인 그림만을 그렸을 뿐 사회주의 혁명 이론이나 건설 이론에는 거의 손을 대지 못했다. 러시아의 혁명가 블라디미르 일리치 레닌은 마르크스주의에서 공백으로 남아 있던 사회주의 혁명 이론을 완성함으로써 러시아혁명을 성공으로 이끌었지만, 사회주의 건설 이론은 여전히 공백으로 남아 있게 되었다.

> 마르크스에서 레닌에 이르는 초기의 사회주의자와 공산주의자는 사회주의 혹은 공산주의 사회에 대한 구체적인 계획이 없었다. 이것이 사회주의의 커다란 약점이었다.[30]

사회주의 건설 이론의 부재는 사회주의 혁명에 성공한 나라들에서 이러저러한 우여곡절과 혼란을 가져왔는데, 그것은 특히 구소련에서 가장 심각하게 나타났다. 혁명이란 어디까지나 사람을 위해서 하는 것이지 혁명을 위해 사람이 필요한 게 아니다. 마르크스가 사회주의 혁명을 주장했던 가장 큰 이유는 무엇보다 그것이 사람의 정신 건강과 행복을 위해 꼭 필요하다고 믿어서였다. 즉 그는 사회적 존재인 사람을 정신적으로 학살하고 있는 자본주의 사회를 끝장내려 했던 것이다.

> 마르크스가 자본주의를 비판하는 핵심 논의는 부의 불공정한 분배에 있는 것이 아니라, 강요되고 소외되며 의미 없는 것으로 노동을 왜곡시키고 따라서 인간을 '불구적 괴물'로 변형시킨다는 데 있다.[31]

마르크스는 자본주의 사회의 불평등을 초래하는 생산수단의 사적 소유를 철폐하고자 했는데, 그것이 사람을 불구화하는 주요한 원인 중의 하나라고 생각했기 때문이다. 즉 생산수단에 대한 사적 소유의 폐지와 국유화 자체가 사회주의의 목표는 아니었던 것이다. 그러나 이것을 이해하는 데 실패한 사회주의자들은 사적 소유 폐지를 위한 정치 혁명의 성공에만 집착했다. 심지어 일부 사회주의자들은 생산수단의 사유화만이 아니라 모든 사유재산을 금지해야 한다거나 여성을 공유해야 한다는 황당한 주장까지 했는데, 이것은 대부분의 사회주의자들이 마르크스주의를 완전히 오해하고 있었음을 보여준다.

프롬은 마르크스주의의 본질에 대한 이해에 입각해, 구소련의 사회주의가 실패한 이유를 다음과 같이 설명했다.

첫째, 구소련의 사회주의는 물질주의적 목표를 추구했기 때문에 실패했다. 프롬에 의하면 '구소련의 공산주의와 서구의 개량된 사회주의의 손에서 마르크스 사상은 만인을 위해 부를 쟁취하는 것을 목표로 삼는 물질주의로 완전히 왜곡'[32]되었다.

> 서구의 사회민주주의자와 그들과 철저히 대립하는 소련 안팎의 공산주의자는, 사회주의를 최대한의 소비와 최대한의 기계 사용을 목적으로 하는 순전히 경제적인 개념으로 변모시켰다. …… 사회주의와 공산주의는 부르주아적인 물질주의의 개념 아래 세워졌다.[33]

러시아혁명의 지도자 레닌은 '소비에트+전기화 = 공산주의'라는 유명한 명제를 제시했다. 즉 사회주의 혁명으로 이미 소비에트 정권은 건설

되었으니 생산력의 발전을 상징하는 전기화만 추진하면 이상 사회인 공산주의를 건설할 수 있다는 뜻이다. 사회주의 건설을 생산력 발전과 동일시했던 것이다. 레닌이 사망한 이후 한편으로는 사회주의 진영에서 구소련이 사회주의 종주국으로 떠받들리게 되자 교만해지고, 다른 한편으로는 미국을 위시한 자본주의 진영과의 대결 속에서 구소련의 지도자들은 점점 더 적을 닮아가게 되었다. 간단히 말해 그들은 물질주의의 포로가 되었던 것이다. 이를 두고 프롬은 '사회주의가 성공하여 힘을 얻음에 따라, 이 성장 과정 속에서 사회주의는 그 적대적인 자본주의의 정신에 굴복했다'[34]고 평하기도 했다.

사회주의를 소수만 배부른 돼지가 아닌 만인이 배부른 돼지가 되는 것으로 이해한 구소련의 지도자 흐루쇼프는 자본주의를 부러워하면서 이렇게 말했다.

"사회주의의 목표는 자본주의가 소수자에게만 주는 소비의 즐거움을 전 국민에게 골고루 주는 것이다."

구소련 지도층의 이런 천박한 인식은 마지막 지도자였던 고르바초프에게까지 그대로 이어졌고, 마침내 그가 미국의 슈퍼마켓에 쌓여 있는 상품들을 가리키며 사회주의는 자본주의로부터 배워야 한다고 떠벌였을 때, 구소련은 종말을 고했다. 물질주의에 투항했다는 점에서는 서구의 사회주의자들도 마찬가지였다.

사회주의와 공산주의는 …… 미래의 '보편화된 부르주아' 남녀를 이상으로 하는 운동이 되었다. 누구나 다 부와 안락을 달성하면 그 결과로서 누구나 다 무제한의 행복을 누릴 수 있다고 믿은 것이다. 무한한 생산, 절대적인 자유, 무제한의 행복, 이 세 가지가 '진보'라는 새로운 종교의 핵을 형성하고, 새로운 '진보된 지상도시'가 '하느님의 하늘도시'를 대체하게 되었다.[35]

프롬은 구소련의 지도자들 그리고 서구의 사회주의자들이 '생산수단의 사회화와 복지국가라는 원리가 사회주의 사회의 기준으로서 충분한 것'이라 생각했다고 비판했는데, 그런 '종류의 사회주의는 본질적으로 자본주의의 원리와 같은 것'이었기 때문이다.[36] 소수, 다수라는 차이만 있을 뿐 사람은 배부른 돼지가 되면 행복하다고 믿었다는 점에서, 구소련과 서구의 사회주의는 자본주의적 물질주의에 오염되었다는 것이다.

물질주의를 추구하고 장려하는 사회는 이기적인 탐욕과 쾌락주의를 만연시켜 사람을 비인간화한다. 이런 사회에서 사람의 탐욕은 끝이 없을 것이므로 물질주의적 목표는 영원히 달성할 수가 없고, 사람들 사이의 관계 역시 사랑에 기초한 관계가 되지 못한다. 그러면 사람들 속에서 '미국의 슈퍼마켓에는 물건이 산더미처럼 쌓여 있다는데, 이럴 바에는 차라리 자본주의를 하는 게 낫잖아?'라는 흐름이 형성되어 사회주의는 망하게 되는 것이다. 사람을 존엄한 존재로 여기지 않는 사람은 항상 배부른 돼지를 부러워하기 마련이다.

둘째, 구소련의 사회주의는 정신 개조를 경시했기 때문에 실패했다. 과거의 사회주의자들은 암묵적으로 사회주의 사회가 건설되면 사람들이 자동적으로 사회주의적 인간이 될 거라고 믿었다. 별다른 노력을 하지 않아도 그런 사회주의적 인간들에 의해 사회주의가 지켜지고 발전하리라고 막연히 기대했다. 하지만 그런 믿음은 매우 무지할 뿐만 아니라

순진한 발상이었다.

> 많은 정치적 혁명가가 믿고 있는 것(은) …… 새로운 사회가 일단 확립되
> 면 이로써 반자동으로 새로운 인간이 탄생하리라는 것이다. 그러나 그들
> 이 미처 몰랐던 것이 있다. 바로 새로운 엘리트 또한 옛 엘리트와 같은 성
> 격의 동기로 움직였으므로, 혁명이 낳은 새로운 사회정치적 제도 속에 옛
> 사회의 여러 조건을 되살려놓으리란 점이다.[37]

만일 환경이 바뀌는 데 따라 인간 심리가 금방금방 바뀐다면, 심리학
자들은 환경을 바꿈으로써 모든 정신장애를 치료할 수 있었을 것이다.
그러나 수많은 심리학 연구들은 인간 심리가 한번 공고하게 형성되면
잘 변하지 않는 경향이 있음을 분명히 보여주고 있다. 어린 시절에 형성
된 심리가 어른이 되어서도 잘 변하지 않는 것, 학대당했던 사람이 자유
로워진다고 해서 정신 건강이 쉽게 회복되지 않는 것, 나아가 노예의 처
지에서 해방되더라도 노예 의식이 한동안 지속되는 것 등은 예외가 아닌
일반적인 현상이다.

마찬가지로, 사회주의 사회가 건설되었다고 해서 사람들이 자동적으
로 사회주의적 인간이 되는 것은 아니다. 이들의 권위주의적, 대세 추종
적, 쾌락 지향적, 시장 지향적 성격 등은 쉽게 사라지지 않으므로 각종
자본주의적 사회현상은 한동안 지속될 것이다. 더욱이 사회주의 사회의
지도층이 여전히 물질주의적 가치관을 신봉한다면 이것에서 벗어나기
가 한층 더 어려워진다. 따라서 사회주의 혁명이 성공한 다음에는 대중
적인 정신 혁명이 필수이고, 그것은 사회주의 건설 과정에서도 계속 강

화·발전되어야 한다. 완전한 사회적 존재로의 전진은 끝이 없는 것이므로 정신 혁명도 끝이 없기 때문이다. 이런 점에 비추어볼 때, 구소련은 완전히 잘못된 방향으로 나아갔다고 말할 수 있다.

> 생산수단의 사회화가 자본주의를 사회주의적 공동사회로 개조하는 데 있어 필요할 뿐만 아니라 충분한 조건이라는 마르크스 개념이다. 이 같은 오류의 밑바닥에는 인간에 대한 마르크스의 지나치게 단순화되고 지나치게 낙관적이며 또 합리적인 심상이 깔려 있다. …… 마르크스도 착취로부터의 해방은 자동적으로 자유롭고 협동적인 인간을 만들게 될 것이라고 믿었다…….
> 소련은 마르크스주의적 사회주의자들이 경제적인 면에서 필요하다고 생각한 일들은 모두 해왔다. …… 소유권의 법적 변화와 계획경제가 그들이 바랐던 사회적·인간적 변화를 가져오는 데 충분하다고 생각한 점에 잘못이 있었다…….[38]

자본주의는 당근과 채찍이라는 동물 조련법을 이용해 민중을 고된 노동으로 내몰아야만 유지되고 발전한다. 하지만 사회주의는, 프롬의 표현을 빌리자면, 개성화된 사람들의 자각적인 노력에 의해서만 유지되고 발전할 수 있다. 사회주의를 발전시키는 기본 동력은 개성화된 민중, 완전한 사회적 존재가 된 민중의 힘이라는 것이다. 따라서 구소련의 지도자들은 만인을 개성화시키기 위해서, 즉 '정신 개조'를 위해서 전력을 다했어야 했다. 하지만 그들은 정신 개조를 등한시했고, 그 결과 생산성이 점차 하락하자 물질적 자극을 우선시하는, 자본주의와 동일한 동기부여 방식을 사용했다. 이런 점에서 구소련의 멸망은 (미국을 위시한 자본주의 진영에도 일부 책임이 있기는 하지만) 근본적으로 구소련 지도층의 잘못이라고 해야 할 것이다.

사람이 완전한 사람이 되지 못한다면, 즉 다수의 민중이 완전한 사회적 존재로 성장하지 못한다면 백약이 무효다. 제아무리 좋은 민주주의 제도에서도 우민愚民은 올바른 투표를 할 수 없고, 제아무리 좋은 경제 제도에서도 우민은 노동의 주체가 될 수 없다. 사회주의를 지키고 발전시키기 위해서는 민중의 주체성과 자발성이 필수적이므로 자연 개조, 사회 개조, 정신 개조, 문화 개조 등을 동시적으로 추진해야 한다. 프롬은 이 점을 반복적으로 강조하고 있다.

> 경제·사회·정치·문화의 각 분야에서 동시에 변화가 일어날 때라야만 진보가 있을 수 있으며 어느 '하나의' 분야에 국한된 진보는 '모든' 분야의 진보를 파괴한다……[39]

만일 사회주의가 불가피하게 한 분야의 진보만을 선택해야 하는 상황에 처한다면, 무엇보다 정신 혁명을 선택해야 한다. 그것은 다른 모든 사회와 마찬가지로 사회주의 사회에서도 역시 사람만이 유일한 희망이기 때문이다. 경제가 주저앉거나 나라가 망해도 사람만 죽지 않으면 경제를 다시 살리고 나라를 다시 세울 수 있다. 마찬가지로 당장은 사회주의가 시련을 겪더라도 사람만 죽지 않으면 사회주의를 지켜내고 발전시킬 수 있다. 반대로 그 어떤 사회주의일지라도 사람을 중시하지 않고 물질을 중시한다면 필히 멸망하게 될 것이다. 프롬의 말을 빌려 다시 한 번 강조

하건대, '사회주의란 무엇보다도 개인의 자유*와 행복을 우선시하는 체제여야' 한다.[40]

'인본주의적 사회주의'가 대안이다

프롬은 사회주의가 근본을 되찾아야 한다고 주장했다. 그가 말하는 근본이란 바로 '사람'이다.

> 사회주의는 근본적이어야 한다. 근본적이라는 것은 뿌리에로 접근하는 것이다. 그리고 그 뿌리는 인간이다.[41]

근본적인 사회주의, 사람을 중심에 두는 사회주의를 프롬은 '인본주의적 사회주의' 혹은 '민주사회주의'로 명명했다. 그렇다면 프롬이 생각했던 건전한 사회, 인본주의적 사회주의의 구체적인 특징은 무엇일까?

인본주의적 사회주의는 무엇보다 사람이 모든 것의 주인이 된 사회이다. 그러려면 모든 영역에서 민주주의가 완전히 실현되어야 한다. 민주주의란 말 그대로 백성이 주인이 되는 것이니까.

> 인본주의적 사회주의는 자본이 인간을 지배하는 것이 아니라 인간이 자본을 지배하고, 환경이 인간을 지배하는 것이 아니라 가능한 한 인간이

---

* 적극적인 의미에서의 자유까지 포함하는 자유

환경을 지배하며, 최대 이윤의 욕구를 내재적으로 가지고 있는 시장과 자본의 비인간적 힘의 법칙에 따라 생산하는 것이 아니라 사회 구성원 스스로가 계획해서 그들이 원하는 것을 생산하는 사회체제이다.[42]

사람이 경제의 진정한 주인이 되려면 사회주의적 계획경제가 필수적이다. 계획경제가 아닐 경우에는 생산의 무정부성으로 인해 막대한 사회적 낭비와 혼란이 초래된다. 그 결과 민중은 자연 발생적인 경제법칙을 통제하지 못하고 목적의식적으로 경제를 발전시켜 나가지도 못한다. 한마디로 계획경제가 아니고서는 민중이 경제의 주인이 될 수 없다는 것이다.

사회의 비합리적이고 무계획적인 성격은 사회 그 자체의 계획되고 합의된 노력을 뜻하는 계획경제로 대치되어야 한다. 사회는 자연을 지배한 것과 같은 합리성으로 사회문제를 지배하지 않으면 안 된다. …… 국가 전체가 경제적·사회적인 힘을 합리적으로 지배하는 계획경제에서만 개인은 일 속에서 책임감과 함께 창조적인 지혜를 발휘할 수 있다. …… 국민의, 국민에 의한, 국민을 위한 정부라는 원리를 형식적인 정치적 영역으로부터 경제적 영역으로 발전시키고 확장시키지 않으면 안 된다.[43]

만일 국가가 경제 계획을 민중의 의사와 무관하게 독단적으로 세우거나 각각의 산업 현장의 실정과 맞지 않게 세운다면, 민중은 경제 계획의 수행을 자기의 것으로 받아들이지 않고 강제노동이라고 생각할 수 있다. 이런 문제를 방지하려면 각각의 경제 단위에 있는 민중들이 자기 단위의 계획을 수립하는 데 주인답게 참여하고, 그렇게 해서 세워진 여러 단위들의 계획을 종합해서 국가가 전체 계획을 수립하는 제도가 필요하다.

> 민주주의 실현을 위한 조건을 확립하는 데 가장 큰 난관의 하나가 계획경제와 각 개인의 적극적인 협동과의 모순 속에 있음은 분명하다. …… 위에서부터 내려오는 계획이 아래로부터의 적극적인 참여와 융합하지 않는한, 그리고 사회적인 삶의 흐름이 아래로부터 위로 끊임없이 흐르지 않는한 계획경제는 다시 민중에 대한 새로운 형태의 조종으로 바뀔 것이다. 집중과 분산의 결합이라는 문제를 해결하는 것이 사회의 중심 과제 가운데 하나이다.[44]

사회주의 사회에서 민중은 형식적인 차원이 아니라 실질적으로 경제의 주인이 되어야만, 그들의 노동이 즐거운 것이 되고 창조성이 크게 발양될 수 있다. 이것에 성공하면 사회주의 경제는 빠른 속도로 발전할 수 있을 것이다. 사회주의 경제와 관련해 한 가지만 더 언급하면, 사회주의 사회에서도 비록 그 차이가 크지는 않더라도 직업에 따른 소득 격차는 있다. 그러나 직업에 따른 차별이나 무시는 없다. 따라서 사람들은 직업을 선택할 때, 돈이나 사회적 위신이 아닌 본인의 능력이나 적성을 최우선시할 것이므로 직업에 대한 만족도가 높을 것이다.

> 직업에 대한 사회적 의미가 변한다면 …… 사회적·경제적으로 부정적인측면만 없다면 택시 운전사 직업을 좋아할 사람도 많을 것이다. …… 사회적·경제적으로 부정적인 측면만 없다면 어떤 종류의 노동도 어떤 형태

의 인격을 지닌 인간에게는 매력적인 일이 될 것이다.[45]

사람이 모든 것의 주인이 되려면 사람 중심적인 철학과 가치를 최우선
시해야 하고, 사람 중심적인 발전 노선을 확립해 그에 따라 사회를 발전
시켜 나가야 한다.

> 민주사회주의는 모름지기 사회문제의 인간적 측면으로 돌아가 거기에 힘
> 을 집중시켜야 하며, 자본주의 비판에 있어서는 자본주의가 인간의 인간
> 적 속성과 인간의 정신 및 영혼에 대해 무슨 일을 했느냐 하는 관점에 입
> 각해야 한다. …… 사회주의의 모든 전망을 반드시 인간적인 관점에서 생
> 각해야 한다.[46]

인본주의적 사회주의는 또한 모든 사람이 충분히 개성화된 사회이다.
흥미롭게도 프롬은, 정말로 중요한 것은 '생산수단의 소유권이 아니고
경영과 결정에 참가하는 것'이라고 주장했다.[47] 형식적인 소유권이 아니
라 민중이 경영과 결정에 주인답게 참가하고 있느냐가 더 중요하다고 본
것이다. 과거의 구소련은 대부분의 산업이 국유화되었고 국가는 민중의
국가임을 자처했다. 형식적으로는 '국가=민중=산업(기업체)'의 등식이
성립하므로, 민중이 기업의 주인인 셈이다. 하지만 좀 심하게 말하면, 구
소련의 민중은 국영기업체에서 월급을 받고 일하는 임금노예였다. 이것
은 제도나 소유 형태의 변화만으로는 민중이 주인이 되지 못함을 분명히
보여준다. 결국 중요한 것은 민중이 진짜 주인이 될 수 있을 정도로 성장
하는 데 있다. 프롬이 형식적인 소유권보다는 경영과 결정에 대한 참가

여부를 더 중시했던 까닭이 바로 여기에 있다.

인본주의적 사회주의는 또한 집단 예술이 꽃피는 사회이다. 프롬은 사람에게 '집단 예술과 의식을 필요로 하는' 욕구[48]가 있다고 주장했다. 그가 정확히 지적했듯이, '모든 형태의 예술적 표현(음악, 무용, 연극, 그림, 조각, 건축 등을 통한)은 사람의 인간적인 발전에 매우 필요'하다.[49] 사람을 완전한 사람으로 성장시키고 발전시키는 데 예술이 아주 중요한 역할을 한다는 것이다. 그렇다면 인본주의적 사회주의의 예술이란 어떤 것일까? 이것은 자본주의 사회의 철저한 개인주의적 예술과는 대비되는 집단 예술이다.

> 현대적 의미의 예술은 그 생산 및 소비에 있어서 개인주의적이다. '집단 예술'은 공유하는 것으로, 그것은 인간으로 하여금 의의 있고 풍부하고 생산적인 방식으로 남과 함께 공감하도록 해준다. 그것은 생활에 '부가된' 개인적인 '여가'가 아니라 절대 불가결한 생활의 일부다.[50]

사회주의 사회의 예술이 집단 예술인 것은, 그 사회가 공동체주의를 이념으로 하는 사회라는 사정과 관련이 있다. 오직 사회주의 사회에서만 건강한 공동체주의가 가능하다. '사회주의의 목표는 각 개인의 완전한 발전이 전체 구성원의 완전한 발현 조건이 되는 그러한 관계의 성립에 있다'[51]는 프롬의 말처럼, 인본주의적 사회주의란 사회의 이익과 개인의 이익이 일치하는 사회이기 때문이다. 사회주의에는 지배계급도 없고 착취계급도 없다. 개인은 모두를 위해주고 모두는 개인을 위해준다. 그래서 사회주의 사회에서 살아가는 사람들은 서로를 형제처럼 대하며, 공동체를 개인보다 더 소중하게 여길 수 있는 것이다. 사실 개인의 이익이 공동체의 이익과 일치할 경우 개인들이 공동체를 더 중시하게 되는 것은 필연적이다. 개인은 나 하나지만 공동체는 우리 모두이므로, 개인은 자발적으로 또 목적의식적으로 공동체를 중심에 두는 마음을 갖게 되기 때문이다.

물론 개인의 이익과 공동체의 이익이 완전히 합치되지 않는 사회에서도 공동체를 개인보다 더 중시하는 사람들은 항상 있어왔고, 그들은 예외 없이 민중의 사랑과 존경을 받았다. 이순신 장군, 안중근 의사, 유관순 열사, 윤동주 시인, 김구 선생 등이 대표적이다. 하지만 이러한 공동체주의는 개인의 이익과 공동체의 이익이 일치하는 사회주의 사회가 되어야만 비로소 전면화되고 보편화된다. 그리고 이러한 사회에서는 예술 역시 집단 예술이 되는 것이다.

집단 예술이 있다는 것은 곧 사회 구성원들이 서로 형제처럼 사랑하고 연대하고 있음을 의미한다. 반면 개인 이기주의에 기초하고 있는 자본주의 사회에서는 사람들이 제아무리 원해도 집단 예술이 출현하기가 어렵다. 물론 한국의 1980년대 운동권 예술이 보여주듯 자본주의 사회에서도 간혹 집단 예술이 창조되기도 하지만, 변혁이 성공하지 못하는 한 그것은 오래 지속되지도, 전면화되지도 못한다. 이런 점에서 집단 예술이 없는 사회는 불행한 사회이고, 적어도 정신적으로는 낙후된 사회라고 말할 수 있다.

만약 우리에게 전체의 인격을 집단적으로 표현하는 것도 없고 공통된 예술과 의식도 없다면, 거의 문맹이 없고 그 어느 때보다도 고등교육이 널

리 보급되어 있다는 사실이 도대체 무슨 의미가 있겠는가? 아직도 진정한
축제가 있고 공통된 예술적 표현을 공유하(는) …… 원시적인 촌락이야말
로 …… 우리의 문화보다 문화적으로 더욱 진보적이고, 정신적으로도 더
욱 건전한 것이다.[52]

원시 촌락이 오늘날의 사회보다 정신적·문화적으로 더 진보적이라
는 주장에는 선뜻 동의하기 힘들지만, 혼자서만 노는 현대인보다 같이
모여 노는 원시인이 정신적으로 더 건전하다는 주장에는 흔쾌히 동의할
수 있다. 혼자 노는 것이 아니라 함께 노는 게 인간 본성에 부합되기 때
문이다. 이와 관련해서 프롬은 인본주의적 사회주의가 성공하려면 반드
시 집단 예술을 발전시켜야 한다고 강조했는데, 이는 그가 정신 혁명을
중시했던 것과 밀접한 관련이 있다. 정신 혁명이란 사람을 더 완전한 사
람으로 만드는 것이므로, 반드시 문화 혁명이나 예술 혁명 등을 포함하
기 마련이다. 예술 혁명이나 문화 혁명에 성공하면 사람은 한층 성장하
지만, 그것에 실패하면 오히려 퇴보할 수도 있다. 이런 점에서 중국의 문
화대혁명 실패가 중국의 사회주의 발전에 끼친 해독은 실로 크다고 할
수 있다.

어떻게 건전한 사회를 이룩할 수 있느냐 하는 문제를 고찰하는 경우, 우
리는 비교권적인 바탕 위에 선 집단 예술과 의식을 창조해야 할 필요성이
적어도 문자 해독 및 고등교육만큼이나 중요하다는 점을 인정하지 않으
면 안 된다. 원자로적인 사회를 공동체적인 사회로 전환시키는 것은, 함께
노래하고 함께 걷고 함께 춤추고 함께 찬탄하는 공유의 기회를 다시 만들

어내느냐 만들어내지 못하느냐에 달려 있는 것이다.[53]

집단 예술의 창조는 공동체적인 사회를 건설하기 위해서도 필요하지만, 현실적으로는 자본주의 나라들의 반혁명 시도를 막아내기 위해서도 필수적이다. 사회주의 사회의 민중이 마음껏 향유할 수 있는 훌륭한 예술이 없다면, 그들은 그 허전함과 공백을 자본주의 나라의 예술을 통해 메우려 할 수 있다. 미국을 비롯한 자본주의 나라들이 그런 빈틈을 놓칠 리 없다. 역사적으로 사회주의의 붕괴가 항상 자본주의 문화의 침투에 의해 촉진되었던 것은 이 때문이다.

인본주의적 사회주의 사회에서 집단 예술의 주인은 민중이다. 즉 집단 예술을 창조하는 주체도 민중이고, 그것을 향유하는 주체도 민중인 것이다. 민중을 집단 예술의 주인으로 성장시키기 위해서는 우선 교육 과정에서 '창조적인 기예技藝 훈련이 병행되어야'[54] 한다. 그럼으로써 모든 민중이 한두 가지의 악기는 다룰 줄 알고, 예술을 창작하고 즐길 수 있는 소양을 갖추도록 해야 한다. 다음으로 '공장, 학교, 소규모 정치 토론 집단' 그리고 '부락'에서의 '온갖 형태의 공동 예술 활동'[55]을 적극 장려해야 한다. 공장, 농촌을 비롯한 모든 곳에서 민중이 자발적으로 또 즐겁게 예술 활동을 해야 전 민중의 예술적 소양이 지속적으로 높아질 수 있고 훌륭한 예술가도 더 많이 배출될 수 있다.

새 사회를 위한 제안
: 고도의 지방분권화부터 기본소득까지

프롬은 민중 봉기와 같은 급진적인 정치 혁명을 사회주의 건설의 유일한 방도로 보지는 않았다. 그는 사회주의 정당이 선거를 통해 집권하거나, 사회적 대타협을 통해 좋은 제도와 정책을 하나둘씩 도입하는 식의 점진적인 변화를 통해서도 현대 자본주의가 인본주의적 사회주의로 이행할 수 있다고 생각했다. 이와 관련된 그의 제안들 가운데 주목해야 할 것을 두 가지만 소개해보면 다음과 같다.

① 참여 민주주의와 대면 집단

사회주의 사회의 민주주의는 형식적 민주주의가 되어서는 안 된다. 민중이 권력의 주인이 됨으로써 국가의 이익과 개인의 이익이 일치하는 사회주의 사회에 걸맞게, 의식화되고 조직화된 민중이 주인답게 참여하는 참여 민주주의가 되어야 한다.

> 수동적인 '관객 민주주의'에서 능동적인 '참여 민주주의'로 변모되어야 한다. 거기서는 공동체의 일이 시민 각자에게 그들의 개인적인 일만큼 친근하고 중요한 것이 되며, 더 나아가서는 공동체의 복리가 각 시민의 사적인 관심사가 된다. 사람들은 공동체에 참여함으로써 더욱 흥미 있고 자극적인 생활을 하게 된다.
> 실제로 참된 정치적 민주주의는 생활이 바로 이와 같이 '흥미로운' 것이 되는 민주주의라고 정의할 수 있다.[56]

프롬은 형식적 민주주의의 병폐를 없애기 위해 '대면 집단'을 중심으로 권력을 구성하자고 제안했다. 대면 집단face-to-face groups이란, 서로가 얼굴을 맞대고 생활하기 때문에 서로를 잘 알 수 있을 정도로 소규모인 집단을 말한다. 대면 집단에서 자기들의 대표를 뽑을 경우에는 거짓 공약을 남발하는 사람이 아니라 정말로 괜찮은 사람이 선출될 가능성이 높아진다.

> 진정한 의사결정은 대중 투표의 분위기 속에서 이뤄질 수 없고, 단지 어쩌면 옛날의 '부락 회의'에 해당되거나 또는 500명 정도로 구성된 소집단에서만 가능하다는 것을 인식하지 않으면 안 된다. …… 사람들은 서로가 개인적으로 접촉하고 있는 만큼 사람들의 생각에 선동적이고 비합리적인 영향을 주기가 더욱 어렵게 된다.[57]

프롬은 대면 집단에서 선출된 대표들이 권력을 구성하면, 국가권력도 민중의 이익을 대변하는 진정한 민중 권력이 될 수 있을 거라고 기대했다. 나아가 그는 자본주의 사회가 이런 제도를 도입하면 형식적 민주주의의 병폐를 상당 부분 해소할 수 있다고 생각했다. 하지만 대면 집단 중심의 권력 구성 방식도 민중이 우중愚衆이 아니라는 것이 전제되어야만 효과가 극대화될 수 있을 것이다.

대면 집단에 기초한 권력 구성이란 곧 고도의 지방분권화(권력 분산)를 의미하는데, 프롬은 사회주의 사회가 정치 분야와 경제 분야 모두에서 고도의 지방분권화와 효율적인 중앙집권화를 유기적으로 결합시켜야 한다고 강조했다. 지방분권에 의해 뒷받침되지 않는 중앙집권은 극소수의 권력 집중이나 관료주의를 유발할 수 있고, 중앙집권과 결합되지 않은 지방분권은 국가적 무정부성과 집단 이기주의를 초래할 수 있기 때문이다.

② 최저생계비 제도 : 기본소득과 존엄 유지비

2013년 스위스 연방의회는 전 국민에게 기본적인 소득을 보장하는 기본소득 제도를 헌법에 명시할지의 여부를 국민투표에 부치기로 결정했다. 이것은 스위스의 기본소득지구네트워크BIEN, Basic Income Earth Network가 2013년 10월 4일, 기본소득 보장을 헌법에 명시하자는 국민 제안을 13만 명의 서명을 받아 연방의회에 제출한 데 따른 것이다. 스위스는 일정 기간 안에 10만 명 이상이 국민 제안을 하면 이를 반드시 국민투표에 부쳐야 한다. 이를 보도한《경향신문》(2013년 10월 16일)의 기사 내용을 소개하면 다음과 같다.

"기본소득네트워크는 국민 제안에 별도로 첨부한 문서에 기본소득을 기존 사회보장제도에 통합해 운용하되, 18세 이상 성인은 월 2500스위스프랑(약 300만 원), 청소년 및 노인은 약 4분의 1 수준의 기본소득 보장을 제안했다. 스위스의 지난해 1인당 국민소득은 7만 8881달러(약 8400만 원)다. 이 제안에 반대하는 재계는 부가가치세 등 세금 인상이 불가피하고 기업과 국가 경쟁력이 떨어질 것이라는 논리를 펴는 반면, 기본소득네트워크는 기존 제도를 효율적으로 개편하고 약간의 추가 재원을 발굴하는 것으로도 시도해볼 만한 제도라고 주장한다."

19세 이상의 성인에게 매달 90만 원가량의 생계비를 지급하는 뉴질랜드 같은 나라도 있기는 하지만, 기본소득 제도 혹은 최저생계비 제도를 전국적 단위에서 실시하려 했던 미국, 브라질 등에서의 시도는 모두 성공하지 못했다. 스위스의 국민투표 결과도 부결로 끝나기는 했지만 세계 각지에서 이런 목소리들이 나오고 있다는 사실 자체가 의미가 있다. 왜냐하면 그것은 프롬이 일찍부터 주장하던 최저생계비 제도와 동일하기 때문이다.

> 오늘날 자본주의 사회와 공산주의 사회의 불행 대부분은 연간 수입 보장 제도를 도입함으로써 없어질 것이다.
>
> 이 생각의 핵심은 모든 인간이 일하든 일하지 않든 간에, 절대적인 권리로서 굶주림에서 벗어나고 주거를 제공받는다는 것이다. …… (이것은) 기독교에서 애초부터 강조해온 바이며, 많은 '원시' 부족들이 실천하고 있는 매우 오랜 규범이다. 인간은 사회에 대한 의무를 다하느냐 다하지 않느냐에 관계없이 생존을 위한 절대적인 권리를 지닌다. 이는 우리가 반려 동물에게는 인정하면서 같은 인간에게는 인정하지 않는 권리이다.[58]

사실 최저생계비 제도는 사회가 모든 사람의 생존권을 보장해주는 사회주의 사회보다는 자본주의 사회에 더 필요하다. 전 국민에게 최저생계비를 지급하자는 제안에 대해 한국의 극우 보수 세력은 맹렬하게 반대할 것이 분명하다. 그들이 내세울 반대의 이유들은 다음과 같을 것이라고 예상된다.

첫째, 재원 조달이 어렵다. 모든 것을 돈 중심으로 바라보는 사람들은 돈이 되는 일—실제로는 단기적으로 수익이 창출되는 일을 의미한다—은 해야 되고 돈이 되지 않는 일은 하지 말아야 한다고 생각한다.

그러나 세상에는 돈이 되지 않더라도 반드시 해야만 하는 일들이 있다. 예를 들면 사람을 살리는 일이 그것이다. 가족 중에 할아버지나 아이가 중병을 앓는다고 해보자. 할아버지나 아이는 현재 가족을 위해서 돈 한 푼 벌어오지 않는다. 따라서 이윤, 돈을 중심에 두면 할아버지와 아이를 그냥 죽게 내버려두는 게 합리적이다. 반면에 사람을 중심에 두면 돈이 얼마가 들든지 할아버지와 아이를 살려내야 한다. 최저생계비 제도는 후자의 관점에 입각해 있는, 병든 사회로 인해 정신적으로 죽어가고 있는 한국인들을 살려내는 데 크게 기여하는 제도이다.

> 현재의 사회보장제도는 '보편적 생계보장'의 단계까지 확대돼야 한다. 현재 부자유의 주된 이유 중의 하나, 즉 굶어죽을지도 모른다는 경제적 위협 때문에 많은 사람들이 웬만하면 수락하지 않을 노동조건을 울며 겨자 먹기로 받아들일 수밖에 없는 사태가 제거될 때에 비로소 인간은 자유롭고 책임 있는 행위자로서 행동할 수 있다.[59]

현재 절대 다수의 한국인들은 적어도 굶어죽을 위기에 처해 있지는 않다. 그럼에도 절대 다수가 가난을 두려워하며 자신의 경제적인 지위를 불안해한다. 그러나 그들이 실제로 두려워하는 것은 굶어죽을지도 모른다는 두려움이 아니라, 남들한테 무시당할지도 모른다는 두려움이다. 한국인들은 실체도 불분명한 '남들'만큼의 소비와 '남들'만큼의 여유, '남들'만큼의 삶의 수준을 꿈꾸며, 이런 수준에 이르지 못할까봐 매우 걱정하고 안달하며 산다. 일자리를 찾지 못하는 다수의 청년들에게 기성세대는, 임금이 높은 곳만 찾느라 취직을 못 하는 것이라며 낮은 임금일지라

도 우선 취직을 해서 경험을 쌓는 자세가 중요하다고 조언을 늘어놓는
다. 그러나 좋은 일자리에 목을 매는 청년들에게 그 이유를 물어보면, 그
들은 이구동성으로 '그렇게 하지 않으면 무시당하면서 살아야 하니까'라
고 대답한다. 이것은 한국인들이 돈과 성공에 집착하는 주요한 원인이,
돈의 소유 정도를 기준으로 사람을 평가하고 차별하며 무시하는 반인간
적인 사회 풍조에 있음을 보여준다.

사람은 사회적 유기 공포, 사회로부터 고립되고 추방당하는 공포를 가
장 끔찍해한다. 그런데 남들한테 무시당하는 것은 곧 사회에서 버림받는
다는 걸 의미한다. 가난은 단지 생존에 대한 공포만이 아니라 사회적 유
기감과 고립감, 무력감 등을 유발하고, 궁극적으로 자존심을 심각하게
손상시킨다. 한국 사회에서 가난 그리고 돈 없는 사람에 대한 차별과 멸
시는 정신적 고통의 최대 원인이 되고 있다. 이런 조건에서 모든 성인에
게 최저생계비가 지급된다면, 상당수의 한국인들은 생존 공포를 비롯한
여러 부정적인 감정에서 해방될 것이다. 또 돈이 없다는 이유로 사람을
함부로 무시하고 깔보는 풍조도 약화될 것이므로 한국인들의 정신 건강
은 크게 좋아질 것이다.

> 재능 있고 야망이 있는 젊은이들은 다른 종류의 직업을 택하기 위해 새
> 로운 기술을 배울 수 있을 것이다. 여자들은 그녀의 남편으로부터 독립할
> 수 있을 것이며, 젊은이들은 그의 가족으로부터 벗어나 독립할 수 있을
> 것이다. 사람들은 굶주림의 공포로부터 해방되는 순간 더 이상 두려워할
> 아무런 이유도 없다는 것을 알게 될 것이다(이것은 물론 인간의 자유로운 사
> 상, 말, 행동을 금하는 정치적 억압이 없다는 전제하에서 하는 말이다).[60]

최저생계비의 본질은 사람의 존엄을 최소한도로 유지시켜주는 '존엄 유지비'라는 데 있다. 즉 최저생계비는 죽어가고 있는 한국인을 살려내는 데 쓰이는 치료비이므로 그것을 이윤 논리로 재단해서는 안 된다. 좀 더 과격하게 말하자면, 설사 경제성장이 멈추는 한이 있더라도 최저생계비 제도는 반드시 도입되어야 한다. 안 그러면 머지않아 대부분의 한국인이 정신적으로 심각하게 병들어 한국 사회 자체가 멈춰 서게 될 것이다.

극우 보수 세력에게 백번 양보해, 최저생계비가 과연 손해 보는 장사 인지를 따져보더라도 그것은 도입되어야 마땅하다. 프롬은 다음과 같이 말했다.

> 대규모의 복지 관료제를 운영하기 위해 현재 쓰이고 있는 비용을 생각해 보라. 그리고 육체적, 특히 정신적인 질병, 범죄성, 마약중독(이 모든 것은 압제와 권태에 대한 여러 형태의 항의이다)을 치료하는 데 드는 비용을 생각 해보라. 누구든 원하는 사람에게 보장 수입을 제공하는 데 드는 비용이, 현재 우리 사회의 복지 체제를 유지하는 데 드는 비용보다 적을 것이다.[61]

얼마 전 한국과 미국은 미군의 방위비 분담금으로 거의 1조 원에 달하는 9200억 원을 지급하기로 합의했다. 만일 북미 간에 평화협정이 체결 되어 미군이 철수하고 남북 화해가 추진되면 이런 쓸데없는 비용은 지출 하지 않아도 되고, 더욱이 남북 간의 대치 상황으로 인해 소모되는 막대 한 군사비도 절약할 수 있다. 나아가 프롬이 지적한 대로 광범위한 사회 복지 시스템을 운영하는 데 필요한 비용, 범죄 예방과 처벌에 들어가는 비용, 심리 치료나 '힐링'에 소요되는 비용 등이 절감된다.

또 최저생계비가 지급되면 전체 국민들의 구매력이 상승하므로 내수가 진작되어 장사도 잘되고 경제도 성장할 수 있다. 뿐만이 아니다. 최저생계비로 인해 한국인들이 생존 공포, 남들한테 무시당하는 공포에서 해방되면, 그들은 밥그릇을 위해 억지로 하는 일이 아닌 자신이 정말로 하고 싶은 일, 사회적 가치가 있는 일을 하려 할 것이다. 사람은 자기가 하고 싶은 일, 의미 있는 일을 해야만 그것에 몰입할 수 있고 그 과정을 즐길 수 있으며, 그럴 때 창조성이 최대한으로 발양된다. 따라서 박근혜 정부가 주창하는 창조경제를 위해서도 최저생계비 제도는 필수적이다.

둘째, 사람들이 나태해질 것이다. 극우 보수 세력은 이렇게 말할지도 모른다. "모든 성인에게 최저생계비를 지급하면 누가 열심히 일을 하려고 하겠느냐? 아마 모두들 놀고먹으려 할 것이다."

최저생계비를 지급하면 일에 대한 동기가 감소할 것이라는 이러한 신념의 배후에는 전형적인 '자본주의적 인간관'이 깔려 있다. 자본주의적 인간관이란, 인간은 '근본적으로 게으르고, 선천적으로 수동적이며, 물질적 이익이나' '굶주림이나' '또는 징벌의 공포라는 자극을 받지 않는 한 어떤 일도 하려 들지 않는다'고 보는 인간관이다.[62] 그러나 인류 역사는 물질적 동기가 일과 노력에 대한 유일한 동기가 아님을 분명히 보여주고 있다. 그것이 노동의 거의 유일한 동기가 된 것은 자본주의 사회에 고유한 특징일 뿐이다.

> 전통적인 프러시아 행정 사무의 효율성과 청렴성은 금전적 보수가 낮음에도 불구하고 매우 유명하다. 이 경우에 명예, 충성, 의무와 같은 개념들은 효율적인 일을 가능케 해준 결정적인 동기들이다.[63]

어떤 이들은, 과거에는 어떠했든 현대인은 이미 자본주의적 인간이 되었으니 최저생계비 제도를 도입하면 사람들은 빈둥거릴 게 분명하다고 말하며, 요즘 사람들 속에서 실제로 그런 모습을 많이 찾아볼 수 있지 않느냐고 물을지도 모른다. 물론 상당수의 현대인은 일하지 않을 때에는 게으르거나 나태한 모습을 보인다. 그러나 프롬은 그런 현상들이 강제적인 노동에 대한 반발일 뿐이라고 강조했다.

> 현대인은 일하지 않을 때에는 게을리 지내거나 빈둥거리고 싶어 하며, 더 좋은 말을 쓴다면 '긴장을 풀고' 싶어 한다. 게으름을 피우려는 이러한 소망은 주로 생활의 규격화에 대한 반발이다.
> 현대인은 자기 자신의 것이 아닌 목적을 위해, 자기 나름의 것이 아닌 일의 리듬에 의해 그에게 지시된 방식으로 어쩔 수 없이 하루에 여덟 시간씩 자기의 에너지를 사용해야 하기 때문에 반항하며, 그의 반항은 유아적 자기 방종의 형태를 취한다.[64]

현대인의 게으름이나 나태함은 노동에 대한 불만족이 만들어내는 현상이다. '게으름에 대한 동경'은 현대인의 '정상적인 병리 상태pathology of normalcy의 한 징후'이므로, 초기에는 약간의 부작용이 있겠지만 그것도 '단기간 내에 사라질 것'이다.[65] 게으름이나 놀고먹기는 인간 본성과는 아무 상관이 없다. 사람은 생산적이고 창조적인 활동을 해야만 행복해지는 존재다. 프롬은 다음과 같이 말했다.

> 노동자가 실직 상태에 있을 때, 돈을 벌지 못한다는 고통보다도 강요된

휴식이 훨씬 고통스럽다는 것을 보여주는 자료들은 얼마든지 있다. 또한 65세에 이르는 사람들에게는 해오던 일을 정년으로 그만둘 수밖에 없게 됐을 때 아주 불행해지고 마는 경우 몸이 갑자기 늙어지며 심하면 병까지 얻는다는 사실이 자료로 입증되고 있다.[66]

나는 좋은 직장에 다니다가 정년퇴직을 한 사람들을 꽤 만나보았는데, 그들은 노후 자금이 충분했음에도 놀고먹을 수 있게 된 것을 전혀 반기지 않았다. 오히려 자신이 사회에 아무런 쓸모가 없는 잉여 인간으로 전락했다는 느낌으로 괴로워했다. 현대인은 일 자체를 싫어하는 게 아니다. 돈을 위해서 '어쩔 수 없이' 하는 일을 싫어할 뿐이다.

인간은 원래부터 게으르지 않고, 오히려 아무 일도 하지 않는 것이 고통을 준다. …… 한두 달이 지난 후에는 대부분의 많은 사람들이 설사 보수를 받지 못한다 할지라도 일을 하게 해달라고 할 것이다.[67]

명백한 증거들에도 불구하고, 사람은 굶주림의 공포나 무시당하는 공포가 없이는 아무 일도 하지 않을 것이라고 우기면서 최저생계비 제도는 불가하다고 버틴다면, 그런 이들이야말로 '사람에 대한 지독한 불신과 적의'가 있다고 보지 않을 수 없다. 어처구니없게도 상당수의 심리학자들도 이와 비슷한 주장을 하고 있지만, 사람이 본성적으로 게으른 존재라는 통념은 자본주의가 조작한 낭설에 불과하다. 앞에서 살펴보았듯이 권태감은 사람에게 견디기 어려운 고통을 주는데, 그것은 인생의 의미를 찾고 생산적인 활동을 해야만 극복할 수 있다. 따라서 밥그릇이나 잘난 체를 위해서가 아니라 자기가 진정으로 하고 싶은 일을 하게끔 해주는 최저생계비 제도는 한국인에게 삶의 의미를 되찾아주고 생산적 활동을 하도록 힘차게 격려해줄 것이다. 모든 한국인이 자기의 일과 삶에서 기쁨과 행복을 누리게 되는 세상이 지금보다 얼마나 더 아름다워질지는 각자의 상상에 맡기겠다.

> 인간의 천성이 게으르다는 관점은 많은 현저한 사실에 의해 부정되는데도 심리학자나 일반 사람들에 의해 여전히 받아들여질 수 있다는 것은 놀라운 일이다. '게으름은 비정상적인 것으로 정신적인 질병의 한 징후인 것이다.' 사실 정신적인 고통의 가장 나쁜 형태 가운데 하나는 자기 자신이나 스스로의 인생을 꾸려나가는 데 무엇을 해야 좋을지를 알지 못하는 권태다. 인간은 금전적인 또는 다른 보상이 없다 하더라도 무언가 의미 있는 방법으로 자신의 정력을 소비하기를 열망한다. 왜냐하면 아무것도 하지 않고 가만히 있음으로 해서 생기는 권태를 견딜 수 없기 때문이다.[68]

셋째, 이건희까지 최저생계비를 줄 필요는 없다. 한국 사회에서 무상급식 논쟁이 불거졌을 때, 극우 보수 세력은 '왜 부유한 아이들에게도 밥을 줘야 하느냐?'라고 말하면서 무상급식을 반대했다. 그러니 그들은 이번에도, 왜 부자들에게 최저생계비를 지급해야 하느냐고 말할지도 모른다. 나는 부유한 사람들을 썩 좋아하지는 않지만, 무상급식이든 최저생계비든 사회적 혜택에서 그들을 굳이 제외시킬 정도로 부유한 사람들을 증오하지는 않는다. 최저생계비는 원칙적으로 모든 성인에게 무조건 지급해야 한다. 그 대신 부유층에게는 세금을 많이 걷으면 된다.

사실 한국인은 국가로부터 무슨 혜택을 받았다거나 덕을 봤다는 생각을 거의 하지 않는다(사회복지제도가 형편없으니 이런 생각은 합리적이다). 그래서 세금 저항이 아주 심하다. 국가로부터 거의 혜택을 받은 게 없는 조건에서 강제 징수되는 세금은 국가에 의해 착취당한다는 느낌을 줄 수밖에 없다. 한국과는 달리 사회복지제도가 잘 갖춰져 있는 북유럽 사람들은 세금 저항이 별로 없는데, 어느 다큐멘터리 프로그램에 나온 한 전문직 종사자는 수입의 65퍼센트를 세금으로 내고 있다고 말했다. 그에게 한국 기자가 "억울하지 않으세요?"라고 묻자 그는 이렇게 대답했다.

　"나는 돈 한 푼 들이지 않고 공부해서 이 자리까지 왔어요. 노후를 국가에서 보장해주니 미래에 대한 걱정도 없습니다. 국가로부터 혜택을 많이 받았으니 내가 세금을 내는 것은 당연한 일입니다."

　아마 극우 보수 세력은 한국인들도 세금에 대해서만큼은 이런 태도를 가졌으면 하고 바랄 것이다. 하지만 북유럽과 같은 풍경이 가능하려면 국가가 국민을 위해서 존재한다는 믿음과 신뢰가 국민들의 마음속에 먼저 쌓여야 한다. 최저생계비 제도는 그런 믿음과 신뢰를 쌓아나가는 시작이 될 수도 있다.

　안타깝지만 오늘날의 한국인은 타인에게 그다지 너그럽지 않다. 아니, 솔직히 말하면 상당수의 한국인은 '사촌이 땅을 사면 배가 아프다'는 속담처럼 시기와 질투가 상당히 심하다. 이 때문에 한국 사회에서는 특정한 집단에게만 이익이 되는 제도에 대한 찬성률은 전반적으로 낮은 편이다. 예를 들면 노동자에게 이익이 되는 제도는 자영업자들에게도 이익—노동자들의 수입이 올라가면 소비를 많이 할 테니까—임에도 그들은 그 제도를 반대한다. 청년에게 이익이 되는 제도는 그들의 아버지뻘인 중장년층에게도 이익임에도 그들은 그 제도를 반대한다. 이해관계가 상충되면 반대는 더 극심해진다. 택시 노동자에게 유리한 제도는 버스 노동자가 반대하는 식이다. 따라서 현 시점에서 전 국민이 전폭적으로 환영할 만한 제도는 모두에게 혜택이 돌아가는 제도인데, 최저생계비 제도가 바로 그렇다. 설사 다른 소소한 복지제도를 폐지한다 하더라도 최저생계비 제도만큼은 전 국민의 지지를 받을 수 있을 것이다.

넷째, 일하지 않는 사람이 불로소득을 취득하게 된다. 만일 극우 보수 세력이 이런 주장을 하려면 그들부터 모든 불로소득을 포기할 용단을 내려야 한다. 또한 노동을 하지 않는 그들의 어린 자녀나 나이든 부모에게는 밥을 주지도, 용돈을 주지도 말아야 한다. 하지만 현실적으로 사람들은 (돈을 벌어오지 않음에도) 어린 자녀와 연로한 부모에게 기꺼이 밥과 용돈을 주고 있다. 더욱이 프롬이 지적했듯이, 사람들은 반려동물에 대해서까지도 생존을 위한 권리를 보장해주려 한다. 결국 핵심은 한국 사회에서 함께 살고 있는 사람들을 가족처럼 대하겠는가 아니면 원수처럼 대하겠는가 하는 데 있다. 만일 이웃을 가족처럼 대할 생각이 있다면, 그리고 더불어 사이좋게 살아가는 아름다운 세상을 원한다면, 가족이 모든 가족 구성원들에게 밥을 주고 생활비를 주듯이 사회도 모든 사회 구성원들에게 그래야만 한다. 반대로 이웃을 가족이 아닌 이방인 취급할 생각이라면, 그리고 자기 혼자만 배불리 먹기 위해 서로 싸우는 아비규환의 세상을 원한다면, 모든 성인에게 최저생계비를 지급하자는 제안에 반대할 것이다. 하지만 그럴수록 한국인들은 서로를 더 미워하게 되고 더 두려워하게 될 것이다. 세상은 더욱 끔찍한 곳, 잔인한 곳으로 변해갈 것이다.

인본주의적 사회주의는 최저생계비 제도의 밑바탕에 깔려 있는 인간관에 기초하고 있다. 즉 사람은 세상에서 가장 존엄한 존재이고 모든 인류는 한 형제이자 가족이라는 인간관이다. 이런 인간관에 기초하고 있는 사회는 인간의 존엄과 행복에 관련된 일에 대해서만큼은 주판알을 튕기지 않는다.

사회는 마땅히 사람에게 사람답게 살아갈 권리를 보장해주어야 한다. 그것이 자본주의 사회에서도 가능하다면 자본주의 제도를 그대로 유지해도 괜찮다. 하지만 그것이 자본주의 사회에서는 도저히 실현 불가능하다면, 인류는 인본주의적 사회주의로 나아가야 한다. 인간의 존엄을 위해서 마땅히 그래야 할 것이다.

> (최저생계비 제도는)*서구의 종교적이고 인본주의적인 전통에 깊이 뿌리 내리고 있는 원칙, 즉 "모든 것에 우선해서 인간은 살 권리가 있다!"는 원칙을 확립해줄 것이다. 이 살아갈 권리, 즉 의식주가 보장되고 의료 혜택, 교육 등을 받을 권리는 어떤 조건에 의해서도, 심지어 사회적으로 '유용한' 조건이라 할지라도 그것에 의해 결코 제한되어질 수 없는 인간 고유의 신성불가침한 권리이다.[69]

사람에게는 사람답게 살아갈 신성불가침의 권리가 있다. 이 권리는 그 누구도 침해할 수 없고, 그 무엇으로도 제한할 수 없다.

---

*   괄호 안은 저자가 덧붙인 내용이다.

3 다가올 세상은
    인간의 시대

열 명의
의인을 기다리며

현대 자본주의는 인간 본성을 난폭하게 유린함으로써 사회적 존재로서의
사람을 동물적 존재로 격하시켰다. 이를 목격한 프롬은 이렇게 외쳤다.

"20세기에 인간은 죽었다!"

존엄한 사회적 존재로서의 인간은 정신적·사회적으로 이미 죽었다.
과연 21세기에 인간은 다시 살아나 그 존엄성을 회복할 수 있을까? 인간
이 다시 살아나려면 사는 길을 향해 나아가야 한다. 프롬이 일찍이 천명
했던 다음의 두 가지 길 중에서 후자를 선택해야만 하는 것이다.

> 오늘날 인간은 가장 근본적인 선택, 즉 자본주의냐 공산주의냐를 선택하
> 는 것이 아니라 로봇화(자본주의와 구소련의 공산주의)를 택하느냐 아니면
> 인본주의적이고 공동체주의적 사회주의Humanistic Communitarian Socialism
> 를 선택하느냐 하는 문제에 직면하고 있다.[70]

오늘날의 인류가 완전한 사회적 존재를 향해, 인간 해방을 향해 나아가려면 인류에게는 부동의 신념이 필요하다. 프롬에 의하면, 그 신념이란 인본주의적 사회주의에 대한 신념이다. 어떤 이들은 그를 몽상가라고 비웃을지도 모른다. 하지만 프롬은 지독한 현실주의자다. 사람을 정신적으로 학살하고 있는 병든 사회에서 자기 혼자라도 살아남아 보겠다고 발버둥치거나 신기루와도 같은 행복을 추구하는 것보다는 '정당하고 인도적인 일을 과감히 행할 용기를 갖고, 인간성과 진리의 소리의 힘을 믿는 일이, 이른바 기회주의적인 현실주의보다 더욱 현실적'이기 때문이다.[71]

20세기를 살다 간 프롬은 21세기를 살아가는 오늘날의 인류에게, '이성적이고 인본주의적인 희망을 위해 노력할 기회가 주어지지 않는다면' '결국 삶의 무의미함에 짓눌리고 참을 수 없게 되어' '비합리적인 악마의 환상에 사로잡히게 될 것'[72]이라고 경고하고 있다. 그렇지만 현실을 돌이켜보건대, 오늘날의 인류는 아직까지도 삶을, 희망을 받아들일 준비가 되어 있지 않은 것 같다. 그들은 방향을 잃은 배가 암초를 향해 무섭게 돌진하고 있는데도, 잔뜩 겁에 질리고 무력감에 사로잡혀 계속 노만 저어대고 있다. 물론 인간 본성이 완전히 사라지지 않는 한 그들 모두는 언젠가 잠에서 깨어날 것이다. 하지만 그날을 두 손 놓고 앉아서 기다릴 수만은 없다. 누군가는 다수를 흔들어 잠에서 깨워야만 한다.

21세기는 다수를 흔들어 깨우고자 하는 불굴의 의지를 가진 영웅들의 출현을 애타게 기다리고 있다. 프롬은 이미 20세기부터 그런 이들을 '예언자'라 칭하며, '과거의 어떤 역사적 상황도 오늘날만큼 예언자의 출현을 필요로 하는 시기는 없었다'[73]고 부르짖었다. 예언자들, 영웅들이 출현하여 인류를 세기적인 잠에서 깨우고 미래로 나아갈 변혁 집단이 만들어질 수 있는가 없는가가 21세기 인류의 운명을 결정할 것이다. 이를 설명하기 위해서 프롬은 성경 중의 한 대목을 인용하고 있다.

> 아브라함이 소돔의 운명에 관하여 하느님에게 간청하면서 하느님의 공의에 도전하였을 때, 그는 만약 열 명의 의인이 있으면 소돔을 용서해달라고 빌었다. 그러나 그 이하로는 말하지 못했다. 열 명의 의인도 없다면, 즉 정의의 이념이 구현된 가장 작은 집단이라도 존재하지 않는다면 아브라함조차 그 도시가 구원받기를 기대할 수 없었던 것이다.[74]

열 명의 의인만 있다면 인류는 다시 살아날 것이다. 그조차도 없다면 인류는 결국 멸망할 것이다. 나는 프롬이 그랬듯이, 열 명의 의인이 존재한다고 믿는다. 그리하여 '물건이 인간을 지배하는 시대'가 끝나고 '다가올 세상은 인간의 시대'[75]가 될 것이라고 믿는다. 인류는 21세기에 다시 살아나 사람이 원래 있어야 할 최고의 자리에 앉게 될 것이다.

아름다운 세상을 꿈꿨던 예술가 존 레논의 노래 〈이매진Imagine〉의 가사처럼, 아름다운 신념을 가슴에 품은 의인들이 내미는 구원의 손길을 21세기의 인류가 더는 마다하지 않기를 바란다.

> 당신은 나를 몽상가라고 부를지도 몰라요You may say I'm a dreamer.
> 하지만 나만 이런 생각을 가진 게 아니에요but I'm not the only one.
> 언젠가 당신도 우리와 함께하길 바라요I hope some day you'll join us.
> 그러면 세상은 하나가 될 거예요And the world will be as one.

에리히 프롬 저작 출처 주

<hr>

제1부 사회적 존재

1 《정신분석적 인격학과 사회심리학과의 관계, 1932》,《프로이트와 정신분석》, 최혁순 옮김, 홍신문화사, 1994, 70쪽의 각주 참고. (프롬의 여러 논문들이 한국에서는 한 권의 책으로 묶여 출간되는 경우가 많았는데, 이 경우에는 원래 논문 제목을 앞에, 그 논문이 번역되어 실려 있는 책의 한국어 제목을 뒤에 표시했다: 저자 주)

2 《의혹과 행동Doubting and Doing / Beyond the Chains of Illusion: My Encounter with Marx and Freud, 1962》, 최혁순 옮김, 범우사, 1999, 72쪽.

3 《분석적 사회심리학의 방법과 과제, 1932》,《프로이트와 정신분석》, 170쪽.

4 《자유로부터의 도피Escape From Freedom, 1941》, 원창화 옮김, 홍신문화사, 2010, 241~242쪽.

5 《건전한 사회The Sane Society, 1955》, 김병익 옮김, 범우사, 2001, 76쪽.

6 《건전한 사회》, 10쪽.

7 《분석적 사회심리학의 방법과 과제》,《프로이트와 정신분석》, 152쪽.

8 《건전한 사회》, 74쪽.

9 《정신분석학의 위기, 1968》,《프로이트와 정신분석》, 63쪽.

10 《자유로부터의 도피》, 20쪽.

11 《의혹과 행동》, 75쪽.

12 《자유로부터의 도피》, 12쪽.

13 《자유로부터의 도피》, 49쪽.

14 《사랑의 기술The Art of Loving, 1956》, 황문수 옮김, 문예출판사, 2005, 124쪽.

15 《분석적 사회심리학의 방법과 과제》, 167쪽.

16 《분석적 사회심리학의 방법과 과제》, 159쪽.

17 《의혹과 행동》, 33쪽.

18 《자유로부터의 도피》, 241쪽.

19 《의혹과 행동》, 84쪽.

20 《에리히 프롬 마르크스를 말하다Marx's Concept of Man, 1961》, 최재봉 옮김, 에코의 서재, 2007, 78쪽.

21 《자유로부터의 도피》, 24쪽.

22 《인간중심의 계획에 대하여, 1968》,《프로이트와 정신분석》, 191쪽.

23 《건전한 사회》, 28쪽.

24 《건전한 사회》, 356쪽.

25 《정신분석의 치료적인 면들, 1974》,《정신분석과 듣기 예술The Art of Listening》, 호연심리센터 옮김, 범우사, 2000, 54쪽.

26 《에리히 프롬 마르크스를 말하다》, 147쪽.

27 《건전한 사회》, 255쪽.

28 《에리히 프롬 마르크스를 말하다》, 66쪽.

29 《너희도 신처럼 되리라You Shall Be As Gods, 1966》, 이종훈 옮김, 휴, 2013, 88쪽.

30 《에리히 프롬 마르크스를 말하다》, 122쪽.

31 《자립적 인간Man for Himself: An Inquiry into the Psychology of Ethics, 1947》, Owl Book, 20/21쪽.

32 《사랑의 기술》, 23쪽.

33 《사랑의 기술》, 204쪽.

34 《자유로부터의 도피》, 34쪽.

35 《너희도 신처럼 되리라》, 101쪽.

36 《건전한 사회》, 32쪽.

37 《자유로부터의 도피》, 35쪽.

38 《건전한 사회》, 29쪽.

39 《정신분석의 치료적인 면들》,《정신분석과 듣기 예술》, 91쪽.

40 《존재의 기술The Art of Being, 1989》, 최승자 옮김, 까치글방, 2012, 26쪽.

41 《건전한 사회》, 172쪽.

42 《건전한 사회》, 175쪽.

43 《사랑의 기술》, 24쪽.

44 《인간의 마음The Heart of Man, 1964》, 황문수 옮김, 문예출판사, 2002, 202쪽.

45 《인간의 마음》, 203/211쪽.

46 《인간의 마음》, 206쪽.

47 《인간의 마음》, 263쪽.

48 《인간의 마음》, 207쪽.

49 《인간의 마음》, 208쪽.

50 《자유로부터의 도피》, 90쪽.

51 《자유로부터의 도피》, 6쪽.

52 《자유로부터의 도피》, 6쪽.

53 《자유로부터의 도피》, 214쪽.

54 《자유로부터의 도피》, 37쪽.

55 《자유로부터의 도피》, 36쪽.

56 《자유로부터의 도피》, 27쪽.

57 《자유로부터의 도피》, 56쪽.

58 《자유로부터의 도피》, 217쪽.

59 《자유로부터의 도피》, 36쪽.

60 《사랑의 기술》, 27쪽.

61 《자유로부터의 도피》, 27쪽.

62 《자유로부터의 도피》, 42쪽.

63 《가치, 심리학과 인간존재, 1959》,《불복종에 관하여》, 문국주 옮김, 범우사, 1996, 184쪽.

64 《자유로부터의 도피》, 35쪽.

65 《소유냐 존재냐To Have Or To Be, 1976》, 이철범 옮김, 동서문화사, 2011, 107쪽.

66 《인간의 마음》, 204쪽.

67 《인간의 마음》, 212쪽.

68 《건전한 사회》, 31쪽.

69 《소유냐 존재냐》, 95쪽.

제2부 인간의 동기

1 《의혹과 행동》, 78쪽.

2 《소유냐 존재냐》, 100쪽.

3 《소유냐 존재냐》, 100쪽.

4 《자유로부터의 도피》, 232쪽.

5 《정신분석적 인격학과 사회심리학과의 관계》,《프로이트와 정신분석》, 66쪽.

6 《소유냐 존재냐》, 88쪽.

7 《정신분석의 치료적인 면들》,《정신분석과 듣기 예술》, 87쪽.

8 《소유냐 존재냐》, 85쪽.

9 《의혹과 행동》, 28~29쪽.

10 《사랑의 기술》, 167~168쪽.

11 《가치, 심리학과 인간존재》,《불복종에 관하여》, 47쪽.

12 《자유로부터의 도피》, 172쪽 참조.

13 《자유로부터의 도피》, 201쪽.

14 《인본주의적 정신분석의 마르크스 이론에의 적용, 1963》, 《프로이트와 정신분석》, 최혁순 옮김, 홍신문화사, 1994, 222쪽.

15 《인간의 마음》, 108쪽.

16 《의혹과 행동》, 107~108쪽.

17 《인간의 마음》, 250쪽.

18 《의혹과 행동》, 24쪽.

19 《인간의 마음》, 234/235쪽.

20 《인간의 마음》, 232쪽.

21 《자유로부터의 도피》, 139쪽.

22 《자유로부터의 도피》, 234쪽.

23 《의혹과 행동》, 28쪽.

24 《자유로부터의 도피》, 164쪽.

25 《성애와 성격Sex and Character, 1943》《여성과 남성은 왜 서로 투쟁하는가: Liebe, Sexualität und Matriarchat: Beiträge zur Geschlechterfrage》, 이은자 옮김, 부북스, 2009, 191~192쪽.

26 《자유로부터의 도피》, 57~58쪽.

27 《소유냐 존재냐》, 49쪽.

28 《너희도 신처럼 되리라》, 19쪽.

29 《인간의 마음》, 144쪽.

30 《존재의 기술》, 26쪽.

31 《자유로부터의 도피》, 117쪽.

32 《의혹과 행동》, 41쪽.

33 《성애와 성격》, 《여성과 남성은 왜 서로 투쟁하는가》, 182쪽.

34 《정신분석의 치료적인 면들》, 《정신분석과 듣기 예술》, 54쪽.

35 《성애와 성격》, 《여성과 남성은 왜 서로 투쟁하는가》, 12쪽.

36 《인간의 마음》, 72쪽.

37 《사랑의 기술》, 79쪽.

38 《사랑의 기술》, 121쪽.

39 《자유로부터의 도피》, 33쪽.

40 《존재의 기술》, 179쪽.

41 《성애와 성격》, 《여성과 남성은 왜 서로 투쟁하는가》, 157쪽.

42 《자유로부터의 도피》, 20쪽.

43 《자유로부터의 도피》, 16쪽.

44 《건전한 사회》, 72쪽.

45 《자유로부터의 도피》, 21쪽.

46 《건전한 사회》, 22쪽.

47 《성애와 성격》, 《여성과 남성은 왜 서로 투쟁하는가》, 187쪽.

48 《건전한 사회》, 36~37쪽.

49 《건전한 사회》, 73쪽.

50 《자유로부터의 도피》, 21쪽.

51 《건전한 사회》, 169쪽.

52 《에리히 프롬 마르크스를 말하다》, 124쪽.

53 《에리히 프롬 마르크스를 말하다》, 43쪽.

54 《소유냐 존재냐》, 192쪽.

55 《건전한 사회》, 136쪽.

56 《정신분석적 '기술'—혹은 듣기의 예술》, 《정신분석과 듣기 예술》, 253쪽.

57 《소유냐 존재냐》, 174쪽.

58 《건전한 사회》, 24쪽.

59 《존재의 기술》, 24쪽.

60 《자유로부터의 도피》, 210쪽.

61 《자유로부터의 도피》, 210쪽.

62 《에리히 프롬 마르크스를 말하다》, 124쪽.

63 〈인본주의적 정신분석의 마르크스 이론에의 적용〉, 《프로이트와 정신분석》, 228~229쪽.

64 〈인본주의적 정신분석의 마르크스 이론에의 적용〉, 《프로이트와 정신분석》, 228~229쪽.

65 《건전한 사회》, 35쪽.

66 《사랑의 기술》, 25쪽.

67 《사랑의 기술》, 35쪽.

68 《건전한 사회》, 43쪽.

69 《건전한 사회》, 44쪽.

70 〈가치, 심리학과 인간존재〉, 《불복종에 관하여》, 188쪽.

71 《건전한 사회》, 45쪽.

72 《건전한 사회》, 45~46쪽.

73 〈가치, 심리학과 인간존재〉, 《불복종에 관하여》, 189/192쪽.

74 《건전한 사회》, 46쪽.

75 《건전한 사회》, 47쪽.

76 〈가치, 심리학과 인간존재〉, 《불복종에 관하여》, 193쪽.

77 《의혹과 행동》, 99쪽.

78 《소유냐 존재냐》, 146쪽.

79 〈가치, 심리학과 인간존재〉, 《불복종에 관하여》, 196쪽.

80 《건전한 사회》, 70쪽.

81 《소유냐 존재냐》, 146쪽.

82 《소유냐 존재냐》, 137쪽.

83 〈정신분석 치료에서 환자의 변화를 이끌어내는 요인들: 1964년 9월 25일 뉴욕의 William Alanson White Institute의 개관식 기념 강의〉, 《정신분석과 듣기 예술》, 25쪽.

84 《존재의 기술》, 122쪽.

85 〈정신분석 치료에서 환자의 변화를 이끌어내는 요인들〉, 《정신분석과 듣기 예술》, 23쪽.

86 《자유로부터의 도피》, 248쪽.

87 《소유냐 존재냐》, 145쪽.

88 《소유냐 존재냐》, 145쪽.

89 《건전한 사회》, 83쪽.

90 《자유로부터의 도피》, 233쪽.

91 《자유로부터의 도피》, 239쪽.

92 《자유로부터의 도피》, 239쪽.

93 《소유냐 존재냐》, 83쪽.

94 《소유냐 존재냐》, 133쪽.

95 《의혹과 행동》, 91쪽.

96 《마르크스 · 프로이트 평전Beyond the Chains of Illusion: My Encounter with Marx and Freud, 1962》, 100쪽.

97 《의혹과 행동》, 122쪽.

98 《의혹과 행동》, 125쪽.

99 《의혹과 행동》, 126쪽.

100 〈인본주의적 정신분석의 마르크스 이론에의 적용〉, 《프로이트와 정신분석》, 235쪽.

101 《의혹과 행동》, 120쪽.

102 《소유냐 존재냐》, 102쪽.

103 《소유냐 존재냐》, 102쪽.
104 《소유냐 존재냐》, 101쪽.

제3부 자본주의와 인간 심리

1 《자유로부터의 도피》, 142쪽.
2 《자유로부터의 도피》, 81쪽.
3 《모권의 사회심리학적 의미, 1934》, 《여성과 남성은 왜 서로 투쟁하는가》, 76쪽.
4 《건전한 사회》, 153쪽.
5 《건전한 사회》, 221쪽.
6 《건전한 사회》, 269쪽.
7 《건전한 사회》, 176쪽.
8 《사랑의 기술》, 171쪽.
9 《사랑의 기술》, 168~169쪽.
10 《건전한 사회》, 90쪽.
11 《가치, 심리학과 인간존재》, 《불복종에 관하여》, 163쪽.
12 《건전한 사회》, 93쪽.
13 《건전한 사회》, 99쪽.
14 《소유냐 존재냐》, 21쪽.
15 《자유로부터의 도피》, 94쪽.
16 《자유로부터의 도피》, 41쪽.
17 《자유로부터의 도피》, 45쪽.
18 《자유로부터의 도피》, 94쪽.
19 《자유로부터의 도피》, 91쪽.
20 《건전한 사회》, 103쪽.
21 《건전한 사회》, 106쪽.
22 《자유로부터의 도피》, 106~107쪽.
23 《건전한 사회》, 192~193쪽.
24 《건전한 사회》, 190쪽.
25 《건전한 사회》, 188쪽.
26 《건전한 사회》, 105쪽.
27 《가치, 심리학과 인간존재》, 《불복종에 관하여》, 31쪽.
28 《존재의 기술》, 65쪽.
29 《자유로부터의 도피》, 208쪽.
30 《가치, 심리학과 인간존재》, 《불복종에 관하여》, 68쪽.
31 《자유로부터의 도피》, 143쪽.
32 《건전한 사회》, 157쪽.
33 《자유로부터의 도피》, 205쪽.
34 《건전한 사회》, 157쪽.
35 《건전한 사회》, 230쪽.
36 《의혹과 행동》, 124쪽.
37 《자유로부터의 도피》, 110쪽.
38 《자유로부터의 도피》, 238쪽.
39 《소유냐 존재냐》, 189쪽.
40 《건전한 사회》, 328쪽.
41 《소유냐 존재냐》, 183쪽.

42 《정신분석적 '기술'—혹은 듣기의 예술》, 《정신분석과 듣기 예술》, 228쪽.

43 《건전한 사회》, 175쪽.

44 《건전한 사회》, 174쪽.

45 《존재의 기술》, 65쪽.

46 《존재의 기술》, 28쪽.

47 《자유로부터의 도피》, 55쪽.

48 《자유로부터의 도피》, 93쪽.

49 《존재의 기술》, 56쪽.

50 《인본주의적 정신분석의 마르크스 이론에의 적용》, 《프로이트와 정신분석》, 238쪽.

51 《소유냐 존재냐》, 127쪽.

52 《의혹과 행동》, 125쪽.

53 《의혹과 행동》, 126쪽.

54 《자유로부터의 도피》, 21~22쪽.

55 《의혹과 행동》, 126쪽.

56 《자유로부터의 도피》, 21~22쪽.

57 《소유냐 존재냐》, 107쪽.

58 《자유로부터의 도피》, 54쪽.

59 《건전한 사회》, 141쪽.

60 《자유로부터의 도피》, 111쪽.

61 《자유로부터의 도피》, 112쪽.

62 《자유로부터의 도피》, 214쪽.

63 《정신분석의 치료적인 면들》, 《정신분석과 듣기 예술》, 64쪽.

64 《정신분석의 치료적인 면들》, 《정신분석과 듣기 예술》, 65쪽.

65 《인간의 마음》, 44쪽.

66 《너희도 신처럼 되리라》, 115쪽.

67 《소유냐 존재냐》, 576쪽.

68 《남성과 여성》, 《여성과 남성은 왜 서로 투쟁하는가》, 172쪽.

69 《에리히 프롬 마르크스를 말하다》, 88~89쪽.

70 《건전한 사회》, 288쪽.

71 《가치, 심리학과 인간존재》, 《불복종에 관하여》, 261쪽.

72 《남성과 여성》, 《여성과 남성은 왜 서로 투쟁하는가》, 172쪽.

73 《소유냐 존재냐》, 631쪽.

74 《건전한 사회》, 155쪽.

75 《건전한 사회》, 205쪽.

76 《자유로부터의 도피》, 104쪽.

77 《자유로부터의 도피》, 104쪽.

78 《건전한 사회》, 147쪽.

79 《사랑의 기술》, 165쪽.

80 《자유로부터의 도피》, 77쪽.

81 《사랑의 기술》, 160쪽.

82 《이기심과 자기애》, 《여성과 남성은 왜 서로 투쟁하는가》, 237쪽.

83 《건전한 사회》, 101쪽.

84 《자유로부터의 도피》, 133쪽.

85 《존재의 기술》, 38쪽.

86 《자유로부터의 도피》, 10쪽.

87 《존재의 기술》, 51쪽.

88 《자유로부터의 도피》, 157쪽.

89 《건전한 사회》, 145쪽.

90 《건전한 사회》, 146쪽.

91 《건전한 사회》, 146쪽.

92 《소유냐 존재냐》, 112쪽.

93 《존재의 기술》, 224쪽.

94 《존재의 기술》, 218쪽.

95 《가치, 심리학과 인간존재》, 《불복종에 관하여》, 228쪽.

96 《소유냐 존재냐》, 36쪽.

97 《이기심과 자기애》, 《여성과 남성은 왜 서로 투쟁하는가》, 254쪽.

98 《건전한 사회》, 138쪽.

99 《소유냐 존재냐》, 37쪽.

100 《사랑의 기술》, 139쪽.

101 《존재의 기술》, 210쪽.

102 《인간의 마음》, 93쪽.

103 《자유로부터의 도피》, 140쪽.

104 《자유로부터의 도피》, 132쪽.

105 《이기심과 자기애》, 《여성과 남성은 왜 서로 투쟁하는가》, 217쪽.

106 《자유로부터의 도피》, 138쪽.

107 《자유로부터의 도피》, 146쪽.

108 《자유로부터의 도피》, 143쪽.

109 《자유로부터의 도피》, 129쪽.

110 《이기심과 자기애》, 《여성과 남성은 왜 서로 투쟁하는가》, 225쪽.

111 《소유냐 존재냐》, 570쪽.

112 《자유로부터의 도피》, 135쪽.

113 《자유로부터의 도피》, 72쪽.

114 《사랑의 기술》, 38쪽.

115 《자유로부터의 도피》, 193쪽.

116 《자유로부터의 도피》, 147쪽.

117 《자유로부터의 도피》, 67쪽.

118 《존재의 기술》, 171쪽.

119 《가치, 심리학과 인간존재》, 《불복종에 관하여》, 31쪽.

120 《가치, 심리학과 인간존재》, 《불복종에 관하여》, 161쪽.

121 《건전한 사회》, 139쪽.

122 《건전한 사회》, 140쪽.

123 《자유로부터의 도피》, 211쪽.

124 《자유로부터의 도피》, 212쪽.

125 《존재의 기술》, 59쪽.

126 《자유로부터의 도피》, 212쪽.

127 《건전한 사회》, 169쪽.

128 《성애와 성격》, 《여성과 남성은 왜 서로 투쟁하는가》, 190쪽.

129 《자유로부터의 도피》, 204~205쪽.

130 《에리히 프롬 마르크스를 말하다》, 112쪽.

131 《건전한 사회》, 150쪽.

132 《건전한 사회》, 151쪽.

133 《건전한 사회》, 151쪽.

134 《남성과 여성》, 《여성과 남성은 왜 서로 투쟁하는가》, 169쪽.

135 《남성과 여성》, 《여성과 남성은 왜 서로 투쟁하는가》, 169~170쪽.

제4부 병든 사회와 정신 건강

1 《소유냐 존재냐》, 19쪽.

2 《자유로부터의 도피》, 118쪽.

3 《정신분석학의 위기》, 《프로이트와 정신분석》, 58쪽.

4 《자유로부터의 도피》, 119쪽.

5 《건전한 사회》, 23쪽.

6 《건전한 사회》, 72쪽.

7 《건전한 사회》, 73쪽.

8 《건전한 사회》, 19쪽.

9 《소유냐 존재냐》, 98쪽.

10 《자유로부터의 도피》, 132쪽.

11 《존재의 기술》, 12쪽.

12 《가치, 심리학과 인간존재》, 《불복종에 관하여》, 242쪽.

13 《가치, 심리학과 인간존재》, 《불복종에 관하여》, 50쪽.

14 《가치, 심리학과 인간존재》, 《불복종에 관하여》, 51쪽.

15 《가치, 심리학과 인간존재》, 《불복종에 관하여》, 54/55쪽.

16 《가치, 심리학과 인간존재》, 《불복종에 관하여》, 61/64쪽.

17 《가치, 심리학과 인간존재》, 《불복종에 관하여》, 70쪽.

18 《가치, 심리학과 인간존재》, 《불복종에 관하여》, 54쪽.

19 《가치, 심리학과 인간존재》, 《불복종에 관하여》, 71쪽.

20 《정신분석의 치료적인 면들》, 《정신분석과 듣기 예술》, 59쪽.

21 《자유로부터의 도피》, 19쪽.

22 《건전한 사회》, 27쪽.

23 《건전한 사회》, 28쪽.

24 《건전한 사회》, 77쪽.

25 《정신분석의 치료적인 면들》, 《정신분석과 듣기 예술》, 84~85쪽.

26 《정신분석의 치료적인 면들》, 《정신분석과 듣기 예술》, 85쪽.

27 《정신분석 치료에서 환자의 변화를 이끌어내는 요인들》, 《정신분석과 듣기 예술》, 32쪽.

28 《사랑의 기술》, 130쪽.

29 《소유냐 존재냐》, 52쪽.

30 《정신분석의 치료적인 면들》, 《정신분석과 듣기 예술》, 66~67쪽.

31 《정신분석의 치료적인 면들》, 《정신분석과 듣기 예술》, 64쪽.

32 《사랑의 기술》, 74쪽.

33 《이기심과 자기애》, 《여성과 남성은 왜 서로 투쟁하는가》, 215~216쪽.

34 《소유냐 존재냐》, 84~85쪽.

35 《너희도 신처럼 되리라》, 180쪽.

36 《의혹과 행동》, 127쪽.

37 《소유냐 존재냐》, 142쪽.

38 《가치, 심리학과 인간존재》, 《불복종에 관하여》, 251~252쪽.

39 《의혹과 행동》, 174쪽.

40 《가치, 심리학과 인간존재》, 《불복종에 관하여》, 253쪽.

41 《인간의 마음》, 230쪽.

42 《인간의 마음》, 193~194쪽.
43 《성애와 성격》, 《여성과 남성은 왜 서로 투쟁하는가》, 188쪽.
44 《인간의 마음》, 185쪽.
45 《인간의 마음》, 183쪽.
46 《인간의 마음》, 184쪽.
47 《인간의 마음》, 169쪽.
48 《사랑의 기술》, 85쪽.
49 《사랑의 기술》, 86쪽.
50 《자유로부터의 도피》, 101쪽.
51 《건전한 사회》, 40쪽.
52 《자유로부터의 도피》, 101쪽.
53 《사랑의 기술》, 156쪽.
54 《건전한 사회》, 43쪽.
55 《인간의 마음》, 41쪽.
56 《이기심과 자기애》, 《여성과 남성은 왜 서로 투쟁하는가》, 251쪽.
57 《이기심과 자기애》, 《여성과 남성은 왜 서로 투쟁하는가》, 252쪽.
58 《너희도 신처럼 되리라》, 202쪽.
59 《너희도 신처럼 되리라》, 203쪽.
60 《건전한 사회》, 35쪽.
61 《이기심과 자기애》, 《여성과 남성은 왜 서로 투쟁하는가》, 224쪽.
62 《이기심과 자기애》, 《여성과 남성은 왜 서로 투쟁하는가》, 224쪽.
63 《사랑의 기술》, 85쪽.
64 《이기심과 자기애》, 《여성과 남성은 왜 서로 투쟁하는가》, 243쪽.
65 《이기심과 자기애》, 《여성과 남성은 왜 서로 투쟁하는가》, 228쪽.
66 《사랑의 기술》, 69쪽.
67 《자유로부터의 도피》, 100쪽.
68 《사랑의 기술》, 70쪽.
69 《이기심과 자기애》, 《여성과 남성은 왜 서로 투쟁하는가》, 253쪽.
70 《사랑의 기술》, 120쪽.
71 《사랑의 기술》, 127쪽.
72 《사랑의 기술》, 17쪽.
73 《사랑의 기술》, 14쪽.
74 《사랑의 기술》, 14~15쪽.
75 《사랑의 기술》, 115쪽.
76 《사랑의 기술》, 5쪽.
77 《사랑의 기술》, 13쪽.
78 《이기심과 자기애》, 《여성과 남성은 왜 서로 투쟁하는가》, 226쪽.
79 《사랑의 기술》, 149쪽.
80 《사랑의 기술》, 38쪽.
81 《사랑의 기술》, 18쪽.
82 《정신분석의 치료적인 면들》, 《정신분석과 듣기 예술》, 95쪽.
83 《소유냐 존재냐》, 15쪽.
84 《성애와 성격》, 《여성과 남성은 왜 서로 투쟁하는가》, 190쪽.
85 《사랑의 기술》, 125쪽.
86 《소유냐 존재냐》, 14쪽.
87 《소유냐 존재냐》, 16쪽.

88 《건전한 사회》, 168쪽.

89 《사랑의 기술》, 119쪽.

90 《건전한 사회》, 202쪽.

91 《건전한 사회》, 203쪽.

92 《소유냐 존재냐》, 118쪽.

93 《소유냐 존재냐》, 118쪽.

94 《소유냐 존재냐》, 17쪽.

95 《존재의 기술》, 22쪽.

96 《존재의 기술》, 20쪽.

97 《건전한 사회》, 32쪽.

98 《자유로부터의 도피》, 222쪽.

99 《건전한 사회》, 293쪽.

100 《건전한 사회》, 234쪽.

101 《정신분석적 '기술' ─ 혹은 듣기의 예술》, 《정신분석과 듣기 예술》, 224쪽.

제5부 병든 세상을 변혁하라

1   《건전한 사회》, 349~350쪽

2   《소유냐 존재냐》, 18쪽.

3   《소유냐 존재냐》, 173쪽.

4   《건전한 사회》, 354쪽.

5   《소유냐 존재냐》, 191쪽.

6   《소유냐 존재냐》, 151쪽.

7   《소유냐 존재냐》, 20쪽.

8   《정신분석의 치료적인 면들》, 《정신분석과 듣기 예술》, 120쪽.

9   《소유냐 존재냐》, 134쪽.

10 《에리히 프롬 마르크스를 말하다》, 127쪽.

11 《에리히 프롬 마르크스를 말하다》, 128~129쪽.

12 《소유냐 존재냐》, 133쪽.

13 《존재의 기술》, 29쪽.

14 《건전한 사회》, 270쪽.

15 《소유냐 존재냐》, 165쪽.

16 《가치, 심리학과 인간존재》, 《불복종에 관하여》, 97쪽.

17 《건전한 사회》, 236쪽.

18 《소유냐 존재냐》, 108쪽.

19 《건전한 사회》, 241쪽.

20 《사랑의 기술》, 172쪽.

21 《존재의 기술》, 76쪽.

22 《의혹과 행동》, 52쪽.

23 《자유로부터의 도피》, 226쪽.

24 《인간의 마음》, 84쪽.

25 《사랑의 기술》, 172쪽.

26 《건전한 사회》, 275쪽.

27 《건전한 사회》, 271쪽.

28 《에리히 프롬 마르크스를 말하다》, 232쪽.

29 《의혹과 행동》, 15쪽.

30 《소유냐 존재냐》, 172쪽.

31 《에리히 프롬 마르크스를 말하다》, 89쪽.

32 《소유냐 존재냐》, 152쪽.

33 《소유냐 존재냐》, 155쪽.

34 《의혹과 행동》, 141쪽.

35 《소유냐 존재냐》, 14쪽.

36 《소유냐 존재냐》, 14쪽.

37 《소유냐 존재냐》, 134쪽.

38 《건전한 사회》, 264/276쪽.

39 《건전한 사회》, 11쪽.

40 《에리히 프롬 마르크스를 말하다》, 235쪽.

41 《가치, 심리학과 인간존재》, 《불복종에 관하여》, 116쪽.

42 《가치, 심리학과 인간존재》, 《불복종에 관하여》, 100쪽.

43 《자유로부터의 도피》, 227쪽.

44 《자유로부터의 도피》, 228쪽.

45 《건전한 사회》, 297쪽.

46 《건전한 사회》, 268쪽.

47 《건전한 사회》, 318쪽.

48 《건전한 사회》, 344쪽.

49 《가치, 심리학과 인간존재》, 《불복종에 관하여》, 107쪽.

50 《건전한 사회》, 342쪽.

51 《가치, 심리학과 인간존재》, 《불복종에 관하여》, 98쪽.

52 《건전한 사회》, 343쪽.

53 《건전한 사회》, 343쪽.

54 《가치, 심리학과 인간존재》, 《불복종에 관하여》, 106쪽.

55 《건전한 사회》, 344쪽.

56 《소유냐 존재냐》, 178쪽.

57 《건전한 사회》, 335쪽.

58 《가치, 심리학과 인간존재》, 《불복종에 관하여》, 117쪽.

59 《건전한 사회》, 329~330쪽.

60 《가치, 심리학과 인간존재》, 《불복종에 관하여》, 119쪽.

61 《소유냐 존재냐》, 185쪽.

62 《소유냐 존재냐》, 103쪽.

63 《가치, 심리학과 인간존재》, 《불복종에 관하여》, 121쪽.

64 《사랑의 기술》, 145쪽.

65 《가치, 심리학과 인간존재》, 《불복종에 관하여》, 122쪽.

66 《건전한 사회》, 288쪽.

67 《가치, 심리학과 인간존재》, 《불복종에 관하여》, 122쪽.

68 《건전한 사회》, 288쪽.

69 《가치, 심리학과 인간존재》, 《불복종에 관하여》, 119쪽.

70 《건전한 사회》, 357쪽.

71 《의혹과 행동》, 178쪽.

72 《가치, 심리학과 인간존재》, 《불복종에 관하여》, 115쪽.

73 《불복종에 관하여》, 27쪽.

74 《불복종에 관하여》, 28~29쪽.

75 《의혹과 행동》, 170쪽.